ホルクハイマーの社会研究と初期ドイツ社会学

Die Sozialforschung Max Horkheimers
in der frühen deutschen Soziologie

楠 秀樹

Kusunoki Hideki

社会評論社

目次

- はじめに …………………………………………………………… 5
- 緒論　研究の範囲、既存研究の概観、本研究の位置 ………… 7

- 第1章　ホルクハイマーの「経験」………………………………… 15
  - 第1節　青年ホルクハイマーの「経験」……………………… 16
  - 第2節　大学社会の「経験」…………………………………… 24
  - 第3節　「経験」という哲学的プロブレマティーク ………… 33

- 第2章　ホルクハイマーの哲学修業期——現象学から唯物論へ—— … 58
  - 第1節　現象学への依拠 ………………………………………… 59
  - 第2節　現象学の批判へ ………………………………………… 70
  - 第3節　唯物論の受容 …………………………………………… 82

- 第3章　ホルクハイマーの社会の理論と知識社会学 …………… 110
  - 第1節　ホルクハイマーの「唯物論」………………………… 110
  - 第2節　社会の理論としてのイデオロギー論 ………………… 117
  - 第3節　非完結的弁証法 ………………………………………… 125

- 第4章　ホルクハイマーの社会研究と初期ドイツ社会学 ……… 143
  - 第1節　ホルクハイマーと社会研究所 ………………………… 144
  - 第2節　社会学と社会研究 ……………………………………… 158
  - 第3節　ホルクハイマーと社会研究所の「経験的研究」
    ——『権威と家族』(1936)—— ……………………………… 169

- むすびにかえて——反省と課題—— …………………………… 195

- ホルクハイマー・バイオグラフィー ……………………………… 201
- 相関図 ………………………………………………………………… 209
- 参照文献目録 ………………………………………………………… 211
- あとがき ……………………………………………………………… 219
- 人名索引　221　　事項索引　227

はじめに

　本書は、マックス・ホルクハイマーの思想史に関して、既存研究では不十分にしか扱われていない期間、すなわち、彼の研究生活の出発点となる1920年代の現象学的研究から、1930年代の社会哲学思想までを取り扱う。この彼の研究生活の出発点となる時代を、本書は「哲学修業期」と位置付け、この時代の思想形成が彼の後の思想にまでもたらす影響を確認する。とりわけ、現象学と唯物論、社会学という三つの思想が鍵となっている。このような観点から、具体的な本書の目的は、次の二点にある。第一の目的は、指導教授ハンス・コルネリウスに由来する「現象学」を踏襲していたホルクハイマーが、いかにして彼独自の「唯物論」思想を形成したのかを明らかにすることである。第二の目的は、ホルクハイマーの「唯物論」思想から発展した学際的な「社会研究」の構想の解明と、その思想がドイツ社会学会の草創期といかなる関係にあったかを論じることにある。ホルクハイマーは、ドイツ社会学会において活躍したわけではないが、しかし、ドイツ社会学にとってのその理論的貢献は注目に値する。すなわち、ホルクハイマーが、マックス・シェーラーや、カール・マンハイムの「知識社会学」を批判しつつ、それを発展させ、あるいは経験的研究プロジェクトを指導したことは、「哲学修行期」を通して現象学と唯物論を経た、彼の社会研究思想の特質として評価できる。

　本書は、2004年度に東洋大学から博士（社会学）を授与された論文「ホルクハイマーの思想形成における『経験』（Erfahrung）をめぐる現象学と唯物論との交差について―1920年代の認識論から1930年代の社会哲学への転換―」を基礎としている。内容上、大幅な修正はないが、章立ての再編成に基づき加筆したことで、新しいものに生まれ変わっている。本書は、ホルクハイマー個人の思想変遷、フランクフルト学派や批判理論の研究者ばかりでなく、ホルクハイマーとフランクフルトの社会研究所を、社

会学にとって歴史的に見直すべきものとして位置づけた。筆者は、社会学史に立脚しつつ、物質、意味、心理、社会、そして経験のような諸学問の基礎づけに、本書を通して言及するように試みた。

緒論　研究の範囲、既存研究の概観、本研究の位置

　ここでは、本書における議論の範囲と、この範囲における具体的な問題を明確にしておきたい。たとえば、「フランクフルト学派」研究の先駆者ヘルムート・デュビエルは、その学派の思想的な時代区分を、学派の指導者であるホルクハイマーの学術用語の変遷に即して考察している[1]。筆者は、このデュビエルによる時代区分に従い、自らの研究範囲を明らかにしたい。

　デュビエルは、フランクフルト学派の思想的時代区分を、第一に1930年から1937年までのホルクハイマーの影響下にあって「唯物論」というキーワードでまとめることができると考える[2]。さらに、デュビエルは、第二に1937年から1940年までを「批判理論」(ホルクハイマーの論文「伝統理論と批判理論」がきっかけとなる学派メンバーの思想の交差)の時代と呼び、第三に1940年以降を「道具的理性批判」(ホルクハイマーとアドルノとの共同の思想)の時代と名づける (Dubiel 1978：17)。デュビエルは、これらのキーワードの変遷をホルクハイマーの思想の発展過程としては解釈しない。むしろ、デュビエルは、ホルクハイマーの思想の本質が一貫したものを保持しつつも、その表面的な変化、つまりキーワードのみが変化したものとして考えている。筆者は、このデュビエルの考えに同意し、ホルクハイマーの思想の一貫性を想定している。しかし、筆者は、さらに範囲を拡大し、デュビエルの区分における第一の時代以前も取り上げる。この区分は、1920年代初頭から1930年に至るまでの期間に当たる。すなわち、ホルクハイマーが学位論文と教授資格論文を中心とした認識論論文、あるいは、助手、私講師時代の哲学史論文を執筆した時期であり、本書は、この時期を「哲学修業期」として独自に規定することとしたい。ここから、デュビエルの区分における第一の時期、「唯物論」の時代を本書の対象範囲とする。

そして、筆者は、この「哲学修業期」におけるホルクハイマーの思想形成過程について、既存研究においては不明瞭なままであった以下の三つの具体的な問題点を明らかにしたい。①ホルクハイマーはなぜ「現象学」を中心とした認識論哲学の問題関心に着目し、そのような議論を展開したのか。②その後、ホルクハイマーは、なぜ現象学的研究の立場に対して批判的になったのか。そして、どのようにして彼独自の「唯物論」という立場に移行したのか。すなわち、ホルクハイマーの思想は、カント哲学に基づいた認識論的諸問題から、いかにしてヘーゲル哲学やマルクスの思想による社会哲学的観点へと至ったのか。③以上の二つの問題点、すなわち、現象学の受容から批判、そして社会哲学の受容という変化は、ホルクハイマーが1930年代にフランクフルト社会研究所を指導して行った学際的研究とどのような関わりがあるのか。本書は、これら三点に答えようと考える。ホルクハイマーの学説史研究としてのこの設定範囲は、初期のドイツ社会学、すなわち、20世紀初頭から第二次世界大戦によってドイツ社会学会が一度閉会するまでの期間と符合している。

　ここで本書の全体の構成について述べる。筆者は、第1章において、ホルクハイマーの思想を理解するにあたって前提となるものを明らかにする。すなわち、ホルクハイマーのバイオグラフィーや、彼を取り巻いた社会的歴史的背景、哲学史的状況である。筆者は、これらを「経験」というキーワードから説明する。第2章において、筆者は、ホルクハイマーの「哲学修業期」における思想の変遷、すなわち現象学から唯物論への移行を明らかにする。ここにおいて、ホルクハイマーの「経験」についての哲学的思想の内容を確認する。このようにしてホルクハイマーの哲学的姿勢を踏まえた上で、いよいよ第3章において、筆者は、ホルクハイマーの社会理論を確認し、彼の知識社会学に対する批判的立場を明らかにする。社会理論を確立したホルクハイマーの思想は、その後、フランクフルトの社会研究所の指導という事情にも左右され、学際的研究プロジェクトの思想として発展する。すなわち、ホルクハイマーは、「経験的研究」の実践に関与している。第4章において、筆者は、その研究プロジェクトの思想、すなわち本書の主題であるホルクハイマーの「社会研究」の理論と初期ドイツ社会学との関係を確認する。彼の「経験」についての思想が、社会学と関

連し、どのように展開されているかが議論の鍵となる。

　ここで筆者は、先行研究と対比して本書を位置づけておく。本書が取り上げる主題は、いまだ日本においては十分に論じられていない。日本におけるホルクハイマーの思想の受容について考えるならば、誰もがアドルノとの共著『啓蒙の弁証法』(1944／47) を想起するであろう (GS5-1 = 1990)。この著作は、アドルノとホルクハイマーのどちらがどこを執筆担当したか特定するまでもなく、二人共有の思想であると言われている。ホルクハイマー自身、この当時の自らの思想とアドルノの思想とを区別することが困難であると語っている[3]。また、ホルクハイマーは、アドルノとともに『啓蒙の弁証法』を著すより以前に、フランクフルトの社会研究所を所長として指導し、アメリカへの亡命を指揮していた。指導者としてのホルクハイマーを中心とした社会研究所周辺の人間群像を描いた歴史的研究も多数見られる。ところが、日本においては、ホルクハイマー単独の思想的な独自性を紹介する研究が乏しい。

　1960年代に、ホルクハイマー、アドルノ、そしてマルクーゼの思想は、日本のみならず、世界的な学生反乱の思想として受容された[4]。ホルクハイマーの「批判理論」の思想は、アドルノと十分に区別されることなく、また、ルカーチの思想と対比され、学生たちの革命実践の一助となるものとして考えられていた[5]。『啓蒙の弁証法』、あるいは邦訳のあるホルクハイマーの単著『理性の腐蝕』(1947) においては、理性の歴史的社会的な批判研究によって、ポスト・モダニズムにも通じる理性の批判が展開されているという見解もある。

　1969年にはアドルノ (享年66歳) が、そして1973年にホルクハイマー (享年78歳) が逝去し、1980年代は、彼らの批判的後継者ユルゲン・ハーバーマスによる近代の擁護が注目を得る。そんな中、1985年はホルクハイマー生誕90年であった。このとき、ホルクハイマー全集の刊行が開始され、シンポジウムが開かれ、欧米では、関連の論文や研究が盛り上がりを見せた[6]。これをきっかけとして、ホルクハイマーへの関心は高まった。ホルクハイマーのシンポジウムにおいてはハーバーマスも議論を寄せているが、彼がもはや先達による議論の限界を超えたと言われることに対し

て、アドルノやホルクハイマーを典拠として、敢えて批判的にハーバーマスに言及する議論も見られる。デュビエルは、このような批判を、非生産的な「批判理論の遺産相続」だと捉えている（Dubiel 1992）。本書においては、批判理論の遺産を再発見したとして、ハーバーマスを批判するという意図はない。筆者は、デュビエルが述べているように、批判理論をめぐる闘争を無益だと考える。むしろ、ハーバーマスは、ホルクハイマーの初期の社会研究の試みを肯定的に評価している。ハーバーマスは、『啓蒙の弁証法』はともかくとしても、それ以前の社会研究所の歴史からは大いに学ぶべきものがあると述べている[7]。したがって、筆者は、本書の試みによって、（ハーバーマスも踏襲する）ホルクハイマーにとっての「社会理論」の核心を描きたいと考えている。

　日本においては、ホルクハイマーの思想に限った紹介は、ハーバーマスとアドルノのそれに比べればそもそも不十分であった。筆者は、希少なホルクハイマー論を、アドルノ論やハーバーマス論と比較して評価する意図をもっていない。そのような議論に価値があるかどうかという疑問は、一旦、括弧に入れておく。その上で、本書は、そもそも詳しく知られていないホルクハイマーの思想を、従来研究以上に詳細に紹介し、その思想の形成過程を明らかにした上で、再評価することを目的としている。とりわけ、筆者は、ホルクハイマーの思想形成過程における不明な点を解明しようと試みる。筆者は、その解明が、社会学、より広くは社会科学、そして学問全般において重視される「経験的」研究と哲学的な「経験」に関する認識論とに意義のあるものだと考えている。ホルクハイマーは、哲学修業期の認識論的諸論文において、現象学に強くシンパシーを抱いていたにも拘わらず、後には経験的研究を受容している。すなわち、ここで「経験的研究」と筆者が述べているのは、統計データや質問紙法による面接調査によって「経験」を数量で整理する議論のことである。もちろん、彼は、「経験的研究」の絶対性を表明していたわけではない。筆者は、本書において、ホルクハイマーが「経験」に見た社会学における論争的価値の再発見を期待している。

　ところで、日本におけるホルクハイマー研究書は希少であるが、2000年に公刊された森田数実による『ホルクハイマーの批判的理論』は、本書

同様の範囲から始め、戦後のドイツ帰還までのホルクハイマーの思想を包括的に紹介した書物である。その上、森田は、精力的にホルクハイマーの諸論文を邦訳紹介してきた。彼の日本におけるホルクハイマー研究の普及に対する貢献は大きい。ところが、森田の議論は、カント哲学をめぐる当時の哲学を中心とした知の情勢を紹介し、要所に具体的に特定された重要な論証すべき問いや概念を提供するにも拘わらず、ホルクハイマーの思想形成の全体を俯瞰することにこだわるあまり、詳細においては不明な点が多い（森田 2000）。

　日本においては、哲学修業期を重視している本格的な議論がほとんど見られないものの、欧米では事情が異なる。欧米、特にドイツにおけるホルクハイマーの研究を語る際に挙げるべき人物として、アルフレート・シュミットがいる。シュミットは、ホルクハイマーの議論について、従来、丹念な言及を続けてきた。彼の想定は、ホルクハイマーの議論が、本質的に、ショーペンハウアーの哲学の受容によって形作られ、マルクスの議論を重視しているというものであった（Schmidt 1974：XX, XXII-XXIX）。シュミットは、ホルクハイマーが大学で研究を始める前にショーペンハウアー哲学を独学していた時期と、彼が学位論文、教授資格論文を書き終えてから始まるマルクスの思想を受容する時期とを直結させてしまい、その両時期に挟まれたホルクハイマーの哲学修業期を、ホルクハイマーの後の「唯物論」と関係がない「空白」としてきた。ただし、シュミットは、後にホルクハイマー全集の編集後記でこの見方をあらためている（Schmidt 1990：423）。哲学修業期の軽視は、従来、ホルクハイマー研究においてはあたりまえのこととなっていた。この観点とあいまって、哲学修業期のホルクハイマーの諸論文は、「誠実な大学における義務的慣例」、ないし「純粋にアカデミックな研究」として位置づけられてきた。すなわち、大学制度と教員からの干渉によって、主題やスタイルが規定されていたこの時代のホルクハイマーは、研究者として未完成かつ自律性のない存在として位置づけられてきたのである（Hesse 1984：16）[8]。

　その従来の文脈を突破し、ミヒール・コルトハルスは、最初に哲学修業期の意味を考察した一人である（Korthals 1985：315ff）。コルトハルスの1985年の論文は、ホルクハイマーの思想形成にとって、ルカーチとの関

係によるマルクス主義的影響よりも、1920年代の哲学修業期におけるコルネリウス哲学の影響を優先して指摘している。コルトハルスは、主に1920年代のホルクハイマーとヴィーン学団との共通性を指摘している[9]。マーチン・ジェイの『弁証法的想像力』(1973)(Jay 1973 = 1975)や、前述のデュビエルの研究に依拠して考えられてきたように、「フランクフルト学派」とルカーチの「全体性」(Totalität)思想とのマルクス主義思想史に基づく従来の対比的な検討を、コルトハルスは不充分なものと考える。また、コルトハルスは、1980年代以降、ハーバーマスやアドルノ、マルクーゼの思想を意識した上で、ホルクハイマーの思想を再評価している研究成果に見られる「ホルハイマーによる実証主義批判」という言葉の平板さを、経験的研究実践の提唱と実証主義的科学論との混同だと見ている[10]。しかし、コルトハルスは、論文形式の頁数の都合上、あるいは、当時の資料の限界から、ホルクハイマーの哲学修業期の全貌を明らかにできていない。コルトハルスは、哲学修業期の諸研究を押並べて同質のものとして扱わざるをえなかった。したがって、1920年代のホルクハイマーにおける哲学的諸研究の間で生じている変化を解明するまでには至らなかった。

　あるいは、ホルクハイマーと社会研究所とをカール・コルシュの影響から捉えようという研究もある。というのも、マルクス主義の文脈においても、コルシュは、ルカーチとは異なり、プロレタリアートに関して実証的な経験的研究に積極的であったからである(Buckmiller 1988：156, 172. Bronner 1994：12ff)。ルカーチとの対決から、すなわちルカーチの思想へのネガティブな関心のみからホルクハイマーと社会研究所とが実証的研究に至ったという問題構成ではなく、ホルクハイマーと社会研究所とが実証研究に至るポジティブな内在的文脈を見出そうとする試みの一つとして、コルシュに関する研究も、コルトハルス以降の新しいホルクハイマー研究の動向に数えられよう。筆者はこの点については本研究において詳しく取り上げることができなかった。現在、本書に大きく影響している哲学的背景の研究にオラーフ・アスバハの作品がある(Asbach 1997)。彼は、ホルクハイマーの思想と、1920年代から1930年代にかけての哲学的雰囲気を客観的に描くことが後のホルクハイマーの「批判理論」を解明するために

も重要だと考えている。筆者も、アスバハ同様、ホルクハイマーによる「経験」をめぐる哲学的研究から出発する。

しかし、本書は、アスバハの研究以上に、思想の背景の説明を充実させている。とりわけ、筆者は、「経験的研究」を伴う社会研究所の学際的研究への道程に着目している[11]。そもそもドイツの社会学は、経験的研究に疎遠であり、思弁的な傾向にあったと言われる。ここにホルクハイマーと社会研究所による経験的研究の批判的意義がある。このことは、ホルクハイマーの思想と社会研究所の活動とが、ドイツ社会学にとってマージナルだと考えられるとき、より積極的な意義をもちうるだろう[12]。

問題は、ドイツの哲学史や社会学史の流れにおいて、ホルクハイマーが「経験」に見出していた意義である。本書においては、もちろん、ホルクハイマー研究に内在的な意義ばかりでなく、「経験」に関わる認識論的問題についての一つの視点も提出されている。本書は、ドイツにおける「経験的研究」の歴史と、認識論的な「経験」の議論との結節点をホルクハイマーの思想に求めることで、1920年代から1930年代の思想史の展望を明らかにする。

[註]
1) ここで「フランクフルト学派」と筆者が言うのは、一般的に把握されるように、フランクフルトの社会研究所において活躍した研究者の集団である。すなわち、ホルクハイマーを含めて、テオドール・ヴィーゼングルント・アドルノ、ヘルベルト・マルクーゼ、あるいはその第二世代とされるユルゲン・ハーバーマスをその代表とする。彼らが「学派」と呼ばれる理由の一つとして、「ケルン学派」や「ミュンスター学派」との対比がある（Dubiel 1992：11f）。
2) ここで「唯物論」と括弧にくくるのは、正統派マルクス主義における「弁証法的唯物論」の「唯物論」から、ホルクハイマーの「唯物論」を区別するという意味がある。
3) ホルクハイマーとアドルノ二人にとって、「われわれの哲学は一つである」（GS6-1：26 = 1987：7）。
4) Demirovic 1999. Albrecht 2000. ホルクハイマーやアドルノ、ハーバーマスの「知識人」としての歴史を描いたこれらの書において、彼らの学生反乱に対する態度も描かれている。
5) ハイデッガー 1999における清水多吉による「まえがき」を参照せよ。この書は、マルチン・ハイデガー以外に、エドムント・フッサールとホルクハイマーによる「危機と哲学」に関する論文が収められている。清水は、1976年のイ

ザラ書房版の「まえがき」において、学生反乱を振り返っているが（ハイデッガー 1999：7）、1999 年の平凡社版の「まえがき」において、あらためて 76 年当時は、まだ反乱の熱狂冷めやらなかったことを振り返っている（ハイデッガー 1999：19）。
6) Schmidt und Altwicker 1986. そして A.Schmidt und G.Schmid Noerr（hrsg.）, Max Horkheimer. Gesammelten Schriften, 19. Bde., Frankfurt am Main 1985.
7) ハーバーマスがこのように社会研究所の初期研究プロジェクトの価値を認めることになったのは、デュビエルの労作（Dubiel 1978）の成果による（ハーバーマス 1984：13）。
8) また、「若いホルクハイマーは、師の批判的姿勢は身につけたと思われるが、コルネリウスの哲学の実質はほとんど身につけなかった」という評価もある（Jay 1973：45 = 1975：62）。
9) フランクフルト学派とヴィーン楽団との関係については、Dahms 1994 を参照せよ。
10) コルトハルスの指しているのは次のような論文である。W.Bonß, N.Schindler, Kritische Theorie als interdisziplinärer Materialismus（Bonß 1982）.
11) Löffler-Erxleben 1999 のように、ホルクハイマーの社会研究所指導による経験的研究の意義を強調した研究は、研究の方向性としては同調できるものの、代表的論文をつなぎ合わせただけの内容希薄な構成には説得力がない。
12) これについては、ある人物との対話がモチーフとなっている。それは、ドイツの社会学者ディルク・ケスラーである。彼は、マックス・ヴェーバーについて社会学史的にアプローチし、特に、ドイツ社会学会全体を歴史的に叙述している人物である。彼が 2001 年 3 月に宮崎大学において講演のため来日した際、筆者は、直接彼に質問する機会を得た。その際、筆者が、フランクフルト学派の研究をしていると自己紹介すると、彼は、初期のドイツ社会学史にとって、筆者の研究するフランクフルト学派や社会研究所はマージナルな存在だと述べた。しかし、筆者は、社会研究所が「社会学」にとってマージナルな立場だからこそ成しえたものを描こうとしている。

第1章　ホルクハイマーの「経験」

　筆者は、本章において、「経験」をキーワードとして、ホルクハイマーの思想形成にとっての背景、すなわち彼の出自、当時のドイツ社会、大学制度、そして哲学のプロブレマティークに——師のハンス・コルネリウスとの関連を中心にして——言及したい。

　まず、第1節において、ホルクハイマーの出自背景を確認する。青年ホルクハイマーが研究者となっていく「経験」の描写である。そして、第2節において、筆者は、ホルクハイマーの「哲学修業期」の前提となる「大学における研究」、「講壇哲学」、「アカデミックな研究」なるものの意味を確認する。ここでは、ホルクハイマーやコルネリウスの位置づけられる当時のドイツにおける「大学社会」という背景、そしてとりわけフランクフルト大学という背景が問題となる。そこでは、ホルクハイマーのみならず、ドイツの大学人全般が「経験」した危機を描く。第3節において、筆者は、これらの背景と対応して、19世紀後半から続く哲学の危機と新カント派の認識論的問題設定を描く。新カント派がとりのがしたと言われる「経験」という哲学的プロブレマティークと、これらの経緯を反映したコルネリウスをはじめとしたその他の学者たちの議論を紹介する。

　筆者は、本章において、既存研究に見られるホルクハイマーのバイオグラフィーを踏まえつつ、まだ知られざる彼の文学の内容にも触れる。これによって、思想家個人の社会的歴史的背景と、その思想の発展との関連性を示唆しようと考える。また、本書は、ドイツの大学社会という広い文脈からホルクハイマーを捉えなおし、そこで育まれた哲学的プロブレマティークとホルクハイマーとの関連を示したい。

　本章において、筆者は、もちろん、随所にホルクハイマー自身の言説を用いるものの、彼の言説以外の資料を以って、ホルクハイマーの思想にとっての外在的な要素を構成する。しかし、思想テクストのみに依拠する

研究に距離を取り、思想を産出する思想家の社会的歴史的位置を確認することは、実はホルクハイマー自身の思想に忠実であると筆者は想定している。そしてその肝心のホルクハイマーの思想は、本章後半において理解できるという全体構成になっている。すなわち、哲学的な「経験」というプロブレマティーク、思想家個人の「経験」、時代の「経験」、これら「経験」は、相互に参照させる関係にあると筆者は考える。

第1節　青年ホルクハイマーの「経験」

　ここで筆者は、大学の研究者となる以前の「マックス・ホルクハイマー」という人物像を描き出す。そのことによって、筆者が本書において言及するさまざまな哲学的、あるいは社会学的問題へのホルクハイマーの議論と、彼の出自との関連を示唆しておく。

　本節第1項において確認するように、父モーゼスの掌中にあった青年マックスは、親友ポロックとの親友関係から、自分自身の人生のあり方に目覚める。第2項において、その「目覚め」は、妻メドンとの恋愛関係と、彼女との結婚をめぐる父子関係の葛藤とによって、マックスの人生の確信へと変わる。ここで、筆者は、青年ホルクハイマーの文学の「経験」にも言及し、これが彼の哲学への足がかりとなることも確認する。

第1項　青年ホルクハイマーの友情

　マックスの祖父は商人であった。父モーゼス、通称モーリッツも商人であった。しかし、祖父は商売に失敗しており、それに対して、モーリッツは、シュトゥットガルトの側の、当時のヴュッテムベルク王国の首都であったツッフェンハウゼンにおいて、自ら苦労して、新しいタイプの（綿生地）織物工場のいくつかの所有者となり財を成した。モーリッツは、1917年には「福祉事業諸領域のための慈善活動」に対して承認を与えるバイエルン王国の商工業顧問官の称号を授与された。そして、彼は、1918年にツッフェンハウゼン名誉市民となった（Wiggershaus 1988：56）。モーリッツは、1933年にナチス政府によって「ユダヤ企業」の売却とその屋敷の放棄を命ぜられたにも拘わらず、1939年にスイスに逃れるまで、こ

の命令を拒むほどに自らをドイツ人だと信じていた。彼は、好んでハインリヒ・ハイネの詩を引用し、ユダヤ人とはいえどもドイツ語を母国語として愛する感情を表現した (Rosen 1995：13)¹。モーリッツは、志願兵として一年兵役についていたこともあり、自分がよきドイツ国民であると信じていた。そして、彼は、アメリカのマックスに手紙で書いたように、オーストリア人ヒトラー「氏」よりも長くドイツで生活していた「ドイツ人」であった (GS7-2：384)。マックスは、後に、そんな父モーリッツ・ホルクハイマーと母バベッテ・ラウヒハイマーについて、対比的に叙述している。まさしくフロイトが考えたような厳しい現実原則の役割を果たす父モーリッツに対して、バベッテは、保護的な母親の愛情というものを典型的に体現していたという。強い経済人としての父、家庭内をやさしく見守る母というブルジョワ市民家族の理念は、ホルクハイマーの後の社会哲学に影響している (GS7-4：443)。ただし、この両親は、ユダヤ系ドイツ人という立場にもあった。彼らは、ユダヤ教を信仰し、マックスが幼少時を振り返って述べるように、「正統なユダヤ系というのではなく、保守的なユダヤ系と言いうる」人々であった (GS7-4：443)。彼らはユダヤ人である前に、ドイツ市民であったのだ。そんな両親の一人息子として、マックス・ホルクハイマーは、1895年2月14日に生まれた。

　マックスは、17歳から19歳にかけて (1912年から1914年)、父の商売を継ぐ商業訓練のために外遊していた。当時、父モーリッツは、彼が文学や哲学の書物を読むことに頭を痛めていた。その読書は、すでにマックスの生涯一貫した性質を形成しはじめていた。その性質とは、大ブルジョワの工場主の家に生まれながら、工場労働者の悲惨に目を向け、その悲惨の上に築かれた自分の生活の皮肉さを省みるという性質であった。そこで、外遊が息子にとって気晴らしになるかもしれないという考えから、父は息子を送り出した。「外遊」は、当時の大ブルジョワ家庭において、子弟が内向的な不安定さに陥った場合に父親がとった典型的な対処法でもあった (Wiggershaus 1988：56f)。また、青年マックスの思索の始まりには、一人の人物との出会いがあった。ともに外遊したその人物、フリートリヒ・ポロックとの友情は、当初、強大な父の権威からの解放を意味していた。一つの文書がある。その文書「友情の契り」は次のように始まっている。「わ

れわれは、われわれの友情を最高の善として認める。友情の概念において、死が二人を別つまで、友情の持続が規定される。われわれの行いは、友人関係を表すべきであり、あらゆるわれわれの原則が第一にこれを考慮すべきである」(Gumnior 1973：13-16)。

　ホルクハイマーの亡くなる三年前、1970年に亡くなったポロックの学問的遺産のなかに、この文書はあったのだろうか。あるいは、ホルクハイマーが管理していたのであろうか。ヘルムート・グムニオールとルドルフ・リンクグートによるホルクハイマーのバイオグラフィーにおいて、その文書がマックス・ホルクハイマー・アルヒーフの未公刊文書であるとされているにも拘わらず、ホルクハイマー全集の編集者は、これを否定し、この文書の行方不明を告げている[2]。いまでも、ベルンのユダヤ人墓地に、ホルクハイマーはこの親友とともに眠っている。また、マックスの父と、母バベッテ、そしてマックスの妻も彼とともに眠っている。

　ホルクハイマーは、すでに16歳のとき、生涯の親友フリートリヒ・ポロックと出会っていた。それは1911年、ホルクハイマーがギムナジウムを6年で中退し、父の工場の徒弟となっていた時の園遊会においてであった。ポロックは、シュトゥットガルトの革製品工場主の父をもち、後にホルクハイマーとともに社会研究所を指導していく。彼は、1894年、フライブルクで生まれた。ポロックは、ホルクハイマー同様、父の企業の後継ぎとして育った[3]。1912年からの青年ホルクハイマーの外遊にポロックが同行した。経路は、ベルギーのブリュッセル、フランスのパリ、イギリスのマンチェスターに至った。彼らは、最後にロンドンにも第一次世界大戦開戦6週間前まで滞在した。

　ところでホルクハイマーは、晩年、自らの幼少期を回顧するなかで、戦争について語っている。彼は、軍隊になんの嫌悪も感じたことがなく、兵隊や銃の玩具で遊び、日曜日には家の窓から見えるシュトゥットガルトの駐屯部隊の兵士たちを飾る色とりどりの制服や、彼らのきびきびとした動きに、当時の一般的なドイツの少年たち同様、心ときめかせていたというのである。したがって、ヴュッテムベルク王とドイツ皇帝のために兵として志願した父のことを、幼少のホルクハイマーは否定しておらず、それは当時の少年たちにとって当然であった。この回顧エピソードは、そもそも

ドイツ系ユダヤ人について語ろうとした議論のなかにある。ホルクハイマーは、当時、「ユダヤ人」とあざける自分と同じ年ぐらいのこどもたちがいても、教師も彼らをしかってくれて、特別に心を痛めることもなかったと語っている。そのような環境にあって、幼い彼もまた、帝政ドイツの発展への期待を、「われわれドイツ人」の軍隊にかけていた（GS8-1：176）。しかし、やはりその晩年の回顧によれば、第一次世界大戦の開戦は、青年ホルクハイマーが熱心な平和主義者の立場をとっていなかったにしても、決して納得いくものではなかった。それは、ポロックとの外遊の成果と言いうるかもしれない。ただし、ポロックは、戦時において、愛国心から、苦戦するドイツ軍の増援を支持していた。この点で、一貫して反戦的な姿勢をとっていたホルクハイマーはポロックと対立したのである（Rosen 1995：16）。ホルクハイマーは、イギリス人やフランス人に悪い感情をいだけないままであった。その上、当時のホルクハイマーは、フランス人の女性に恋をしていたと晩年に告白している。彼は、自らが敵国の人々を知り、かの地を体験してきた上で、かの地とかの地の人々がドイツやドイツ人よりも好戦的で悪意に満ちているというドイツ側のつくりだすイデオロギーを鵜呑みにすることができないでいた（GS8-1：176f）。

そのイデオロギーへの懐疑は、戦争が始まったばかりの頃の青年ホルクハイマーによる 1914 年から 1915 年にかけての書簡、小説や日記にも見出せる。彼は、1915 年の 9 月に次のように述べている。「数え切れないほど多くの書物の中で、信じられないほどの狂気的な死が賛美賞賛されており、暴力は神の摂理、強奪は正義と称される。そして、より強いこぶしを持ったものが、そのことゆえに、よりよい人間だと思い込むようになる」（G1-1a：162）。そして、「人間あるところ戦争あり」と述べる（G1-1a：163）。青年ホルクハイマーは、人間の本質を戦争好きで平和を好まない性格と考え、そのような人間を否定し克服する道が平和への道だとした。それは、赦し、苦悩、精神、愛の中にあると彼は述べた（G1-1a：163）。

ホルクハイマーは、1916 年には兵役に服すことになった。それまでは父の会社の若社長として兵役を逃れたが、彼にとっては工場労働者の悲惨を眼にするのも、戦争の悲惨を体験するのも同じことであった。そして彼は、終戦をミュンヒェンにおいてポロックとともにむかえる。そのとき、

ホルクハイマーは、もはや健康上の理由から除隊となり、当地の病院にいた[4]。

ところで、マルクーゼによると、ポロックは、ホルクハイマーに対して「忠誠」に似たものを見せていた（Jay 1973：7 = 1975：6）。そもそもホルクハイマーが文学や哲学の扉を開いたのも、ポロックと知り合うことがきっかけであった[5]。ヴィッガースハウスは、ホルクハイマーにとってのポロックが父親の世界からの最初の「解放」の刺激であったと述べている。二人の友情は、たしかに解放への連帯だったようである。

> ポロックは、意見の衝突と諸決定について、どんなに長く、何日であろうと討論しなければならないという確かな決まりを自分にもっていて、友情というものを、「批判的な人間的飛躍の表現、あらゆる人間の連帯の創造」と定義した。そのなかで、理想と現実とのコントラストに面するプライバシーの防壁を成す努力は、そこから人が現実との闘争を営みうるようなものとして示される（Wiggershaus 1988：56. Gumnior 1973：16）。

そして、ジェイの見解によると、「ポロックは、実際的で慎重な現実主義者の役割を引き受け、しばしば、ホルクハイマーが学問的探求に最大限の時間を費やせるように、世俗的な生活の雑事を処理した」（Jay 1973：7 = 1975：6）。フランクフルトの社会研究所が、資本力を以って若い研究者たちの研究を保証したように、ポロックがホルクハイマーの世事を処理したことは、ホルクハイマーの研究の保証として大きな割合を占めたと言いうる（Jay 1973：7 = 1975：6）。

第2項　青年ホルクハイマーの結婚

青年ホルクハイマーを支えたもう一人の重要人物、それは、妻ローザ・リークヘアであった。彼女は、マックスより8歳年上であり、破産したホテル経営者の娘として生まれ、マックスの父モーリッツの秘書をしていたキリスト教徒の女性であった。マックスは、彼女をメドン（Maidon）と呼んでいた[6]。父モーリッツは、この女性との結婚に反対した。父がメド

ンとの交際を反対する理由として、出身階級の経済的条件や、宗教的民族的条件があったと考えられる。この結婚問題は、マックスが父の下から離れていく決定的な要因となった。また、ヴィッガースハウスは、マックスにとってメドンとの結婚が没落階級や労働者との象徴的結婚であったとも述べている。たしかに、父か愛する人かという選択を権威的な父が迫りすぎたことも要因となったかもしれない。父はマックスの研究者への道に対しては反対しなかった。彼は、息子の哲学や左翼傾向に注意しつつも、商売に役に立つ経済学などを学ぶものとあてこんでいたのである。しかし、マックスの結婚は、経済論理の権化である「現実原則」の父と、この現実と衝突することで目覚める文学的ヒューマニズムそのものを象徴していた[7]。

　1916年7月11日、21歳の若社長マックスは、工場労働者の現状を見て、嘆いていたが、1912年、26歳のマックスが恋人メドンに宛てた書簡においては、単なる嘆きよりも、自らの人生に対する積極的で強い調子が現れている。すなわち、運命に対する受動的姿勢よりも、その運命に対する自らの意志の主体的な働きかけの強調が見られる[8]。その後、ホルクハイマーは、1935年になって、自らの青年期から続く思想をある種の「唯物論」として表現する。それは、彼の若社長としての労働者に対する罪悪感を、むしろ自らのブルジョワとしての立場と矛盾のないものとして定式化している。すなわち、立場の違いに目をそらすこともなく、文明そのものを憎むこともなく、ただ文明の公正な利益の享受を妨げるものを憎み、「よき人生」を考えるための、素直で誠実な「唯物論」である。そもそも、青年ホルクハイマーの次のような言葉に彼の後の唯物論思想の基調がある。

　　支配の不公正による悲哀、この血と悲惨に麻痺した経済形式の足場に対するむかつきや憎悪、逃げ場のない窒息するような生活への同情、社会的雰囲気への絶望混じりの渇望、生産的労働のなかでの可能性、自由な人間としての幸福の願い。これらのすべてが、戦うプロレタリアートの側へと、いくらかのブルジョワの落伍者を赴かせる。彼ら落伍ブルジョワがそのことでプロレタリアートになることもないが。［…］人が享楽し、単に傍観しつつも、資本主義世界の成果を知

るかどうかは、それらに対する憎悪で区別される。抜け目のない文明の喜びに対する立腹、侮蔑、声高な軽蔑は、文明を享受していながらも嘆くのとは違い、文明から排除されたものを直視する。このようなブルジョワは、享楽しうると同時に、その唯物論はいたって率直である。彼らは、いい生活をけなさない（GS12-1：229f）。

「文明から排除されたものを直視する」とある。なるほど、ホルクハイマーの青年期の日記、あるいは小説などを見ると、金持ちの両親をもつ不安に苛まれたこどもや、成功者であるにも拘わらず心の冷たい父親、人間の尊厳など無いような条件の下でなんとか暮らす労働者などの営みが描かれている。特に、1916年初めの小説『レオンハルト・シュタイラー』はホルクハイマー作品の真骨頂となる。労働者レオンハルト・シュタイラーは、工場主の息子の手中に落ちて自分からはなれていく彼の元の恋人ヨハンナを襲う。シュタイラーは、工場主の息子を殺して、自分と逃げるように娘に強いるが、不承不承の相手に絶望する。ドストエフスキーの文学同様、不公正に苛まれ、その運命にもてあそばれるように犯罪者となったこの主人公は、ただ犯罪者としての心理的特性に還元されることのない社会的意味を読者に投げかけようとしている[9]。

　ホルクハイマーは、1911年に六年目にして一度中退したギムナジウムを終え、1919年、上記の小説の三年後、ポロックとともにミュンヒェンでアビトゥーアに合格する。彼は、同地に1922年まで留まり、哲学、心理学、国民経済学を修めた。そのあいだ、1918年にドイツ十一月革命が生じた。クルト・アイスナーの指揮するバイエルン革命はベルリンよりも一日早くレーテ共和国を樹立した。ミュンヒェンにいた彼らはこの革命的雰囲気を享受している。父モーリッツがツッフェンハウゼンの名誉市民としての社会的名声を喜んでいたとき、息子マックスは、全くこれに反抗するかのように、「シュヴァービンガー・ボエーメ」という集団とコンタクトをとった。これは、表現主義者たちのなかでも社会派や政治派と呼ばれる革命的芸術家集団であり、ここには、ヨハネス・R・ベッヒャー、エーリヒ・ケストナー、ルートヴィヒ・トーマ、エルンスト・トラー、エーリヒ・ミューザーム、フランク・ヴェーデキントなどの作家たちがいた[10]。

第1章　ホルクハイマーの「経験」

「十一月革命とレーテ共和国の間のミュンヘンでの滞在は、疑うことなく、ホルクハイマーの社会の理解や彼の世界像を、かなりに形成した」(Rosen 1995：19)。なかでも、ベッヒャーの詩に象徴的なものがある。

> 空腹が教えなかったものは、
> 榴弾がたたきこんでくれた。
> 最良の先生は戦争だった。
> その時初めてぼくらはまともに考え始めた。
> カール・リープクネヒトがぼくらの指導者だった。
> ぼくはローザ・ルクセンブルクを読んだ。
> カール・マルクス、資本論第一巻……
> ペテルブルクで太鼓がなった[11]。

しかし、その青年ホルクハイマーの革命への共感も、ローザ・ルクセンブルクの虐殺とともに消滅したと考えられる (GS7-3：406 = 1974：176)。彼女は、青年ホルクハイマーの唯一理想とした社会主義者であり、かつボリシェヴィキ的中央集権に批判的であった。若き日の希望と失望の移り変わりは激しい。大きなエネルギーの正から負への転化は、「真正の批判」への要求へと昇華した。たとえば、清水多吉は、1970年の夏に、ホルクハイマーにインタビューしているが、それによると、ホルクハイマーは、当時の政治への失望と引換に、マルクス主義を批判的に再検討するようになったというのである。10歳代のホルクハイマーによる芸術的社会批判力の素地は、同世代の批判的知識人の芸術的原体験にあった。それは、20歳代では政治的原体験として明らかになった (清水 1986：23)。

さて、以上のようなホルクハイマーは、その後、大学で学問を修めることになる。彼は、ミュンヒェン大学、フライブルク大学、そしてフランクフルト大学で学んだ。彼は、フライブルク大学においてエドムント・フッサールや、マルチン・ハイデガーにも学び、フランクフルト大学では心理学を基礎に学び、ハンス・コルネリウスに出会った。コルネリウスは、「リベラルな開かれた心の持ち主で、大学にも社会にも批判的な、言わばワイマール共和国における非唯物論的な左翼といった存在であった」という評

価もある（小牧 1992：24）。要するにマッハ主義の社会主義者たちの一人だったのである。ホルクハイマーは、コルネリウスから、せいぜい人格的な影響ぐらいしか受けなかったという程度の理解が従来のホルクハイマー研究に多数見られる。本書においては、後にコルネリウス哲学のホルクハイマーの思想への影響を明らかにする。

第2節　大学社会の「経験」

いよいよ大学の世界に踏み込んで行くホルクハイマーの思想内容を論じる前に、その思想内容に少なからず影響を与えるはずの当時の大学社会がどのような場所であったかを、筆者自身の資料調査、あるいはホルクハイマー自身の見解から確認しておく。第1項においては大学社会が俯瞰的に扱われ、第2項においてはホルクハイマーの活躍することになるフランクフルト大学とユダヤ出自という条件について考え、そしてそこから第3項において、当時の「学問の危機」をホルクハイマー自身がいかに考えたかについて確認する。この第3項は、本書後半で展開されるはずのホルクハイマーの社会理論を前もって紹介するという役割を果たす。それと同時に、ホルクハイマーの「哲学修業期」における思想形成過程を取り扱う本書前半部（第1章第3節と第2章全体）の導入点ともなっている。

第1項　ドイツにおける大学社会の危機感

マックス・ホルクハイマーは1895年の生まれであるが、1890年以降、ヴィルヘルム帝政期には産業化が進展し、物質的繁栄が拡張した。その同時期、1882年から1908年まで、プロイセン高等教育部門はフリートリヒ・アルトホフが担当し、型破りな政策を打ち出した。彼は、1899年には工科大学に博士号授与権を与えるように手配し、1900年には実業型学校の存在を承認し、物質的繁栄の時代に、大学における物質的な基礎をもたらした[12]。このアルトホフの政策は、古いタイプの大学人にとって大学の工業化のような脅威を与えた[13]。その後、ホルクハイマーが学位論文を書いた1922年頃の大学生の数を見れば、学生数は旧来よりもはるかに増大しているにも拘わらず、教員の増員は滞った。特に、正教授については、

一学科につき一人という伝統が保守され、新学科を増やすにも、学科設置基準に関して大学と文部省とが手早く対処できなかった。これら問題には、マイスターとしての正教授の下、助教授と私講師が徒弟の位置にあったという背景がある。1907年のデータによると、ドイツの私講師の平均年齢は32.5歳、助教授で46歳、正教授は54歳であった。正教授は国家試験に必要な授業を受持ち、権威と収入の安定を得ているのに対して、私講師は学生に配慮し、新しい研究分野の授業を開設するという冒険を試みていた。増大する学生数に対して、履修者数が給料に反映され、教員が学生に迎合的になる一面も見られた。1890年、アルトホフは、基本給のアップでこの格差の解消に尽力した。しかし、結局、大学内の自由競争の解決には至らなかった。私講師は、そもそも俸給制ではなかった。その上、アルトホフの政策以前の1859年には、レオ・アロンスという若い社会民主党員の私講師を解雇する目的で、国家官吏に適用される懲戒法が私講師にまで拡大していた。これはアロンス法と言われるようになる。私講師は、徒弟として扱われる上に、官吏としての義務も負わされていた。20世紀に入り、全ドイツ規模での「非正教授連合」が組織され、大学や文部省に請願運動が展開された。しかし、第一次世界大戦が終わるまで、この運動は何の成果もあげなかった。このように、学生数の増加に対して大学教員は連携しておらず、博士号や教授資格試験についても、正教授一人につき相当数の学生の責任をもつなかで、大学教員の偏見に基づくえこひいきがまかり通っていた（Ringer 1969：48 - 58 ＝ 1991：31 - 37）。

　ドイツにおける大学生の総数は、1885年から1911年までにおよそ二倍（27,000から56,000）に増える。その内、工科大学の学生は、全学生数の9分の1（3000）から5分の1（11,000）にまで増加していた。学生の社会的出自を見ると、アカデミックな職業の父親をもつ学生は、1870年代に全学生数の約35％から1890年代に約25％、1911年には約20％と低下した。下級官吏や教師の子弟は約20％を維持し、地主や農民の子弟も10～15％を維持していた。アカデミックな出自の子弟数の低下に代わり、商工業関係の出自の子弟が入り込んだ。1870年には25～30％であった商工業関係の子弟は、1880年末から1914年の前にはおよそ40％に増加している（Ringer 1969：60 ＝ 1991：38）。ホルクハイマーも商工業ブルジョワの子弟

である。すなわち、ホルクハイマーは、大学における新参者の階級出身者が定着しつつあることで、大学人が没落の危機を感じていた時代に、まさにその新参者の階級出身者の一人として大学の門をくぐった。ここで、彼が時代の転換期を大学における緊張感から感じ取っていたと言ったとしても過言ではないであろう。

　大学文化の危機は、ドイツ文化全般の危機を表す一つの徴候だと大学人たちの間で考えられるようになっていた。大規模な工業化、ドイツ帝国の統一と近代化は、労働者に一層過酷な労働を強いたものの、経済的不平等は一向に解決せず、その上、労働者とは逆の階級、つまり大学人も、既得権益であった精神的優越の危機に陥っていた。加えて、ドイツ大学社会についての歴史的研究『読書人の没落』を著したフリッツ・リンガーはこう述べている。

　　世紀末の文化的不安は国際的な、少なくとも全ヨーロッパ的な現象であった。フランスやその他の国々の知識人は退廃の問題をめぐって煩悶しており、ことによるとその不安はドイツの知識人の場合とまんざら別物というわけではなかった。しかし一般的な不安感はまちがいなくドイツで最も激しかった。［…］実証主義と啓蒙主義に対する嫌悪感は、かつてそのどちらも普及したことのないドイツでかえって最もきつかった。［…］ドイツの文化的批判者のほかにはない特徴として挙げられるのは、その全関心が個人の陶冶と近代文明との関係という新しい問題に集中したということである（Ringer 1969：258 = 1991：173）[14]。

　ホルクハイマーは、この社会の危機、大学の危機、そして哲学の危機を主張する議論、すなわち近代化への不安感を反映する議論に介入し、彼なりの批判を展開することになる。これについては、以下で本書においても取り上げる。

　ホルクハイマーも身を置いたヴァイマール共和国時代の大学社会は、第一次世界大戦後のドイツの深刻なインフレーションから把握することができる。その時代は、教養エリートたちにとって、自らの地位の「インフレ」

が一層深刻になる時代であった。高級官僚や大学教授のような教養エリートもまた、身分が高いにも拘わらず収入が減っていた。彼らのライフスタイルと現実の土台とのずれは、社会的に顕在化し、その姿は没落したエリートとして惨めに映るものとなっていた。彼ら教養エリートは、研究費も賄えない状況にあった。彼らの貧しさは、図書館などの公的施設さえもが本の購入を切り詰める状況にあって、当然のものであった。研究者は、研究費の私的援助や公的基金を必要としていた。研究費不足は、特に「私講師」や自活する学生たちには厳しいものとなっていた。また、「正教授」にしても、戦前は同額であった行政官吏の俸給に及ばなくなってきた（Ringer 1969：63 = 1991：40）。それでも大学生数は増大した。インフレによる失業によって定職のない者が学生の肩書きを求めるというケースもあった。しかし、これら学生の卒業後の職探しは結局のところ困難で、そのような彼ら学生を軽く見る世間の人々も少なくはなかった（Ringer 1969：64f = 1991：41）。これがつまり学生プロレタリアートの誕生である。彼らの出身階級は、主に教養プチ・ブルであった（Ringer 1969：65f = 1991：41 以下）。すなわち、彼らは、教養の権威というイデオロギーに導かれ大学へは来てみたものの、そこにはもはや権威はなく、家から仕送りを受けるほど裕福でもなかった階級である。これに加え、大学人たちは、高等教育再編論の活発化を深刻に問題として受け止めるようになってきた。リンガーによると、「大多数のドイツ国民が、画然と区分された学校制度や、高等教育施設で跋扈していた特権意識全体に対して強い怒りを感じていたことはすぐに明らかになった」（Ringer 1969：67 = 1991：42）。それは初等、中等教育のみならず、高等教育における教育改革となっていった。教育行政に関しては、国会の制定した原則法に対して、各州の文部行政が倣うという仕組みであった。しかし、これは絶対的なものではなく、それぞれの州（Land）の特色を出すこともできた。首都であるベルリンのあるプロイセンの文部行政は、他州の範型となっていた。特に1919年から1921年までのコンラート・ヘーニッシュ文部大臣とカール・ハインリヒ・ベッカー次官の大学改革がそれである（Ringer 1969：67f = 1991：42 以下）。ちなみに、1921年から1925年まではオットー・ベーリッツが文部大臣となるものの、ベッカーは1926年から1930年に再び大臣に返り咲い

ていた。ただし、ベッカーの影響力はベーリッツ在任中にも大きかった。ヘーニッシュとベッカーの大学改革は、大学内で学生と地位の低い教師の影響力を増大させようとしていた。つまり、「大学助教授」に教授会への発言権を与えるというものであった。また、この大学改革は、学生たちに、「学生自治会」を作る権利のみならず、全国規模の学生組織を結成する権利まで与えた（Ringer 1969：70 = 1991：44）。その意図は次のようなものであった。「ヘーニッシュが1921年に述べたところでは、学生の民主主義的傾向を促進し、新しい体制に愛着をもってもらおうとしたのである。労働者と学生、つまり進歩的社会の『手と頭』の相互理解の進展を期待したのだ」（Ringer 1969：70 = 1991：44）。それは、大学という伝統的な全体である共同体を、民主的個人の総和によって機械論的に組織された制度へと導く改革であった。大学が社会のメカニズムに組み込まれていく危機感、大学人が大学の外の経済人と同質化した利己的個人となる危機感が大学のなかで増大していた。

第2項　フランクフルト大学とユダヤ人

　リンガーによると、フランクフルト大学と同時期に新設された大学（ハンブルクとケルンの大学）いずれもがベッカーとヘーニッシュの意図に沿うものとなった。しかし、彼らの政策のほとんどは失敗に終わっていた（Ringer 1969：75f = 1991：47以下）。たとえば、学生自治会などは、「むしろ体操熱を煽りたて、汎ドイツ的、民族主義的、人種論的イデオロギーの宣伝に努めたのである」（Ringer 1969：76 = 1991：48）[15]。また、どの大学も財政難の理由から、助教授を正教授に昇進させるのは困難であった。大学は、助教授の俸給を上げられなかったのである。私講師の発言権についても、大学は、私講師のためにただ形式的で名目上のみの機関を設立し、彼らに条件つきの権限を賦与することでお茶を濁した（Ringer 1969：76f = 1991：48）。大学外部からの侵入者としての民主主義的改革という敵対表象によって、大学体制は、むしろ自分たちの古い大学共同体のアイデンティティーを確認することとなってしまった。

　ホルクハイマーは、大学社会の反動的な一般的趨勢から、幾分自由なフランクフルト大学を選ぶ。ホルクハイマーが大学教育を受けていたのは、

前項で述べたような1882年から1907年の大学教育政策、いわゆる「アルトホフ体制」以降であった（Ringer 1969：51f = 1991：33 以下）[16]。1882年以前は、社会民主主義者、ユダヤ人、あるいはカトリックでさえ大学の正教授にはなれない時代であった。しかし、1882年以降、つまりアルトホフ体制以降、それが可能となっていたのである。ベルンハルト・フォム・ブロッケの統計的データによると、当時の高等学校教員全体の80%がプロテスタントであった。しかし、当時、19世紀後半から20世紀初頭のドイツにおいて、ユダヤ人の人口が全人口の約1%であったのに対して、大学社会の全教員数の約10%がユダヤ人であった。この人口データによれば、ユダヤ人の高等学校教員は、割合として高かったことになる。また、それはプロテスタントを差し引いた残り20%のなかで、カトリックよりも割合を増加させている（vom Brocke 1980：85）。しかし、ドイツ社会学史の研究者ディルク・ケスラーは、この点に関して数字の上だけではわからないことがあると述べている。なぜなら、当時の社会的風潮から、大学正教授の地位獲得のためにプロテスタントに改宗したユダヤ人がいたはずであり、あるいは、こどもの将来のために生まれつきプロテスタントの洗礼を受けさせたユダヤ人家庭もあったからである（Käsler 1984：361）。アドルノも生まれつき父にプロテスタントの洗礼を受けさせられている。また、フランクフルト社会研究所の初代所長カール・グリュンベルクや、マックス・シェーラーのように、カトリックに改宗して社会的地位を得た人々もいる。当時の偏見から、ユダヤ人私講師による教授資格取得の困難さは相当のものであった。特に、資格を与える正教授が非ユダヤ人であった場合はなおさらであった。非ユダヤ人のハンス・コルネリウス指導下で、ユダヤ人のホルクハイマーが教授資格を取得できたことは、当時のこの社会的風潮を鑑みるならば、たいへんに幸運であったと言える。コルネリウスの自由な人格のみならず、彼のいた場所が新設の自由なフランクフルト大学であったという好条件も加わっていた。さらに、ホルクハイマーの35歳での正教授着任は驚異的であった。ゲオルク・ジンメルは他界する5年前、すなわち1914年に55歳で正教授職を得た。エルンスト・カッシーラーが教授職を得たのは、新設のハンブルク大学において45歳の時であった（Ringer 1969：136f = 1991：90）。

ホルクハイマーとカッシーラー、この二人がそれぞれユダヤ人であると同時に、当時の文部行政を背景とした新しい大学のなかで、新しい研究所に身を寄せたということは、大学社会の歴史（あるいは都市の雰囲気などの背景）から見れば偶然ではなかった[17]。ホルクハイマー自身がフランクフルト大学の性質について、1964年、フリートリヒ・ポロックの70歳の誕生日に寄せる言葉で以下のように述べている。

　　学問のための学問を望まず、社会的状態の理解や、可能ならばそのような状態の改良に携わる意志は、彼［フリートリヒ・ポロック］を他の商家の子弟同様に若いフランクフルト大学へと導いた。この大学では、様々な学科の進歩的傾向が学科の境界を無条件なものとせず、医学、哲学、自然科学、社会科学の諸領域の代表者がアクチュアルな問題に関して共同のゼミを開いた。伝統的課題に関するいかなる専心も、同時に学問的な現代理解の尽力である。かくなる諸傾向は、強められ、完成され、教育的で政治的な財を生じうるであろう。学術活動の多くの側面、とりわけいわゆる精神科学は、今もなお前世紀のダイナミックをほとんど分析できないことを露呈している。1920年代の始めにあって、単に物理学、化学、医学、テクロノジーのみが人間を救うのではなく、包括的な歴史の変化を、社会学、心理学、歴史学の課題とする学生であった若者たちの一部は、大学がこの課題を、少なくとも正当に評価するのではないかと予感した。しかし、それはまだ拒否される宿命であった。そういう時代だったのである（G7-1 : 265f）。

　もちろん、ホルクハイマーとポロックは、フランクフルト大学よりも、さらに社会研究所に大学制度以上の社会批判的な研究の自由な可能性を見出したのである。

第3項　ホルクハイマーによる「学問と危機」
　ホルクハイマーは、自らの私講師時代の講義録において、ヘーゲル哲学以降の形而上学的観念論の伝統の崩壊から哲学史の講義を始めている。そして他にも、彼は、ルドルフ・オイケンについての新聞論説で次のように

述べる。「産業についての新しい自己意識と、唯一正当な事実認識としての厳密な自然科学への無条件な信頼とは対応していた」(GS2-4：155)。このようなホルクハイマーの発言は、ここまでの本書の議論を見ても、時代の雰囲気として理解できる。事実認識は、産業の発展に貢献する認識として優勢となっていた。したがって、形而上学が空虚とされたのは、事実認識への貢献度と関連した時代の評価であったとも言いうる。そして、当時は、とりわけ、カント哲学からヘーゲル哲学へと至る哲学の伝統の踏襲が軽蔑されつつある時代であった。1926年の私講師時代の講義録におけるホルクハイマーは、この「哲学の没落」を、哲学そのものの問題ではなく、社会的、経済的、政治的生活の動きから見直している (GS10-2：173)。ホルクハイマーは、19世紀の60年代から70年代にかけての時代を、講義の出発点となる「哲学の危機の時代」として規定している。そして、彼は、その危機と再生の試みが1920年代もなお共通点を有し、成功していないという想定から議論を始めている。彼は「哲学の戦場」が現実の戦場の反映であるという刺激的な言葉を用いている。しかし、彼は、哲学が社会に決定的に規定されていると考えているわけではない。それゆえに、彼は、哲学の可能性を断念しない研究を追求していたのである。ホルクハイマーは、哲学と科学がその社会的現実を反映しつつも、そのことを自覚していないこと―筆者はこれを「テクストの無意識」とでも言うべきものではないかと考える―について批判しつつ、哲学と科学とに適切な社会的現実の把握と表現とを求めている (GS10-2：175f)。

　この1926年の講義におけるホルクハイマーの立場は、すでに後の彼の研究上の立場とほぼ変わらない。たとえば、ホルクハイマーは、1932年の論文「科学と危機についての所見」において、学問の「内的危機」を以下のように定式化している。

> 　科学の成果は、少なくとも部分的に、産業において役立つように利用されたが、科学は、先鋭化する危機と、それに関連する社会的闘争を通して、すでに戦前に現実を支配していた社会の全体的過程という問題を前にしては、役に立たなかった。存在に向かい合いながらも、生成には向き合おうとしない方法は、所与の社会的形態が同じ経過を

繰り返す一つのメカニズムだとみなされることに対応していた。このメカニズムは、経過の長短に問題があるとしても、いずれにせよ、一つの複雑な機械の説明のような科学的な説明の方式以外を必要としない（GS3-3：42 = 1998：109）。

　1930年代のホルクハイマーは、当時の学問において、科学を批判する論争の中心点が、「メカニズム」、すなわち「機械論」にあると考えていた。これこそホルクハイマーが1920年代の学位論文と教授資格論文の前後、つまり「哲学修業期」に捉えた彼の議論の中心的問題の一つでもあった。その上、1930年代のホルクハイマーは、静態的自然観同様、社会観も静止したものと考えるような、機械論に基づいた議論では捉えることのできない変転する歴史をいかに捉えるかということに問題意識をもっていた。彼は述べる。「社会過程に関連する諸問題の適切な取り扱いに背を向け、科学がそれらとの関係を絶っていることは、方法と内容とに関する平板化を引き起こしている。すなわち、平板化とは、単に個々の対象領域間の動的関係を軽視することに表されているだけでなく、いろいろな学問分野の営為のなかにも実にさまざまな仕方で感知できる」（GS3-3：43 = 1998：109以下）。しかし、この科学の平板化は、学問全体のなかから生じるというよりも、社会的諸条件によって生じると考えているホルクハイマーは、この平板化に対して、社会理論を導く「学際的」研究という答えを出した。1926年のホルクハイマーと、1930年代のホルクハイマーとの違いはここにある。すなわち、前者において、ホルクハイマーは哲学に対して内在的に問題に取り組んでいたのに対して、後者において、ホルクハイマーは、個別科学と積極的に協働することで、社会理論的に問題に対処している。もはやホルクハイマーは、ハーバーマスの言葉を借りれば、「社会理論における哲学の止揚」（Aufhebung der Philosophie in Gesellschaftstheorie）へと至っている（Habermas 1986：164）。そして、そのことは、ホルクハイマーのフランクフルト社会研究所所長としての研究プロジェクトの運営に対する評価とも関連している。

　1930年代のホルクハイマーは、機械論的自然観に基づく科学の全般化が学問の危機であると考えているものの、この科学の可能性を再考せずに

「反科学」へと向かう哲学者たちの動向も含めて、つまりは、科学と哲学を含めた学問全般の危機を見ていたのである。彼は、このような科学と反科学（哲学）という専門分化や対立、すなわち「学問の危機」を、学問を営む人々や大学社会の人々が無自覚に目を背けている危機だと考えたのである。したがって、ホルクハイマーは、反科学の単純なイデオローグでないのはもちろんのこと、科学の全般化と反科学との対立によって、異なる社会観の対立とそれらの力のせめぎあいをつぶさに看取しようとするのである。

　以上のような1930年代のホルクハイマーの社会理論はいかにして形成されたのか。それを理解するためには、1920年代の彼の「哲学修業期」の思想が明らかにされねばならない。

第3節　「経験」という哲学的プロブレマティーク

　本書は、ホルクハイマーの「哲学修業期」におけるハンス・コルネリウスの哲学の影響を確認する。ホルクハイマーにとってのコルネリウスは、前節に見たような当時の一般的な大学制度において、単なる形式的な指導教授だったのだろうか。これを考えるために、コルネリウスを哲学史上に位置づける必要がある。コルネリウス哲学を理解することは、ホルクハイマーの哲学的ルーツを描く際に必要な作業だと筆者は考える。また、ホルクハイマーは、私講師時代に哲学史の講義を行い、そこでコルネリウス哲学ならびに当時の哲学的諸潮流を議論していた。コルネリウスは、前節に見られたようなドイツ社会や大学社会の危機的雰囲気に対する哲学的表現をホルクハイマーに提供した。すなわち、大学の合理化や大学人の精神の喪失という危機感は、哲学的なプロブレマティークとしても翻訳され、ホルクハイマーも、それを彼の「哲学修業期」の議論の出発点に据えていた。

　ホルクハイマーの哲学的背景に詳しいオラーフ・アスバハは次のように述べる。「19世紀中葉以来、人々は、とりわけ自然科学とそれに伴う厳密な学の排他的要求という傾向の法外な飛躍を鑑みて、激しく議論されてきた哲学固有の―認識論的―機能の基礎づけ問題に哲学独自の答えを見出そうとしていた。人々には、自然科学的研究と哲学的研究との統一を示し、

一方によって他方を補足し、基礎づける不可避性を示そうという努力があった。そこで、コルネリウスは、カントと新カント派同様、現象学、自然科学、心理学の思想とモチーフとを、経験主義と実証主義の思想とモチーフとによって綜合し、融合している」(Asbach 1997：17f)。混迷する大学社会を反映した哲学の危機にあって、コルネリウスは、以下で論ずるように、個別科学の前提となる経験主義（Empirismus）と、超越論哲学的な認識論の経験（Erfahrung）の問いとを融合する試みを、エルンスト・マッハを原点とする経験批判論（Empiriokritizismus）へと結びつけようとしていた[18]。

本節第1項においては、いわゆる「俗流唯物論」によって、科学が哲学的基礎づけを必要としないという「哲学の危機」の時代から、科学の前提としての哲学の復権を主張する新カント派が出現する流れを確認する。次に、第2項においては、新カント派による観念論哲学の復権に「経験」についての議論が欠如しているという批判を展開する哲学的潮流を代表するマッハ哲学を取り上げる。第3項において、「経験」という哲学的プロブレマティークから哲学と個別科学との関係を再考していたコルネリウス哲学の展開を紹介した上で、第4項においては、コルネリウス哲学を理解する手がかりとなるゲシュタルト心理学の議論を明らかにし、ホルクハイマーによるベルグソン哲学＝生の哲学の受容を確認する。以上の四点をホルクハイマーの言説に補足を加えて考える。

第1項　「唯物論論争」と新カント派の出現

　ドイツ、そしてもちろんイギリス、フランスを含んだ西欧社会の近代化において、科学、とりわけ自然科学は、テクノロジー供給のゆえに、大学において主要な学問になりつつあった。その自然科学に対して危惧を抱き、人間の精神が軽んじられてはならないという発想は、本章前節第2項のリンガーの指摘にもあるように、工業化先進国英仏よりも、ドイツの学問と社会において重視された[19]。ドイツ観念論哲学は、科学テクノロジーを擁護する19世紀の俗流唯物論哲学と対立していた。このような思想的背景にホルクハイマーも関与していた。それは、彼による哲学と科学との対話という目論見であり、その上それは、師のハンス・コルネリウスの哲

学に従っているというのが本書の見解である。

　たとえば、ホルクハイマーの1933年の論文「唯物論と形而上学」において、彼が「唯物論」について議論を導入する際に、「唯物論論争」なるものが取り上げられている（GS3-5：74）。この論争は、本書の整理する哲学と科学との関係づけにおいても適切な出発点だと考えられる。「唯物論論争」は、1854年に生じた。この当時、唯物論哲学としての自然研究（Naturforschung）が興隆しており、彼らによって哲学そのものが不要になったと宣言されていた。1854年、前節で述べたように、教養主義の本拠であったゲッティンゲン大学で開かれた「自然研究者大会」において、生理学者ルドルフ・ヴァーグナーは「人間創造と魂の実体」を語り、キリスト教会の教えと科学の成果とを統一化しようとした。カール・フォークトはこれに反対し、同年に、「盲信と科学」と題した論文を発表した。フォークトは、「人間とは食うところのものである」（Der Mensch ist, was er ißt）という当時の「俗流唯物論」の共通見解に応じ、思想と脳とを、胆汁と肝臓、あるいは尿と膀胱とになぞらえて、ただ人体の機械論的連関から論じることでヴァーグナーに反論した。しかし、広義の自然研究に対し、テクノロジーの発展に貢献する自然科学の地位を確立した狭義の自然研究者、つまり個別科学としての自然科学（Naturwissenschaft）の研究者は、唯物論哲学者による学問の基礎づけを無用な争いとして敬遠していた。自然科学者たちは、「唯物論哲学者＝自然研究者」による唯物論的世界観の宣伝から距離を取っていた。彼らは、自然科学が万物を認識し、自然科学者が自然の完成した体系を自由にできるかのような印象も否定していた。つまり、自然科学者は、哲学的な「自然研究者＝唯物論哲学者」との関係に用心深かった（Schnädelbach 1991：132f）。しかし、「唯物論論争」によって、「唯物論」は一躍当時の哲学界のキーワードとなり、この唯物論の議論がフリートリヒ・アルベルト・ランゲの唯物論の批判へとつながっていった。ランゲは、『唯物論の歴史』（1866）を著し、1872年から1875年までマールブルク大学において教鞭をとった。その教え子にヘルマン・コーエンがおり、彼は、後にマールブルク学派と言われる学派の中心となっていった。ランゲの議論は、「カントへ帰れ」という新カント派の哲学、特に認識論による「哲学」の意義の新たな確立へとつながって

いった。「唯物論論争」から新カント派の出現までの経過は、「哲学の不要」という19世紀後半の学問界の危機感と関係していた。あるいは、その哲学史的経過は、自然科学の側における従来のニュートン物理学では論じきれない新しい学説の出現や、確実な認識なるものの揺らぎと関係していた。この19世紀後半の哲学上の争点、すなわち、物質的な機械論的連関という視点の全般化である唯物論的世界観は、哲学の新たな意義を問うと同時に、再び自然科学、そして物質や物質的な世界の「経験」についての様々な議論を生み出した[20]。

ところで、ホルクハイマーによる私講師時代の講義を要約した論文は、「科学からの哲学の解放について」(1928) と題された[21]。その未発表の論文において、以上のような唯物論の時代が生んだ新カント派のなかでも、とりわけヘルマン・コーエンの議論が重視されている。ここで、「哲学の復権」を、ホルハイマー自身の議論から確認しておきたい。ホルクハイマーによると、『純粋理性批判』におけるカントは、ニュートン物理学の影響もあって、自然科学の認識対象となる自然と、認識を成り立たせている認識主観に統一されて秩序づけられた自己意識とに、ともに「自然法則」を見ていた。カントは、自然法則によって未来に関する予測が可能なように、自己の意識についても、意味に関する秩序において未来を予測させる一貫性があると考えた (GS10-3：354f. GS10-1：221)。ホルクハイマーは、カントの議論に立脚するマールブルク学派のコーエンが次のように問うていると述べる。「どの程度自然科学の認識は『真の』認識であることを主張できるのか。これを自然科学が要求する根拠はなにか。一体、いかにして、自然科学は、ほぼあらゆる知の力を仕えさせるほど理論的に正当なのか」(GS10-3：353f. GS10-1：216)。ホルクハイマーによると、コーエンは、自然科学が生活水準の向上に寄与する以上に、自然法則のような自己意識の確立という問題、科学の基礎づけという問題にこそ、哲学の意義を見ていた。コーエンは、「自然科学の真理要求の意味」について問題提起したのである。

ホルクハイマーによると、コーエンは、認識主観から独立して存在する物自体の世界と、それが主観にとって「現象」する世界とのカントの区別において、物自体の世界はないと考え、主観に与えられる現象の認識を重

視した。コーエンは、物自体の存在についての問いや、無限の現実と比較して制限される認識という問いを無意味な問いとして退けた。ホルクハイマーによれば、コーエンたち新カント派は、自然科学的認識において、物自体が「自然」として認識されるのではなく、認識主観に思考されうる範囲での対象の秩序を「自然」だと考えた。ホルクハイマーは次のように述べている。「対象がわれわれの思惟の彼岸に相関する概念や基体をどの程度までもっているかなどという問いは無意味である。対象の実在は、対象がわれわれの科学的概念と判断の全体系によって徹底的に一定させられるような法則的連関のなかにあり、あらゆる科学的知識と対象との関係が一致し、矛盾の無いものとされることを意味しているのにほかならない」(GS10-3：362)。

　コーエンによれば、上記のような規定が可能なのは「論理」であった。ホルクハイマーによれば、コーエンは、学問的意味において語る限りで、正確な言明そのものとされる思惟の像としての対象が、学問的思惟の原理、すなわち、カントの言うところの「認識主観の合法則性」から生じるに違いないと考えていた。「認識主観の合法則性」は、認識を成り立たせている認識主観の、統一され、秩序だった自己意識である。ホルクハイマーによれば、それは、カントが数学的自然科学の役割を認識主観に適用したことから、コーエンたち新カント派が導き出した帰結であった。

　ホルクハイマーは、この帰結に対して、「経験」を問い直すことから始まったはずの新カント派の議論が矛盾していると批判する。新カント派の議論は、認識主観がその主観の外部から感性を介して受け取るとしたカントの認識論における「経験」の所与性（あるいは受容性）を否定する。ホルクハイマーは述べる。

　　カントにおいて、思惟の課題は明瞭な規定である。それは、混沌としてばらばらな素材（Material）を統一的な経験（Erfahrung）に結びつけるという「綜合」である。あらゆるア・プリオリな定理の意味は、質料（Material）に必然的に結びついている秩序原理の論理的定式化と同一である。素材と関係のないア・プリオリな判断は価値も意味ももたない。経験の対象の「生成」は、カントにおいては本質的に、

数学的力学的科学の意味での経験対象の加工を意味している。コーエンにおいて、生成は無からの生成である（GS10-3：367）。

　新カント派が大学で支配的であったのは、まさに第一次世界大戦勃発までと言ってもよいであろう。ホルクハイマーが属した第一次世界大戦後の大学社会において、自然科学の哲学的基礎づけは、大学で自らの新しい立場を主張する争点となっていたのである。以上のホルクハイマーの議論からも理解できるように、新カント派の議論は、「経験」の対象、あるいは感性的素材からの「経験」の生成を明らかにしていなかった。新カント派は、結局、自然科学的自然観、あるいは「俗流唯物論」における素朴な客観的自然の実在という自然観とはまったく逆の立場を取っていただけで、「物とは何か」、あるいは主観における客観的な対象との関わりとはどのように考えられるかについて決定的な答えを出していなかった。新カント派は、自然科学が損なっていく世界の哲学的意味づけを取り戻そうと考えていた哲学者たちから批判された。その批判者の多くは、その後、フッサールの現象学に期待した。ホルクハイマーも、コルネリウスの勧めで、1919年、フライブルクにおいてフッサールの講義を聴講し、深い影響を受けることとなった[22]。しかし、フッサールの思想に限らず、この当時の新カント派からの議論の発展は、ホルクハイマーの哲学修業期の作品において、コルネリウス哲学を経由した痕跡とともに見られる特徴であった。

第2項　マッハによる経験批判論

　ここで、コルネリウスとホルクハイマー、そして現象学との関連を捉えるにあたって、筆者は、エルンスト・マッハの思想に焦点を当てる。マッハは、コルネリウスに多大な影響を与え、また、フッサールにも影響を与えたのではないかと考えられている[23]。革命家レーニンも、コルネリウスを、マッハの経験批判論の後継者として批判していた（レーニン 1999（下）：44以下）。それどころか、マッハ自身がコルネリウスの議論の価値を認めていた（マッハ 2001：43）。本書は、後で、ホルクハイマーの議論におけるマルクスとエンゲルスの思想に影響された「唯物論」について考える。ここでマッハの議論を確認しておくことは、「俗流唯物論」も含めて、「唯

物論」という思想をあらためて考える際にも参考になる。

　ホルクハイマーによると、「エルンスト・マッハの経験批判論は、物理学の結果を信じて満足しない証である」（GS10-3：343）。マッハは、物理学という自然科学の領域にも幅広く貢献した人物である。彼は、哲学による科学の基礎づけという問題に動機づけられて、「経験」をめぐる哲学的議論をしていたわけではない。そもそも「経験批判論」（Empiriokritizismus）という言葉は、マッハのものではなく、リヒャルト・アヴェナリウスによるものであった（Avenarius 1907）。それにも拘わらず、ホルクハイマーは、ここでマッハを経験批判論者として論じる。ホルクハイマーによると、マッハにとっての科学の成果とは、現実認識と単純に一致するもの（einfache Identifikation）ではない。むしろ、マッハの議論は、彼オリジナルの現実概念に基づいて、科学の成果や、その獲得方法を解釈するものである（GS10-3：344）。このように、「現実」と「経験」とに批判的に取り組むマッハ自身は、「哲学者」という立場に抵抗を示していた。同時に、彼は、「自然科学者」の立場にも距離をとっていた[24]。このことから、マッハの哲学と科学との関係づけを、ホルクハイマーは、次のように評価している。「経験批判論は、自らは自然科学に属すと明言しているにも拘わらず、哲学を再び独自なものとして、自然科学に対してその独自な教義を基礎づける努力の経緯を表している」（GS10-3：344）。

　ホルクハイマーは、ここで言う「哲学」の観点の手短な概観を提供するために述べる。「マッハは、世界についてのただ唯一真なる現実が究極の要素であるとする点で、全く原子論的唯物論と意見が一致する」（GS10-3：344）。しかし、マッハは、この究極の要素を物理学における原子ではなく、「感覚」（Empfindung）だと考えた。ホルクハイマーは述べる。「感覚は、それにおいてあらゆるわれわれの思想や説明が最終的に関係するような、世界の真の要素という概念的整理にとっての単なる仮説的構築物である」（GS10-3：344）。したがって、ホルクハイマーによると、マッハにとって「感覚」に先行する物自体への問いは無意味だと考えられている。マッハ哲学は、新カント派同様、物自体という考え、あるいは物自体と現象という区別を無意味としていた。また、マッハは、「無意味なもの」と、「形而上学」という言葉を同義に用いていた。「われわれが経験において事物や実体と

呼んでいるものは、より詳細に考察すればなんであれ、感覚の相関する恒常的複合体だと分かる」(GS10-3：345　下線部ホルクハイマーによる強調)。

　ホルクハイマーは、マッハにとっての「科学」の課題が、専ら「経験」にのみ基づき、無意味な「形而上学」を排除し、この感覚要素相互の関係を叙述することで、その関係を可能な限り単純な形として表すことであると述べる。ただし、ここでの「経験」とはカント哲学的な意味における経験ではない。それは、ホルクハイマーが学位論文で「体験」として議論し、フッサールの哲学において「事象」(Sache)と呼ばれるものに該当する。換言すれば、経験批判論者は、「経験」を「体験」(Erlebnis)の議論にした。なかでもマッハは、カントによる物自体あるいは物自体と現象との区別を否定し、経験にとって所与となる感覚素材も悟性の自発性も「感覚」としていた。したがって、この議論に従う後のコルネリウス哲学は、悟性や概念や「経験」を再考する「体験」という出発点を想定していた。ここからマッハは、「経験」における「感覚」相互の関係のみを整理し、形而上学的な無駄を排除する「思惟経済」(Denkökonomie)を提唱していた。マッハによれば、「経験」においては、感覚要素は常に固定したものではなくうつろいやすいものである。しかし、マッハによれば、「経験」において「感覚」の複合体が名指されるのは、言葉、つまり、「名詞」によってである。ホルクハイマーは、マッハによるこのような「経験」の考察の一例を引用する。「初めて黒犬を見てそれが犬と呼ばれるのを聞いたこどもは、その当座、たとえば、そこらを這っている大きな黒い甲虫のこともやはり『犬』と呼ぶし、その後しばらくは、豚や羊のことも犬と呼ぶのである。かつてそれの名を口にしたことのある表象を思い出させるなんらかの類似性が、自然に同じ呼称の使用へと至らしめるのである」(マッハ　2001：261)。これについて、マッハ自身は次のように続けている。「類似点は、次々と引き続き同じものである必要はないのであって、たとえば、ある折には色、別の折には運動、また別の折には形、外装、などなどといった具合である」(マッハ　2001：261)。こどもが犬を名指す事例は、大人であろうが大同小異に当てはまるものの、大人は語彙の豊富さによってそのことに気づかないだけなのだとマッハは述べている。たとえば、長方形や立方体は皆にただ「四角」と呼ばれる。マッハのこの議論から理解できることは、

第１章　ホルクハイマーの「経験」

特定の類似性相互の結びつきによる「名前」が対象を示す機能を果たすのであって、対象の性質を「厳密に」規定し、名指すという「概念」なるものは、日常的にはなんら機能していないということである。しかし、ホルクハイマーは、「概念と判断は、この［マッハ］哲学においては、われわれに感覚要素とその感覚要素の関係の多様性とを正しく理解させる単なる手段として表されている」とする（GS10-3：346）。つまり、この哲学は、概念的知識への反感を表しているのではなく、その形成過程を考えさせるのである。しかし、マッハは、概念を対象と関係するものというよりも、すべて主観的感覚を明瞭にする「名前」であると考えるところから、マッハにとって概念に基づく科学とは、すべて主観性のあり様を考える心理学なのかと問われることがある。これに対して、マッハは、身体という感覚要素の複合体に関してはたしかに心理学が扱うが、身体の外部も感覚要素の複合体から論じられるとし、それは物理学が扱うと考えた[25]。このようなマッハの論点は、後でまた取り上げるように、レーニンの唯物論からの批判にさらされることとなる。

　以上のようなマッハの感覚要素は、ホルクハイマーが説明するように、「世界の真の要素という概念的整理にとっての単なる仮説的構築物」である。これによって、ホルクハイマーは、マッハが自我と対象との認識論上の関係について、あるいは心理と事物とに関して、どちらが主体でどちらが客体かではなく、いかに同じ要素によって全体が関係づけられるかを考察するのだと見る。たとえば、人は、日常的に、目に映っている緑を「主観的に」感じるのか、彼が「客観的に存在する」緑を感じるのかという問題を止揚している。したがって、マッハ哲学は、主体性や自発性というものを感覚要素の総計にしたとして常に批判されがちだが、マッハ自身は、感覚要素による主客の函数的連関が問題なのだと反論した（マッハ 2001：296）。

　ところが、このようなマッハへの批判に対する自我論からの回答と、マッハによる思惟経済の議論の基礎づけには矛盾があったことを、ホルクハイマーは指摘する。すなわち、マッハの思惟経済の学説において、あらゆる思惟が生物学的に理解されている側面をホルクハイマーは批判している。マッハは、要素の多様性を単純な手段で正しく理解し、かつ整理する

という意味で、この思惟の経済を、人間の認識や思惟による生物学的適応能力の一環であるとして、自らの学説を基礎づけていた。マッハは、自らのこの思惟における無駄の淘汰というダーウィン進化論に比する発想を、あくまで作業仮説であるとしていた。しかし、ホルクハイマーは、その生物学的な認識論の基礎づけを、実在論的偏見として批判している（GS10-1：265)[26]。このように、ホルクハイマーは、コルネリウス哲学の影響もあって、感覚要素論が導く主客の止揚、「感覚」の直接的な現前、そしてその所与性に限定してマッハ哲学に着目している[27]。

第3項　コルネリウス哲学と「意識の根本的事実」

　ホルクハイマーによれば、マッハは、コルネリウス哲学を高く評しつつも、それを新カント派同様、個別科学を基礎づけようとする哲学の一つに位置づけられるという点で批判している（GS10-1：265）。つまり、マッハは、哲学による個別科学の基礎づけに関心がなかった。たしかに、コルネリウスは、マッハの議論を「究極の明瞭さを求める努力」と評価しており、その議論を、経験主義（Empirismus）に基づく科学にとっての前提を成す哲学的課題だと考えていた（Cornelius 1903：7. GS10-1：265）。すなわち、コルネリウスは、個別科学、とりわけ自然科学の前提について考えることが哲学固有の問題領域であると考えていたのである。ホルクハイマーによると、コルネリウスは、自然科学に対して外から口を挟むことが哲学の課題ではないと理解していた。しかし、彼は、個別科学のみでは解消できない問題に哲学的解答が可能かもしれない限り、哲学による科学の基礎づけの必要性があるのだと考えていた。コルネリウスの考えるような、個別科学に必要な前提を問う哲学固有の問題とは、「経験」の問題と不可避的に結びつく「概念」の問題であった。ホルクハイマーによれば、コルネリウスの「概念」の問題設定がマッハ哲学と同様なのは、前述したように、「経験」のプロブレマティークを「体験」という観点から再考するところにあった。

　たとえば、ホルクハイマーは、学位論文提出後の1923年、コルネリウスの60歳の誕生日を祝う新聞論説において、デカルト以降の哲学史が、cogitation、すなわち「純粋体験」の問題解明に開かれていると述べる。

そして、ホルクハイマーは、この意識に関する問題、あるいは純粋体験の問題が、現代においても、科学的概念の生成過程を問うことになると述べた。すなわち、空間や時間、形而下のもの、体験を通してのみ所与のものについてである—デカルトの数学史における重大な役割は説明するまでもない—。それは、つまり、「直接的に確かなもの」という意味で客観的に妥当なものである（GS2-3：150）。ここで言う「客観的に妥当なもの」とは、コルネリウスの議論に従うホルクハイマーによれば、「私に疑いようのない私の体験」、すなわち、「究極の明瞭さ」である。疑いようのない「私」の「個々の体験そのものは、まったく明証的である。そして、ただそれら体験を遡ってこそ、われわれは、それら体験のなかに、そして唯一それらに一貫して、真偽や、空間における物、他者の意識などとして、体験の意味についての究極の明瞭さを獲得しうる。体験の連関において、われわれにとっての時間的空間的世界が構成されている」（GS2-3：150）。ホルクハイマーは、このような究極の明瞭さを、他の議論で「直接的所与」（unmittelbar Gegebene）と述べている[28]。

ところで、ホルクハイマーは、コルネリウスの議論における純粋体験に関して、デカルト以降、ヒュームの懐疑主義哲学が重要だと述べている[29]。ちなみに、コルネリウスは、マッハ哲学の弟子の一人としてレーニンに批判されるが、レーニンの批判は、経験批判論者たちが、実在する物質を不可知とするカント哲学から、レーニンの提唱したような唯物論へと発展するのではなく、ヒュームとバークリーとによる物質の実在の懐疑へと先祖がえりしたというものであった（レーニン 1999（上）：18 以下）。ホルクハイマーによるヒュームへの言及は、コルネリウスの論点を、哲学史ばかりでなく、ゲシュタルト心理学に至る心理学史として再考させる。

ヒュームは、自らの精神的過程、つまり、自我の外部の客観的実在について懐疑した[30]。その「自我」は、ヒューム哲学において「経験」の要素である観念の結合であると考えられた。ヒュームは、個々の観念の結合から法則性を導こうとし、そこに科学の可能性を考えていた。しかし、彼は、その法則性に見える帰結も偶然的かつ主観的な習慣（反復）であって、それを必然的かつ客観的に基礎づけることはできないと懐疑した。観念という「経験」の要素、つまり体験は、ヒューム的懐疑主義においては根拠づ

け不可能とされていた。そのいわゆる観念連合説は、個別科学の、とりわけ心理学の具体的研究に決定的な前提として全般的に息づいている。観念連合説は、古くはアリストテレス哲学に起源をもち、バークリーやロックの哲学を経由し、ヒューム哲学に辿りついていた。したがって、この学説は、コルネリウス、そしてホルクハイマーの時代には、心理学的構成要素の関係を見る実験心理学の起源となっていた。このような心理学において、観念連合の習慣性は、懐疑論と結びつく主観的観念論ではなく、実証的に「経験」の構成に役立つと考えられた。つまり、それが「経験主義」(Empirismus) である。

ホルクハイマーによれば、コルネリウス哲学も、ヒューム哲学において偶然的な錯覚とされた個別科学の基礎づけとなる「根本概念」を取り上げようとしていた。すなわち、コルネリウスによれば、体験を根拠づける根本概念とは、主観において対象を捉える「因果性」や「人格」、そして客観的対象とされている「普遍な事物」の概念である。しかし、ホルクハイマーは述べる。「これら概念に対応するものが存在すると信じることを単なる錯覚として［ヒューム哲学のような懐疑主義的］理論が処分するが、その一方で、このように信ずることは、いつでも実践することにおいて、われわれの行為の基礎となっている」(GS2-3：151. GS11-5：134f)。なるほど、「不変な事物の概念」、「因果性」、「人格」などの根本概念は、われわれの日常的行為のなかで信じられ、機能している。そこで、ホルクハイマーによれば、コルネリウスの議論は、直接、心理学的な経験主義に至るのではなく、まさにカント哲学こそがこのヒュームの議論における懐疑主義を克服しようとし、経験の構成要素としての体験にとっての根本概念を基礎づけようとしたのだと考えていた。ここで考えられているカントの哲学の特質とは、「本質的に、人がそれまで研究していなかった個々の体験間の根本的関係づけを指摘することにある」(GS2-3：151)。カントによれば、ヒュームが偶然的な事実としての個々の体験の結合という帰結に対して、「むしろ体験は、それが意識の部分内容だと認める個人の意識の結びつきを示す」(GS2-3：151)。ホルクハイマーによれば、「体験」とは、常にただ「意識」との関係に基づく「部分的な体験」である。ここで言われている「部分的な体験」とは、部分としての個々の体験の結合にとって質的に飛

躍した必然性と見なされる「超越論的な意識の統一性」という構成的関係である。すなわち、ホルクハイマーによれば、意識の一般的法則とは、要素とされる個々の体験の連合法則ではなく、それなしでは意識連関が考えられないような法則、あらゆる未来の「経験」（Erfahrung）にとって基礎にある法則である。ホルクハイマーは、これらカント哲学の「経験」の課題を考えるために、コルネリウス哲学が経験主義哲学の効用を見逃すことなく、「意識の根本的事実」に帰った功績を特筆している。ホルクハイマーは、以上のようなコルネリウスの帰結、すなわち「意識の根本的事実」、そしてそれが機械論的連関ではない統一体であるという帰結を、コルネリウスに倣ってゲシュタルト心理学やフッサールの哲学の成果に見ていた。その上、ホルクハイマーは、当時の哲学界で広く流行していたベルグソンの哲学にもコルネリウス哲学と同じ可能性を看取していた。

第4項　ゲシュタルト心理学から生の哲学へ

　ホルクハイマーは、1922年に『眼球上の盲点の色盲帯におけるゲシュタルト変化』という実験心理学的研究を学位論文として完成させた。しかし、コペンハーゲンにおいて、ホルクハイマーの提出に先だって同様の主題の論文が発表されたために、彼の論文の正式な提出はとり下げられている。この論文は、題名からもわかるように、1920年代に流行した「ゲシュタルト心理学」に関わる議論であった。フランクフルト大学においては、フリートリヒ・シューマン、アデマール・ゲルプ、ヴォルフガンク・ケーラー（1913年まで在籍）、マックス・ヴェルトハイマーらがゲシュタルト心理学研究を発展させていた。ハンス・コルネリウスとその弟子ホルクハイマーも、この心理学の影響下にあった。そして、学位論文書き直しの際、カント哲学について論じることをホルクハイマーに提案したのはコルネリウスであった[31]。

　以下では、ホルクハイマーの議論を理解するために、筆者からゲシュタルト心理学についての説明を補う。当時、このゲシュタルト概念をめぐって論争が生じ、複雑な研究者の相関関係が生じていた。この論争や相関関係は、ホルクハイマーの議論の背景となる。しかし、ホルクハイマーの哲学史講義には、ゲシュタルト心理学の項目が含まれていなかった。彼の議

論において、ゲシュタルトという言葉は、単なる構造という意味ではなく、心理学的に特殊な意味を暗示して、幾度も用いられている。したがって、ホルクハイマー自身が細かく語らないその内実と背景とは、これより先の議論のために、ここで確認されておくべきであろう。

そもそも、コルネリウスの思想的出発点には、19世紀後半のグスタフ・テオドール・フェヒナー、ヴィルヘルム・マックス・ヴント、ヘルマン・ヘルムホルツらへの批判があった。すなわち、彼らが自分たちの心理学を諸学の基礎と考える点が、コルネリウスにとっては問題であった。たしかに、フェヒナーによる1860年の『精神物理学綱要』は、哲学の一派としての心理学派と一線を画し、個別科学としての現代心理学の出発点と位置づけてよいかもしれない。ホルクハイマーも、彼の哲学史講義の出発点としてフェヒナーたちの心理学から議論を始める。フェヒナーたちの実験心理学は、物理学的自然科学を範としていた。

それでは、実験心理学への反論の根拠となるゲシュタルト心理学とはいかなるものだったのか。「ゲシュタルト」とは、クリスチャン・フォン・エーレンフェルスによる「＜ゲシュタルト質＞について」（1890）という論文に由来している。この論文は、そもそも、リヒャルト・アヴェナリウスの科学哲学の雑誌において掲載されていた。木田元は、エーレンフェルスがその科学哲学の雑誌において、マッハによる『感覚の分析』（1885）に叙述されたゲシュタルトの現象に着目していたことを指摘する（木田2002：133）[32]。エーレンフェルスは、マッハの議論におけるゲシュタルト現象についての曖昧な説明を明瞭にしようと試み、「感覚質」（Empfindungsqualität）と、「ゲシュタルト質」（Gestaltqualität）という概念の区別を導入した。エーレンフェルスによると、ゲシュタルトの知覚とは、要素的感覚の総和以上の何かがともなって成り立っている。その何かが感覚質以上のゲシュタルト質である。たとえば、異なった要素音どうしの組み合わせから生じるメロディーが同じ要素音でも組み合わせによって異なったメロディーとなる。このような要素音の組み合わせは、移調して高低の変化が生じても、全体としては同じものだと理解できる。ただし、要素音そのものが一つでも異なっているとき、全体が違ったものに聞こえてしまうことがある。以上のような全体を、エーレンフェルスは、「ゲシュ

タルト質」と呼んだ。このゲシュタルト質は、個々の要素の性格に類似性を見出すのではなく、要素を関係づけて把握しているという意味での全体を意味する。エーレンフェルスによると、あるゲシュタルト質は、さらに高次の新たなゲシュタルト質の基礎として働くことがある。すなわち、一つのメロディー自体がゲシュタルトを成すが、ときとしてわれわれは、ある作曲家が作る様々なメロディーそれぞれが違うものに思えても、その作曲家共通の何かがあると感じることがある。これはその作曲家の音楽それぞれのゲシュタルト質共通に見られる、より高次なゲシュタルト質である。そして、エーレンフェルスは、このゲシュタルト質が「直接的所与」であって、たとえばカント哲学で言う悟性のような、なんらかの知的作用が表象の複合体に加えられているわけではないと考えていた。このゲシュタルト質をめぐり、当時、哲学者相互で活発な議論が交わされる。木田元によれば、フッサールは、『論理学研究』第2巻（1901）の第3研究「部分と全体に関する理論について」において自らの「図形的契機」の議論を、エーレンフェルスの「ゲシュタルト質」、アレクシウス・マイノンクの「基づけられた内容」と同一だと述べている[33]。木田元が描くような現象学の源流にある議論と人物の相関関係とは、コルネリウスを介して、ホルクハイマーのなかでもおよそ基本的な了解となっていた。

　いま名前の挙がったマイノンクは、フッサール同様フランツ・ブレンターノ門下であった。マイノンクは、エーレンフェルスが論じた「ゲシュタルト質」が直接的所与であるという主張に、なんらかの知的作用が加わっているのではないかと反論した。マイノンクは、同じ現象を見た人でも、異なった形を見出すという事例を挙げた。この事例について言うならば、マイノンクの弟子たちには、後にホルクハイマーの師となるハンス・コルネリウスやシュテファン・ヴィタゼク、ヴィットリオ・ベヌッシたちがいたが、なかでもベヌッシによる反転図形の知覚の心理学が有名な例を提出していた。ある図形が向かい合った顔に見えたり、その向かい合う顔の隙間の形が花瓶に見えたりする白黒のコントラストの図である。それは、人によって異なる「見え方」の例となる（木田 2002：136 以下）。

　マイノンクの反論にも拘わらず、ゲシュタルト質の議論の影響を最も受けていたのは、ベルリン学派と呼ばれた人々である。フッサール同様ブレ

ンターノ門下であったベルリン大学のカール・シュトゥンプフの弟子たちには、マックス・ヴェルトハイマー、クルト・コフカ、ヴォルフガンク・ケーラーなどがいた。彼らは、ゲシュタルト心理学の担い手としてベルリン学派と呼ばれた。ただし、シュトゥンプフの心理学は、ヴントに似た実験心理学であり、後のゲシュタルト心理学者たちに影響していなかった。シュトゥンプフの後任としてベルリン大学の哲学科正教授および大学付属の心理学研究所所長にケーラーが着任し、彼を中心とした一派は「ベルリン学派」と呼ばれることになった。なかでも、フランクフルト大学において、ヴェルトハイマーによるストロボスコープの実験が行われた1912年がゲシュタルト心理学の起源だと一般的に考えられている。周知のように、この実験は次のようなものである。人は、二つの一定の距離に置かれたライトが交互にゆっくり点滅するとき、ライトの光の交代を確認できる。また、適度な早さでライトが光ると、光が一方から他方へ移動しているように「見える」。しかし、両ライトがすばやく点滅すればどちらもが光って見える。このことについて、マイノンクの見解においては、ストロボスコープの実験における光点は、「基づける対象」、つまり感性の素材と考えられる。しかし、実験では、光点が「運動」ばかりを見せるのではなく、ゆったりと、あるいはすばやく、光点の点滅として見える。これは、マイノンクによるゲシュタルト質批判のように、知性の介入の問題ではない（木田 2002：140 以下）。むしろ、ヴェルトハイマーは、カント的な発想における知性による感性的素材の加工の前に、「見えかた」、つまり「ゲシュタルト」が存在することを示したのである。

　ホルクハイマーは、認識されたものが感性的素材「そのもの」ではなく、悟性による概念的加工を経ているというカントの学説に対して、コルネリウス哲学の影響を通したゲシュタルト心理学の側面から異論を唱えた。しかし、この当時のホルクハイマーは、同時に「生の哲学」を採りいれていた。ここで述べられるホルクハイマーによる生の哲学とは、フランスの哲学者アンリ・ベルグソンの議論に多くを負っている。

　ホルクハイマーによれば、ベルグソンの議論は、伝統的な心理学への批判として、たいへん有用である。ホルクハイマーは、古い心理学が原子論的物理学の先行イメージに従っているとして、「意識の流れ」に関する直

観をベルグソン哲学から引き出した。ベルグソンによれば、その意識の流れは、結果の連続を知らせる状態の継続である。しかし、その流れを、人が時系列で構成しようとするとき、それのどこが始めでどこが終わりなのかがわからないほど入り混じっていながらも、その人は、その継続をしっかりと組織されたものとして感じ取ることができる（GS10-3：402）。ホルクハイマーによれば、ベルグソンは、現在の印象、記憶、感情の並存ではなく、概念の媒介を必要としないものを自我に見出していた。直接現在のなかに過去を含んだこの自我のあり方は、ベルグソンの議論において「持続」（durée）と言われている。ホルクハイマーによれば、「伝統的心理学」における心理の構成要素という考え方は、要素の配列という空間的思考法として批判されうる。ベルグソンは、空間的な測定を、意識の流れのような原初的な直接的所与に対して二次的なものにすぎないとしていた。つまりそれは、生そのものに対する人工的な加工の結果、すなわち、計測機器による物理構造への介入と同じである[34]。したがって、ホルクハイマーは、心理の人工的な生からの摂り出しへのゲシュタルト心理学による批判とベルグソンの議論とが合致すると考えていた。すなわち、ベルグソンは、意識を取り扱う機械論的ではない契機を見ていた。それは、人工的な構成要素では計り知れない、「全体的」可能性である。ベルグソン自身、意識の成り立ちが構成要素に基づくのではなく、ドラムの音、そしてそのシンフォニーにたとえられると述べていた。音のシンフォニーは、構成要素の総計ではなく、それ以上の強い印象であるとベルグソンは述べている。つまり、「ゲシュタルト」である。そこで、ベルグソンの生の哲学によれば、構成要素の連関という人工的加工に頼らない「直観」（Intuition）とは、いかなる種類の観察でもなく、「ひらめき」のようなものである。ホルクハイマーによれば、われわれのわれわれ自身や自然の事物に対する観点は悟性に制限されており、「一貫した自己観察」も、「直観の生成にとってはいかなる審級にもならない」。ベルグソンによれば、直観においてわれわれは行為し意志する存在として自分自身を理解している。しかし、ホルクハイマーは、このベルグソンによる生の哲学の受容から、生の意志に基づいた個体それぞれにおける相対性という思想に留まっていなかった。学位論文と教授資格論文におけるホルクハイマーは、生の意志に基づく個体に

ついての「記述」を断念しない「学」としてのコルネリウスやフッサールの哲学に依拠していた。

[註]
1) フランスから祖国ドイツを懐かしむハイネの『ドイツ・冬物語』に、次のような一節がある。「そして、ドイツ語を耳にしたとき、僕は妙な気がした。心臓がほんとうに気持よく血を流すとしか思えなかった」（ハイネ　1964：108）
2) 本書第4章で取り上げるホルクハイマー全集第15巻のなかの1935年の文書「新しい原則を定式化するための資料」についての編集者注のなかで、「友情の契り」はアルヒーフにもなく、いまはどこにあるかわからないと述べられている。
3) ポロックの父も、ホルクハイマーの父同様、ユダヤ系ドイツ人の有産ブルジョワである自分がナチス政権下において差別されるようになる「ユダヤ人」だとは考えていなかった。それどころか、自分がユダヤ人だと認めることを強く拒んでいた。
4) 病院での治療などについての様子がうかがえる書簡がある。これは後の妻ローザ・リークヘアとポロックに宛てている（GS15-1：22f）。
5) 彼は、イプセン、ストリンドベリ、ゾラによる自然主義的市民社会批判や、トルストイやクロポトキンのような社会革命文学、ショーペンハウアーやスピノザの哲学、ラジカルな政治的意思からブルジョワ市民社会に対する文学的反抗のフォーラムを形成したカール・クラウスの『炬火』、フランツ・プフェムフェルトの『行動』などに夢中になっていた（Wiggershaus 1988：56. Rosen 1995：15f）。
6) マックスは、この年上の女性を愛らしく思い、古典英語の乙女を意味するMaidと、女性を意味するラテン語のDonnaから造語を生じさせた。
7) ホルクハイマーの青年期の小説にも身分や財産の違いから、両親に交際を反対される男女についての作品がある。特に作品 *Sehnsucht* の中の Zwei Briefe の冒頭などは典型的叙述と言えよう（GS1-1：114）。
8) 「僕の生きなければならないのは、たとえ否定しようとしても拒むことのできない運命。だから僕は、生きなければならない。僕がもう生きなくてもよいときまで。つまり、僕は使命をもっている。僕は、何度その使命を憎むことになっても、それでも僕の意志でその使命を立てたのだから、僕の意志はその使命にあるに違いない［…］。人生の目的は、実際、つねに新しく、永遠に汲み尽くしがたい幸福であり、人生の最大の敵はあきらめである。人生の活力は行動のなかにあり、僕のあらゆる可能性がその活力を働かせることのなかにある。その活力を働かせることで、僕は、自らの使命をつくりだし、その使命の決まり事の下に自らを従わせ、人生もほんのちっぽけなものにすぎないような［壮大な］目的を自らに指し示した。恐るべき残忍さを伴って手に負えないほど大きくなっていく社会秩序や精神世界との対決、僕を垣根で取り囲む両親の、その

ほんの小さな弱点にさえも容赦することのなく向けられるブルジョワ的悪徳への批判、絶えず人間の残忍さを考える懐疑、ユダヤ人が苦しめられていることによる自らの使命への覚醒、これらを決して僕に忘れさせないもの、それが僕の意志なのだ」（GS15-4：66f）。ここでの引用は、ツヴィ・ローゼンによるホルクハイマーのバイオグラフィーの冒頭で用いられている。ホルクハイマーの生涯を象徴的に示しているとも言いうる（Rosen 1995：9）。

9) シュタイラーは、恋人ヨハンナに言う。「他の人間と同じだけの娯楽や教育、不幸をともにしてその日々が購われる人間、そんな人間が善い存在でありうるのなら、そのとき、俺のしたことも悪いことじゃなくなるのさ。そんな人間と俺とを区別してるのは、ただ一つの事さ。つまり、俺は、やらなきゃならなかったし、勇気も力もあったってことさ。快適に過ごして、慢心するために、慢心の代価がいくらかかって、どれほどそれが血に染まったものかなんて、みんなは経験してないんだからね。そいつらは俺ほど高潔じゃない。だって、そういう人間は、毎日の暮らしとすべての喜びを手にしながら、それでもまだ、そういう連中ときたら、自分に罪がないと思っているのだから。つまり、連中は、人間が善く正しい存在として生まれてきて、後ろめたいところもなく、自己批判も必要なく、罪悪について考える必要もないおめでたい存在だと思ってるんだ。やつらの全てのつけが俺に振りかかって、その重荷を負ったせいで、俺は押しつぶされてる。そして、やつら普通の人間にとってよかったものは、俺にとっては、逆によくないものになるんだ。ヨハンナ、もしおまえが人でなしでなくて、血も涙もあると言うのなら、おまえは俺に味方してくれるはずだよな。おまえがやつらの味方だったときのように［…］」（GS1-2：205f）。

10) ホルクハイマー自身の証言によれば、彼はエルンスト・トラーと間違えられて警察に逮捕されたことがある（GS7-4：446f）。

11) 「ぼくの先生」（ベッヒャー 1968：9）。その他には、「レーニン廟」のように、レーニンと共産主義賞賛と対比的に、ドイツ帝国とヴァイマール体制とへのはっきりとした非難が主題の作品がある。そのため、ベッヒャーは、国家反逆罪裁判にかけられる。その作風から、彼は、明らかにソ連のイデオローグとなっていく。

12) すなわち、諸大学へ配分されるプロイセンの予算560万マルクが、アルトホフの在任中に倍以上の1225万マルクまで上がり、それ以外にも彼の在任中に合わせて6000万マルクが支出された。

13) 1870年には14,000人の大学生が1880年には21,000人、1885年には27,000人、アルトホフの去った後の1911年には56,000人、1921年には88,000人に増大した。

14) ちなみに、ユルゲン・ハーバーマスは、リンガーのマンダリン論をドイツ特有の現象かどうかはっきりしないと批判し、リンガーもそれに呼応し、フランスやイギリスにおける世紀末の大学社会の不安を論じた（Ringer 1992 = 1996）。

15) ウォルター・ラカーは、1896年頃に、ドイツ青年運動が始まり、ドイツの20世紀の把握には欠かせない現象だと述べる。おそらく、この運動は、学校制度

におけるドイツ人の精神形成の社会化と対になる学校外の社会化過程の大きな要因として捉えられるべきであろう。ラカーによると、運動は1914年までとされる説が一般的である。つまり、第一次世界大戦と同時に終わるとされる、ヒトラー・ユーゲントもこのドイツ青年運動のスタイルをとっている。青年運動は6万人を越えない少数派の運動であった。ラカーによると、これはブルジョワ層の運動であった。彼らは、有名なワンダーフォーゲルに代表されるように、野や山や水辺を渡り歩き踏破するという自然と接する実践、すなわち遠足によって結束していった。しかし、この遠足は、余暇の一環やある種の教育としてすでに存在していたものであった。運動としての意義は、大人の監視下ではなく、若者だけで行うという意味で、一種の大人への反抗だったのである（Laquer 1962 = 1985）。

16) このアルトホフの体制については、潮木 1992 も詳しい。

17) フランクフルトの社会研究所同様、ハンブルクのヴァールブルク研究所は、新しい時代を反映した新しい研究所であった。ピーター・ゲイは、これら二つの研究所にベルリンの精神分析研究所も加え、総じてヴァイマール精神の産物だと考えている。ゲイは、彼らがドイツよりも海外で、戦前よりも戦後に影響を表すことでも一致すると述べる（Gay 1968 = 1970：50）。ロルフ・ヴィッガースハウスは、フランクフルト社会研究所と並ぶ研究所として、やはり三つの新設大学の一つケルン大学で1919年に設立された社会科学研究所、そして、すでに第一次世界大戦前の1913年に設立されたキール世界経済および海上交通研究所を挙げ、キールとケルンがフランクフルト社会研究所にとっての社会科学研究所の先駆けであるとする。ただし、フランクフルト社会研究所における社会主義に積極的な目的をもつ設立は、ここで対比されたハンブルク、ベルリン、キール、ケルン、いずれに対しても独自なものであった（Wiggersaus 1988：30f）。

18) コルネリウスを、主観的観念論者とする評価もある。ホルクハイマーは、レーニンの『唯物論と経験批判論』（1908年初版）に関する論文を書いている。ホルクハイマー全集の編者は、未発表のその論文を、1928年、あるいはその翌年のものと考えている。レーニンは、コルネリウスがエルンスト・マッハの弟子であり、あるいは、「経験批判論」という言葉のそもそもの創始者リヒャルト・アヴェナリウスの弟子だとするのである。もちろん、コルネリウスは、直接大学制度においてマッハやアヴェナリウスの弟子であったことはないが、彼等の哲学に深く影響されていたことを認めている。レーニンは、コルネリウスを、単にマッハの同類だと評する。レーニンは、『唯物論と経験批判論』の冒頭で、マッハが、彼の『感覚の分析』において、自らの思想をイギリスの哲学者ジョージ・バークリーの思想に近く、あるいはその後継者デヴィッド・ヒュームの思想にも近いと述べている部分を引用する。バークリーは、一般に主観的観念論者とも評価される。したがって、コルネリウスは、レーニンによってマッハ同様主観的観念論者の一人に挙げられる。レーニンは、特にカントによる「物自体」を取り上げ、そのような客観的実在の不可知論を、主観の

みの実在性の強調として「主観的観念論」としている。もちろん、この批判は、いうまでもなくレーニンの唯物論を主張するためにある。ホルクハイマーは、後にコルネリウスの擁護というよりも、唯物論そのものに関心をもってレーニンの議論に介入している（レーニン 1999：44 以下）。

19) リンガーが対象としたのは 1890 年から 1933 年であり、この対象設定の理由は、ドイツが高度の工業国家に変貌した時期であるからと説明されている。1890 年前後、ドイツ人は急激な経済的膨張を肌身で感じ始めていたというのである。それは第一次世界大戦と戦後の政治革命やインフレーションによって増幅されたというのがリンガーの見解である。この一般性のある見解に、筆者はここで従うこととする（Ringer 1969：1 = 1991：1）。

20) また、ヘーゲル哲学以降のカント哲学の再評価において、ヘルマン・ヘルムホルツは、カント認識論の生理学的基礎づけへと向かった。ヘルムホルツは、カントの超越論的感性論が生理学的研究に明白なアナロジーを与えると考えている。したがって、実験心理学の祖たちも、カント哲学に帰る企図と無縁ではなかった。ヘルムホルツは、「哲学の不要」を主張する自然研究者たちにカント哲学の重要さを説いた。ただし、ヘルムホルツは、空間や時間に関するア・プリオリな感性の直観形式も、聴覚や視覚のような感覚素材を受け取る能力も区別せず、カント認識論を単純化したと言われる（本多 1981：76 以下）。

　本多修郎によれば、ヘルムホルツの議論は、感覚（原因）と知覚（結果）を因果律に従った思惟によって初めて成り立つ知覚表象であると考える点でショーペンハウアーの議論に近く、いやそれどころか、ショーペンハウアーの議論の剽窃であると非難され、波紋を呼んだ。ショーペンハウアーは、感覚素材を客観的なものではなく、「単なる主観に関する客観」、すなわち主観的表象と考えていた点で、ヘルムホルツに先行していた。

21) 全集の編者シュミット・ネルや、シュネーデルバハが述べるように、この作品は（GS10-3：334ff）、ホルクハイマーがアカデミックな哲学（そしてコルネリウスの議論）に生きることを断念し、「社会研究」に立場を置くことを決意した「節目」と考えられるバイオグラフ上興味深い証拠書類とも言いうる（Schnädelbach 1991：13ff）。

22) フッサールの哲学といっても、その思想は時代によって異なる。彼の思想の時代区分については様々な議論があるが、本書においては、スピーゲルバーグの議論に従う（スピーゲルバーグ 2000：152 以下）。スピーゲルバーグによると、フッサールの思想の変遷は、彼の教職歴と重なる。すなわち、1887 年から 1901 年までのハレ大学の私講師時代、1901 年から 1916 年までのゲッティンゲン大学の時代、そしてその後 1929 年から 1938 年までのフライブルク大学の時代である。フッサールは、最後のフライブルク大学で退職するまで過ごし、79 歳で病没する。スピーゲルバーグは、この教職歴に対応して、まずハレ大学前半の 1896 年頃までを現象学以前の時代とし、その思想を『論理学研究』第 1 巻に代表させる（前期フッサール）。次にハレ大学の後半からゲッティンゲン大学での最初の数年間までの思想を『論理学研究』第 2 巻に代表させ、認識論

的研究に限定された現象学の時代とする（中期フッサール）。最後に、スピーゲルバーグは、フッサールの余生を、哲学や学問の普遍的基礎づけとしての純粋現象学の時代と位置づける（後期フッサール）。ホルクハイマーがフッサールのもとを訪れた時代は、1906年頃にほぼ確立された現象学的観念論の時代、すなわち中期フッサールの時代である。ホルクハイマーは、1925年の教授資格論文口頭試問以来、現象学についての見解がほぼ一定し、唯物論に移行するため、ゲッティンゲン大学の時代後半から、フライブルク大学の時代にかけての、すなわち1930年代の後期フッサールについて詳しく言及していない。

23）以下でも参照する木田2002によれば、現象学とその時代の哲学にとって、エルンスト・マッハが従来あまり検討されてこなかったキーパーソンであったことが理解できる。

24）先に広義の「自然研究者」と狭義の「自然科学者」とを区別した。しかし、マッハは、そのような研究者の社会的位置に基づく区別をしていない。ただし、ここでは、自然科学者を、哲学者との対比から、唯物論哲学者としての自然研究者とは別の、テクノロジーに貢献する発見や開発に関わる個別科学者という意味で捉える。

25）ちなみに、マッハのこの物理学観をめぐって、マックス・プランク他と論争が生じたことをホルクハイマーも紹介するが、ここでマッハは、「現象学的物理学」という立場を表明している。木田元は、これこそがフッサールの「現象学」の由来だとする（木田2002：85）。また、木田は、そもそもこの書がフッサールにおける「現象学」という語の起源をめぐるものだと述べている（木田2002：16以下）。彼は、それまで、「現象学」をフッサールの師であるフランツ・ブレンターノによる語と考えてきた。

26）ちなみにこの批判は、フッサールによる『論理学研究』第1巻「純粋論理学のためのプロレゴーメナ」第9章におけるマッハの思惟経済説批判でも同様である。あるいは、レーニンは、カントにおける認識論のなかのア・プリオリな部分に対する批判から始まったマッハが、結局は生物的、あるいは心理的ア・プリオリズムに陥るものだと批判している（レーニン1999（上）230以下）。

27）本書は、現時点において、ホルクハイマーの哲学修業期における認識論的部分に問題を限定したい。しかしながら、彼の論文「科学からの哲学の解放について」（1928）は、マッハの議論の社会的意味までもえぐり出している。これは、ホルクハイマーの1930年代唯物論期の議論に明確に見られる特質である。議論の先取りになるけれども、引用によって若干紹介する。「マッハ（そして同様に感じる同時代の自然科学者）において、科学の哲学的基礎づけは、不必要なものと見なされている。たしかに、哲学が自然科学に対してある程度は軽蔑的に取り扱われるという状況の理解に対して、当時の社会的全体構造が指摘されるに違いない。なぜなら、たいへん大規模な住民層、ブルジョワ層同様、労働者層において、科学的技術的救済手段の発達による一般的福祉の発達が、ついには協力しあって果たされるに違いないであろうという確信が効力を保持しえたからである。所与の社会的枠組み全体における人間なるものの科学的生産

力の増加が全体の社会的福祉の成長を全く条件づけていないということは、トラスト経済という現代の段階のように、今だ明らかになっていない。科学的生産力の増加と、社会的福祉の成長とは、直接に関連はないものの、両要因間の関係は、そのつどの社会的な全体のゲシュタルトに依存している。自然科学的知識の発達は、一貫して既存の諸対立を拡大し、現代の悲惨を拡大するものでありうる。たしかに、前世紀の歴史は、現代の社会的形式におけるこの重大な拡大傾向を明らかにした。マックス・シェーラーは、この事実に表現を与え、可能な自然支配の『最適条件』(Optimum) について、西洋のテクノロジーを通したアクティブな自然支配の進歩と、われわれの物質からの独立との間の、必然的で本質に適った関係について、すなわち、たしかに、『人間に対する＞物質の反乱＜』について語った」(GS10-3：350f)。ここでホルクハイマーは、マッハとシェーラーを同様に批判する。マッハの時代に科学の進歩が社会の福祉を疑わなかったように、シェーラーは科学の進歩による危機感を煽る。どちらも「全体社会の構造変化を支配する法則を究明して、そこから生じるそのつどの学問と苦悩との関係を把握することはできない」。ホルクハイマーは、自分たちの言説がその全体社会を構成している事実であるにも拘わらず、「事実」(Sachen) を語る哲学者たちを総括する。「いわゆるありのままの事態の『確認』同様、理論の構想は、哲学とその対象を含めたそのつどの歴史的状況に生じるのである。理論は、この状況の変動におけるたいへん重要な契機を表しうる」(GS10-3：352)。哲学史を教える1928年のホルクハイマーは、すでに哲学の議論内容ばかりでなく、その議論の背景の歴史的意味を教えていた。

28) 前出の引用と対応することを以下の証言で確認する。「コルネリウスにとっても、直接的所与とは、その知識に対してなんらかの他の知識を必要としない知識、すなわち、唯一、われわれの体験の存続全体なのである。われわれがなんらかの記号を介さずしてもち得ないものの全ては、われわれの感覚、記憶、表象、感情などのように、通常は『意識体験』とされてきた、究極的な所与の、根源的な知識なのである。ただこのような知識のみが、哲学者に所与のものとして受容され、前提されるよう要求され、ただこのような知識のみが、さらには説明できない、説明する必要もないものとされているのである。［…］もしもわれわれが他の概念によってなんらかの概念を定義するとき、そのとき、われわれは、さらになお、解釈によって意味を満たすこの概念というものの、最初に定義された概念について問いうる。最初に、もはや単に他の概念を説明として挙げることがなくても、概念を通して想定される<u>事象</u>そのものが示されるならば、われわれの疑問は落ちつかざるをえない」。以上の引用から、ホルクハイマーは、概念の因果的連関、説明の根拠の説明、概念を基礎づける概念といった遡及は止まることがないけれども、「純粋体験」が究極的な概念形成の出発点としてわれわれに与えられていることを、(マッハ哲学に由来する) コルネリウス哲学から教示されている (GS10-1：266　下線はホルクハイマーによる強調)。

29) もちろん、他の論文ではバークリーの哲学にも言及している。バークリーと

ヒュームの議論は、マッハとコルネリウスの議論を一括して批判する際にその範型とされる哲学者たちである。

30) ホルクハイマーの論文「モンテーニュと懐疑の機能」は、この点について詳しく訳している。「主観主義としての懐疑は、近代哲学全体の一つの特徴をなす」（GS4-4: 253 = 1994: 201）。ホルクハイマーは、宗教と世俗との間に世界秩序の区別がなく、世界の構造が神を根拠に安定していた時代は、学問の客観性に揺るぎがないものと思われていたと述べる。しかし、彼によれば、唯名論がその秩序を揺るがした。神の秩序は中世的なものであり、それへの懐疑は、近代的な哲学の出現を意味するとホルクハイマーは言うのである。世界は、個人にとって戦うべき外界となり、個人は、世界よりもたしかなものになった。ホルクハイマーは、「認識の主観主義化」と述べている。すなわち、認識は、認識対象の本質に迫るのではなく、認識主観の内面にあるというのである。

31) ただし、シューマンにゲシュタルト心理学を習ったホルクハイマーがこの心理学を批判的に導入する際、自らの立場はコルネリウスよりもフッサールに近いとも述べている（GS15-3：72）。

32) エーレンフェルスの影響を受けた『感覚の分析』は初版とみて間違いない。第2版は1900年に刊行されている。

33) 先にスピーゲルバーグの書によって示したように、この当時のフッサールは認識論的に現象学に取り組み始めた時期である（木田 2002：153. フッサール 1968-76：3巻 19頁以下）。フッサールの第3研究の第22,23節においては、感性的統一形式とカテゴリー的統一形式における対象がそれぞれレアールなものとイデアールなものとされている。フッサールは、ゲシュタルト質が前者であるとする。この部分については、ホルクハイマーも、学位論文と教授資格論文の下書きに相当する議論のなかで全く同じ箇所を引用する。そのことについては後で再び触れる。

34) 同じ帰結を導きうるゲシュタルト心理学の実験をもう一つ紹介する。これはケーラーによる有名な実験である。彼は、同じ穀物の山のうち一方をG1として、うすいグレーの標識をつけ、他方をG2として、G1より濃いグレーの標識をつけ、飼い馴らした4羽のニワトリにG2ではなくG1を食べるようにしつけ、400から600回の訓練の後、G2を取り去り、G1よりもっとうすいグレーの標識をつけた穀物の山G0を置いたところ、ニワトリたちはG0を59回、G1を26回選んだ。このように、物理的刺激とそれへの反応という機械的因果性は、有機体であるニワトリ自身による色の濃淡に関する知覚の自律性によって反駁されたのである（木田 1991：48以下）。

また、ホルクハイマーは、物理学や生物学における最新の成果から、ゲシュタルト心理学や生の哲学と通じる学説を導入している。すなわち、ホルクハイマーは、生物学におけるハンス・ドリーシュの実験成果を1927年の新聞で論じている。19世紀の終わり頃、有機的組織の発展過程、すなわち胚から複雑な組織に至る個体形成の過程は、機械論的に胚の時点で諸部分の構造が決定されていると考えられていた。そのため、胚において先行する構造それぞれの部

分がそれぞれの機能に応じて発展すると考えられていた。ヴィルヘルム・ルーは、カエルの卵を二つに分裂させ、そのうち一つを殺し、半分の卵から半分の胚に至るという証明を行った。これによって、生の事象の説明にとって、物理学や科学の原則が十分であって、個々の形態発生が胚において含まれる物質的結合の純粋に機械的分析によって十分に把握されるということが明らかになったとされた。ところがドリーシュは、半分にした二つのウニの卵から、二等分された胚それぞれではなく、完全な胚を二つ発生させるのに成功した。それは有機体組織そのものが部分に分割してももっているような生の目的を説明する実験とされた。すなわち、生のあり方そのものを、物理物質状態への人為的加工と還元とを排した形で導き出そうという実験である（GS2-5：158f）。

第2章 ホルクハイマーの哲学修業期
―― 現象学から唯物論へ ――

　本章の目的の一つは、そもそも現象学的研究から出発した哲学修業期のホルクハイマーの思想が、いかにして唯物論に至り、社会理論に至るかを描くことにある。以下の第1節において、筆者は、ホルクハイマーによるコルネリウス哲学に忠実な現象学的議論を詳細に紹介し、この議論を下書きとしたホルクハイマーの学位論文の内容を説明する。その上で、第2節において、その現象学的議論を下書きとしつつ、学位論文とは異なり、コルネリウスやフッサールの哲学と袂を分かつホルクハイマーの教授資格論文を紹介する。この節において、ホルクハイマーの現象学からの離反がより明確となっている彼の教授資格論文口頭試問も取り上げる。第3節においては、さらにその現象学批判から「唯物論」受容に至る思想の変化を描写する。ここで筆者は、ホルクハイマーによるヘーゲル哲学の受容から、さらにマルクスとエンゲルスの唯物論の受容に至るまで、レーニンに対する論争的言及を含んで議論する。

　ホルクハイマーの思想的発展のユニークさは、先ず「現象学」に依拠し、次にこの現象学を批判し、結果的に社会哲学に至った点にある。同時に、ホルクハイマーは、哲学と個別科学との関係について、「唯物論」という名称の下に自らの議論を収斂させている。結局、ホルクハイマーは、「唯物論」という立場に至ったことで、主観的「体験」において「与えられたもの」に論拠を置いた現象学的議論から、物質の実在に対していかなる結論を導いたのか。そもそも、フッサールの現象学は、それこそ認識論における物質や外的世界の実在を括弧にくくることによって、主観的リアリティーの構造を描き出す哲学を展開していたのである。すなわち、実在の真偽ではなく、人が実在の妥当性を確信する構造についての哲学である。

　ホルクハイマーは、フッサールの現象学の行く末に、マックス・シェーラーやニコライ・ハルトマンの議論を見ていた。彼らの議論において、現

象学が社会認識に適用されたとき、「社会」における所与の「結びつき」、すなわち、社会的実在としての「道徳」が論じられた。すでにその時、ホルクハイマーは、これら議論に、哲人の観想としての直観が重視される特権的な個人主義を看取し、批判した。また、フッサールの現象学は、もちろん、「自然」にある静態的な実在物の模写論の批判から出発したものの、その現象学を継承したシェーラーの哲学は、皮肉なことに、リアリティーの根源にある道徳や既存の社会の静態的な存在論を展開したというのがホルクハイマーの批判であった。そして、その批判の立脚点こそが、ホルクハイマーの考える「唯物論」となるのである。現象学から離れていったホルクハイマーは、ヘーゲル哲学を受容し始めている。1925年、すでに教授資格論文と同時期に、ホルクハイマーが残していた未刊草稿「カントとヘーゲル」は、その最も初期の証言だと考えられる。そして、さらには、ホルクハイマーが、レーニンによるコルネリウス哲学への批判的言及を検討した未完草稿から、彼の唯物論思想の確立を確認する。ここでは、ホルクハイマーにとっての哲学修業期の師コルネリウスの哲学が、もはや唯物論的言及の素材の一つとなっている。

第1節　現象学への依拠

　ホルクハイマーは、ゲシュタルト心理学に関する学位論文の提出を一度断念している。そこで彼は、コルネリウスの哲学によってカントの認識論を再考し、新しく学位論文を書き直した[1]。最初の学位論文をとり下げた後、新しい学位論文を企てていたホルクハイマーは、題名も日付もないある論文をその企図の下書きとした。その論文は、ホルクハイマー全集編集者シュミット・ネルによって、「認識の源泉としての直接的所与—カントの機械論的認識論の批判について—」（1921／22頃）と題されている（以下ではこの論文を「直接的所与」論文と呼ぶ）。この議論は、学位論文のみならず、それに続く教授資格論文の原型ともなっている。この「直接的所与」論文を、筆者は、哲学修業期のホルクハイマーの思想を概括する論文として位置づける。したがって、やや詳しく、以下でその論文の全容を紹介したい。

先ず、シュミット・ネルは、「直接的所与」論文の序文を「超越論的現象学の対象と方法」と題している。ここでの現象学とは、ホルクハイマーが直接に学んだフッサール現象学のことばかりを指しているのではない。これから学位論文と教授資格論文とに至るホルクハイマーは、彼独自の現象学の受容に基づく「現象学的ホルクハイマー」の時期と呼んでも過言ではないと筆者は考える。当時のホルクハイマーは、コルネリウスの主著『超越論的体系学』に強く影響されており、「直接的所与」論文は、コルネリウスの議論の構成をそのまま反映していた[2]。

　この節においては、現象学的ホルクハイマーの立場についてのホルクハイマー自身の言及を以下の第1項で紹介する。そして、このようなコルネリウスの議論を介した超越論的現象学のホルクハイマーによる把握は、ゲシュタルト概念を用いた「意識」の統一性についての論証であった[3]。この議論は、第2項において紹介する。

　ところで、ホルクハイマーの「直接的所与」論文の後半部は、彼の学位論文と教授資格論文の構想を簡潔に表していた[4]。ホルクハイマーが学位論文序文において述べるところによれば、カントの議論は、哲学的問題に言及する際の自明の前提とされている。そのような自明性を問わないという哲学界の現状にあって、カント哲学の再考は重要だとホルクハイマーは述べる。とはいえ、前提としてのカント哲学を再考するという作業は、当時、特別に画期的であったわけではないと考えられる。なぜなら、哲学と科学との関係において、機械論的な思考の社会的な優位がテクノロジーと結びつき、産業社会を正統化することへの危惧は、前章の第1節でも述べたように、当時の哲学者たちにとって、共通に理解されていた危機感であったからである。

　ホルクハイマーが議論するカントの問題とは、「目的論的判断力のアンチノミー」と言われるものである。そのアンチノミーを、ホルクハイマーの理解を通して、筆者なりに説明する。自然科学においては、世界が物質の構成要素の総計として語られ、それが機械論的法則に従って捉えられるという定律がある。このように、世界が、機械論的法則、すなわち構成要素の総計からのみ成り立つものだという定律に矛盾し、世界は、個々の要素に先だって全体を導く目的に従った法則に基づくこともありうる、とい

う目的論的な定律もある。これを目的論的判断力の二律背反、ないしはアンチノミーと呼ぶ。このアンチノミーは、当時の哲学界において、機械論的な思考の全般化、すなわち「対象化される経験」の全般化に対して、「生きられた経験」の復権を重視する議論の端緒と見なされていた。

　ホルクハイマーは、以上のような論点をカントが用意した功績として賞賛しながらも、この論点に付随するカントによる物理化学重視の科学観の制限について批判的に取り組んだ。彼は、カントの科学観に対して真っ向から単純に反体姿勢をとるというよりも、当時最新の物理学の成果によってカントの依拠した古い物理学に反論している。したがって、ホルクハイマーは、科学の可能性、すなわち「体系的な学問」というカントの理念を放棄してはいなかった。本節の第3項において議論する。

第1項　コルネリウス現象学の影響
——「直接的所与」論文における研究の位置づけ——

　ホルクハイマーの「直接的所与」論文は、コルネリウスの『超越論的体系学』に多くを依拠している。コルネリウスの書に基づき、ホルクハイマーは、先ず次のことから議論を進めている。たとえば、「実在」、「因果性」、「真理」、「客観性」、「知覚形成物」、「自然法則」といった個別科学が前提とする根本概念さえも、日常的に使用される言葉同様に「記号」であると考えられる。この記号に意味を充足させるのは直観であって、このような直観とは非日常的なものだと考えられる。ホルクハイマーは、この直観によって記号化された日常を「再認識」する方法を、デカルト以来哲学固有の「方法」、すなわち「体験の総体としての意識」に帰ることとして重視する。「客観的世界」、「法則づけられる空間」、「時間」、「有形の事物」、これらは「体験」を通して所与であるとホルクハイマーは述べる。彼の議論のこのような出発点は、まさにコルネリウス哲学に依拠していたことが明白なほど、両者の議論は類似している（GS11-2：28）[5]。

　この「体験」という「意識の根本的事実」において、ホルクハイマーは、なんらかの定義、あるいは事実を排他的に整理していく「概念」が前もって用意されることはないと述べている。彼は、「概念」が、議論の出発点ではなく、尽きることのない目的だと考えた（GS11-2：27）。ホルクハイ

マーは、「概念」よりも「体験」を取り上げることこそが、自然科学による機械論的という意味で唯物論的な当時の社会生活全般の方向性に対する哲学固有の役割を主張することだと考えていた（GS11-2：28）。したがって、彼は、「意識」をなんらかの「経験的なもの」（Empirische）の構成要素によって概念的に構成する機械論的心理学に対抗して、ゲシュタルト理論によって、直接的所与としての「体験」に現われる「意識」の統一性そのものを直観する現象学（ゲシュタルト心理学を通じた現象学というところから、ここではまさにコルネリウスの企図に基づいた現象学である）に近づいていく自らの議論の位置づけを明らかにする（GS11-2：29）[6]。しかし、ここでのホルクハイマーは、心理学諸学派内の細かい論争には立ち入らないと表明している。

　その上、ホルクハイマーは、自分の研究の性質について次のようにも注意している。「ここで論及される問題は、意識の本質についても目的としているという意味で、ベルグソンの確かな詳述と接する」（GS11-2：30）。前章において、筆者は、ホルクハイマーに影響を与えた議論の一つとしてベルグソン哲学を挙げた。その際、筆者は、ホルクハイマーの私講師時代の講義を参考としていた。しかし、ホルクハイマーの議論において、ベルグソンの影響は、学位論文以前から大きかったことがうかがえる。ホルクハイマーが「体験」、そして「意識」を「直接的所与」であると言うとき、彼は、ベルグソンの「持続」（durée）にしたがって、継続しながらも常に「いま」として与えられているような「体験」と「意識」について述べている。すなわち、コルネリウス哲学のモチーフとも通じる「意識の直接的所与」（les donées immédiates de la conscience）という論点である。ベルグソンは、学問的な「概念」の介入によって損なわれてしまう個々の生の累積を、イマージュの累積として直観できるとしている。しかし、ホルクハイマーは、彼とは反対に、「概念」を手がかりに、意識の直接的所与の領域における記述が可能だと考えていた。「それはすなわち、この領域をその対象としてもつ断固とした絶対的に妥当な学（Wissenschaft）が記述によって可能である」という考えである（GS11-2：30）。ここでのホルクハイマーは、フッサールの現象学に依拠していた[7]。

　ここで言う「記述」とは、フッサールの現象学におけるカントの議論と

の差異も示していた。カントは、「経験」を通して可能となる実在一般の対象化の唯一かつ一般的な様相を、概念的に再構成しようとしたのに対して、フッサールは、概念的再構成以前に、「体験」において与えられているその時々に変化する対象の様相を、記述によって把握しようとする。ホルクハイマーは、言わば概念形成に至る出発点を「事象」とも言い換え、次のように述べる。「われわれが事象について、概念において『ただ概念的にのみ』知識をもつというときのその事象は、概念そのものとは異なったなにかであり、事象についての問いであり、要求であり、事象そのものであり、それは、直接に得られ、常におおよそこになお開かれているものである。そこは、概念が与えられるところである」(GS11-2：32f)。ホルクハイマーは、この引用において、「事象そのものに帰れ」(Zu den Sachen selbst) というフッサール現象学の「現象学的還元」を示唆していたようである。これが「生」について「学問」するという「直接的所与」論文で明示されていたホルクハイマーの現象学的姿勢であった。

第2項 「意識」と「物」——「直接的所与」論文の内容——

　ホルクハイマーは、先ず、「意識」が個々の「体験」の機械論的連関ではないことを考えるために、個々の「体験」を順序だてて因果性において捉える「記憶」について現象学的に還元し、「記述」する。ホルクハイマーによれば、「記憶」において、われわれは、「過去について知っている (wissen) と思っている (meinen)」(GS11-2：43)。すなわち、彼は、意識が「過去の体験」を「知っている」と「思っている」ような「現在」の状態にあると述べる。たとえば、ホルクハイマーは、夢や幻覚、妄想などが、「現在の体験」と「記憶体験」との時間の隔たりを「因果性」において明確にしないような「体験」であると述べる。彼は、その状態をさらに正確に記述するために、記憶体験における二つの構成体を区別する。それらは、記憶体験そのものと「記憶された対象」である。「記憶された対象」は、その対象についての綜合的な「体験」として現われてくると同時に、記憶体験の一部分でもある。この現在にはない「記憶された対象」が現在を超越して現われる「体験」の「象徴的機能」によって、意識に対し、「単なる現在の印象ばかりでなく、過去の表象も与えられている」(GS11-2：45)。

ここで述べる「体験」の象徴的機能について、ホルクハイマーは例を挙げる。たとえば、研究中になんらかの騒音に驚く。その音は最初のうち、なんの音か分からないが、どうやらそれは、窓の外から聞こえた馬車の鞭の音だと分かり、さらにそれに続いて聞こえた雑音がこどもの笛の音だと分かるとしよう。ここでホルクハイマーは、われわれが、この「新しい体験」を「過去の体験」によって認めることができると同時に、この「新しい体験」を「過去の体験」と「識別」していることに着目する。そして、「過去の体験」は、その際、「いま」所与の「体験」からすれば、「不特定多数」と考えられる。すなわち、ホルクハイマーは、人が対象に関して、個々に唯一それぞれ独特の知識をもつのではなく、常に継起する「不特定多数」の知識もともにもつ「持続」を見る。そして、「不特定多数」の多くの内容や知識の識別は、「不特定多数」が現存していることそのものであるとする（GS11-2：46）。つまり、ホルクハイマーは、この識別が「過去の体験」とのなんらかの「類似性」を認めることだと考えていた。したがって、先の例で言えば、騒音体験は、その「過去の体験」との「類似性」において騒音だと気づかされる。しかし、これは厳密な定式化などではなく、また、いままでのその類似な例を数え上げる必要もない。すなわち、ホルクハイマーは、そのような「記憶体験」における一部分として「記憶された対象」が「不特定多数」として意識に現われることから、この「不特定多数」という全体によってその個々の部分の独自性から識別されるものこそがゲシュタルト質であると述べる。ここでホルクハイマーがゲシュタルト質と言うのは、不特定多数が見せる「結びつき」なのである。これは、本書の前章で述べたように、マッハが、「概念」ではなく、ある集合や関係について指示する「名詞」の機能について論じたこととも関連している。つまり、それこそが「象徴的機能」なのであり、「概念」に基づかずとも営まれている「日常の知識」のあり方とも言えるものなのである。

　ここで、ホルクハイマーは、人が概念的知識に頼らずとも、「対象そのもの」を認めることについて考察している。その際、対象そのものについての「記憶」が対象の「同定」を秩序づけているのではなく、対象の「同定」こそが「記憶」と新しい「体験」とを調和させているのだとホルクハイマーは述べる。すなわち、ホルクハイマーは、対象についての「記憶体

験」を諸部分と捉え、最初の「体験」とその継続に関して数え上げ、「体験」数の総計を出すという構成法を退ける。そうではなく、彼は、「記憶体験全体」に先行して与えられている対象の「同定」こそが「体験」の綜合的知識としての「経験」を成り立たせている超越論的要因、すなわちゲシュタルト質としての「人格」概念だと考えていた。

　次に、ホルクハイマーは、概念的知識に拠らない日常的な知識のあり方が科学的な概念的認識として構成されるプロセスを、「既知のもの」に対する「再認識」の過程として捉えている。ホルクハイマーによれば、あらゆる「体験」は複合体の構造として現われ、「再認識」の二つの様式にとっての前提条件となる。この二つの様式とは、まさにカントが教条的にカテゴリーとして示したものに対応するとホルクハイマーは述べる。「再認識」の第一の様式は、先に「類似性」の認識として、ホルクハイマーの議論において示された。この第一の様式は、「体験」のゲシュタルト質の「識別」を所与として成り立たせるものであった。そして、ここで問題となる第二の様式こそは、既知の継続的複合体の一部を特定し、その複合体の構造の継続から導かれる今後についての「予期」である。「表象」、この場合、イメージ、あるいは予期と言った方がよいが、これは、充足するかあるいは裏切られるという結果が出る。ホルクハイマーは、このなにかについての予期と、その実際の結果との間を一つの複合体として、その一致と不一致とをゲシュタルト質、つまり、予期通りのものと予期せざるものとが、一つの形を成す所与だと考えている。ホルクハイマーは明らかに述べていないが、まさにこれこそ、フッサールの現象学におけるノエシス—ノエマ連関と同様の議論であり、ホルクハイマーはこのフッサールの議論を意識していたはずである。

　ホルクハイマーは、この「再認識」の二つの様式がそれぞれ独立したものではないと述べる。たしかに、「体験」の「類似性」、そして、その「同一性」がその継続性であることは切り離せない。しかし、ホルクハイマーは、「体験」が繰返し同じものになる保証はなく、「予期」が状況の不特定性のなかにあるとする。そして、彼は、この「体験」の継続が、もはやいちいち「再認識」の経過を経ることなく、「予期」を、与えられるゲシュタルト質、つまり、「再認識」の際の条件にすぎないとした（GS11-2：53）。

ホルクハイマーによれば、「体験」を特定の連関で整理することにおいて、「概念」は形成されるのである。この「体験」の特定の連関、すなわち「概念」は、シンボルを通して「表象」されるものとして「判断」されているのである。「概念」は、「判断」と同義であり、「概念」において「現象」として所与の印象が「なんらかの物として判断される」(GS11-2：54)。ホルクハイマーは、実際には所与の(物質的あるいは心理的)印象の有無に拘わらず、すなわち、対象の実在の如何に関係なく、概念的に表される物、つまり「物概念」を、「判断」される独立した「合法則的連関の存続」だと結論づけた。この「物概念」は、科学的に——もちろん、コルネリウスを巻き込んだレーニンの唯物論からの批判も意識されるような——全般化した現実認識の批判を目的としていた。コルネリウス同様、ホルクハイマーがその問題の根源に見ているのは、「物概念」が表すように、物質の法則性、つまり物理学、あるいは化学の認識のカント哲学における重視であった。ホルクハイマーは、この議論の後半で、カントの議論にさかのぼっている。それは学位論文と教授資格論文の下書きとなっている。

第3項　学位論文における目的論的二律背反の問題

学位論文『目的論的判断力の二律背反について』(1922)の章構成は、カントにおける目的論的判断力の二律背反の紹介(第1章)とカントによる問題解明の紹介(第2章)、この二律背反論の歴史的背景(第3章)とホルクハイマー自身の結論(第4章)となっている。

ホルクハイマーによれば、『純粋理性批判』におけるカントは、その書の第1版においても、第2版においても、当時の心理学者ヨハン・ニコラウス・テーテンスたちを批判して次のように述べた。「感覚は、われわれに単なる印象のみを提供するのではなく、それどころか、諸印象を整理し、対象の像を生ぜしめる。疑いなく、印象の感覚以外に、なおも何かそれ以上の、すなわち、綜合の機能そのものが像に要求される」(第1版)(GS2-1：53f.)[8]。そして、「直観にとっての多様性は、なおも悟性の綜合の前に、そして悟性から独立して所与でなければならないであろう(第2版)(GS2-1：53f.)」[9]。周知のように、カントは、この「感覚の多様性」において、知覚あるいは「経験の素材」として悟性に加工されるような「物質」

（Materie）を示した[10]。ホルクハイマーは、この対象像をなす「結びつき」が主体自身の活動によって与えられるのか、つまり悟性の働きによるのか、それともそもそも「感覚の多様性」においてすでに結びついたものとして現れるのかを問う。ここでホルクハイマーは、カント哲学における認識の機械論的な枠組みを批判する。カントは、悟性が「多様性」に結びつきをもたらすとしたのに対して、ホルクハイマーは、その結びつきのための枠組み、あるいは「像」がそもそもなんらかの「感覚の多様性」としてのゲシュタルト的な所与なのではないかと考える。そこで、ホルクハイマーは、カント哲学における多様性の「結びつき」、すなわち「綜合」に、カントを規定する化学とのアナロジーを見ていた。ホルクハイマーによれば、カントは、「感覚」を構成要素としており、「感覚」に前もって結びつきがあるのかどうかを度外視していた。ホルクハイマーは述べている。「カントにしたがって、『物質を区別する際の化学者』の方法や、『物質を純粋に量で論ずる数学者』の方法が認識批判において合法則的に適用されうるべきものとして『哲学者になおそれ以上』義務とされるならば、認識も化学的基体同様に、要素から構成されていることが前提とされている」（GS11-2：58f）。ホルクハイマーによれば、カントは、化学者の方法によって哲学の課題をも解決できるものと考えていた。カントは、『プロレゴーメナ』において、哲学と化学とを比較した。すなわち、カントによれば、哲学とは、「まさに錬金術に対する化学、あるいは占星術に対する天文学のように、通常に学校で習う形而上学に対する」哲学であり、すなわち、秘術よりも明瞭に訓練しうる学問であった（GS11-2：59）[11]。

また、カントは、生物学よりも化学を上位に置き、機械論的説明を非機械論的説明よりも上位に置いていた。ホルクハイマーによれば、機械論的説明とは、「諸部分の性質から全体を演繹する」ものであり、非機械論的説明とは、「諸部分の可能性を全体に依存するものとして表す」ものである（GS11-2：61）。ホルクハイマーは、この区別が数学的機械論的説明法と、形而上学的可能態的（dynamische）説明法との区別でもあると述べる。この相反する二つの説明が共有するのは、「全体性」の形成力である。そして、カントによるこれら説明の二律背反とは、ホルクハイマーによれば、非機械論的説明において、「全体との関連なくして［…］諸部分は特定さ

れえない」とする一方で、機械論的説明において、「自然の実在的全体が諸々の部分の起動力の共働の結果と見なされねばならない」とされることにあった (GS11-2：61)[12]。これこそが「目的論的判断力の二律背反」である。ホルクハイマーによれば、カントは、非機械論的説明を目的論的説明としていた。そして、カントは、機械論における原因と結果の因果性に対して、目的論における目的に従った行為というのも、叡智的世界原因の因果性だと考えていた。これらの因果性は、それぞれ機械論的因果性と非機械論的な目的論的因果性である。ホルクハイマーによれば、カントは、目的論的な因果性を実質的な自然の研究方法として考えておらず、機械論的因果性によってこそ自然の研究方法が示されるとした。ホルクハイマーの指摘する問題はそこにある。

　ホルクハイマーは、以上のようなカントの思想を、ヘルマン・コーエンが適切に述べているとして引用する。「目的論は、研究の学問的方法などではなく、単に問題設定や、研究を正しく導く観点としてあるだろう」(Cohen 1918：713f)。コーエンは、カント哲学において、研究の実質的方法が機械論的説明の側にあると述べている。ホルクハイマーは、コーエンが示したように、カントがもっぱら自然科学のみに目を向けているとして、カントが目的論的方法を切り捨て、機械論的方法のみを用いると考える。この機械論的方法は、自然におけるあらゆる全体を部分の帰結と考える方法であった。ホルクハイマーによれば、カントは、全体を部分から成る複合的なものであると考え、「先行する全体」を考えていなかった。そのように全体、すなわち目的論によって特定されていない部分の集合は恣意的なものであるとホルクハイマーは述べている。そして、カント自身が形相[13]、あるいはまさにゲシュタルト[14]という言葉を用いているとき、ホルクハイマーは、これらの言葉が表すような、諸部分に先行した全体、そして諸部分を結びつける法則がカント哲学にないと批判する (GS11-2：63)[15]。ホルクハイマーは、言わばゲシュタルト法則を問題としていた。まさにこのゲシュタルト法則と言うべきものは、前節で見たように、フッサールのノエシス―ノエマ連関とも通じるものであった。

　そして、ホルクハイマーは、カントが依拠していた物理学の内部においてさえも、機械論的認識への反論が出てきたと述べている。マックス・プ

ランクによる不可逆的な自然過程についての議論によるニュートン物理学への反論がそれである。物体が落下することによって位置エネルギーが減少しても運動エネルギーを得ることで差し引き総和が一定するというこの「エネルギー保存の法則」に対して、プランクは、エネルギーの保存が人為的な「仕事」によって成り立つのであって、自然においてエネルギーという人工の価値賦与が意味を成さない複雑さの増大へと転化するという、いわゆるエントロピーを説く[16]。

ところで、ホルクハイマーはプランクの言葉を長く引用している。ここでは、ホルクハイマーの議論を要約する証言として、そのまま引用する。

> われわれは、自然の事象を説明しようとするのに、事象を要素に分解する方法の物理学に馴れ親しんでいる。われわれは、あらゆる混乱した過程を、単純な基本的過程から構成されるものと見なし、われわれが全体を諸部分の総計として心に描くが故に、それを分析しようとする。しかし、このような方法が前提としているのは、全体の性格が物理学的分解によって変わることはないということである。物理学的事象のあらゆる測定と同様の方法が前提としているのは、測定器の導入で事象の経過に影響がないということである。ここで、われわれは、いまやこの前提が満たされず、全体と部分との直接的結びつきがまったくまちがった結果に至る例を知っている。すなわち、われわれは、その基礎的な構成要素における不可逆的過程を分解し、そこで、無秩序（すなわち、諸要素相互の独立）を無くし、それによって、われわれは、不可逆性を、さらに手元から失っていく。したがって、不可逆的過程は、あらゆる全体の特性も諸部分に示されねばならないという基本言明から見ればまったく理解されないままである。私には、あたかも精神生活のたいていの諸問題に同様な困難さがあるかのように思われる（Planck 1910：96f）。

ホルクハイマーは、プランクが示すように、精神生活にさえも不可逆的過程があるかもしれないというのに、カント哲学がそれを分解する機械論的な手続きを推奨していたと述べる。ホルクハイマーは、カントの時代の

物理学に彼が規定されていたことを批判するために、ホルクハイマーの時代のプランクによる物理学を参照に値するものと考えていた。その上、このプランクの批判は、ホルクハイマーの参照してきた様々な哲学的潮流と合致する。とりわけ、実験による人為的介入についてはベルグソンの議論を想起させる。プランクは、自然において機械論的な要素の連関である可逆的過程などないのだという法則性を論証したことで、物理学を信奉する人々にさえも衝撃を与えた。

第2節　現象学の批判へ

　ホルクハイマーは、学位論文において、自らのカント哲学への批判を明らかにし、そのことで、彼自身の学問観の基礎も明示した。すなわち、ニュートン物理学に基づく物理化学的方法論のカント哲学における重視が、現代の物理化学的観点から批判されるという帰結である。ホルクハイマーの立場は、単純に自然科学に対する哲学の優位を導くものではない。彼は、自然科学の成果が哲学の議論を裏付ける側面も重視しつつ、さらにカント哲学についての教授資格論文を提出している。そのなかで、ホルクハイマーは、カントによる議論の構成の仕方そのものに当時の物理化学の影響を看取している。ホルクハイマーは、カントの「体系」、すなわち、哲学そのものの「建築術」に、カントの自然科学観同様、構成要素の総計という議論の構成を見出す。しかし、その際、ホルクハイマーは、カント哲学における認識論哲学のみならず、道徳哲学との関係において、コルネリウス哲学に内在する限界を意識していたように思われる。以上のことについて、本節第1項において議論する。そこで、同時に、ホルクハイマーが導いた結論は、現象学的議論において特有な意味をもつものとなる。すでにこの時点で、ホルクハイマーは、フッサール、そしてシェーラーの議論にも批判的に対峙していた。このことについては、本節第2項において取り上げる。このシェーラーへの批判によって、ホルクハイマーの思想は社会理論として展開されるようになる。

第1項　哲学の目的論――カントの建築術と教授資格論文――

　ホルクハイマーの教授資格論文『理論哲学と実践哲学との結節環としてのカントの『判断力批判』について』(1925)は、彼の学位論文の延長にあるが、ここでは学位論文に見られたようなカント哲学を通じての現象学的立場の表明に比べ、同様にカント哲学に言及しつつも現象学的議論への批判も見え始めている。教授資格論文は、カントの批判哲学全体の構成における第三批判書による理論哲学と実践哲学との綜合という体系的意図そのものに異論の余地があると論じることで、ヘーゲル哲学を示唆して終わっている。

　カント哲学は、人間の認識が経験的構成要素と非経験的構成要素から成りたつものとしていた。ホルクハイマーの学位論文によれば、カントによるこの構成要素間の関係は、化学反応と、そこから生じた結合体の再度の分解という発想に対応していた。学位論文に続く教授資格論文において、ホルクハイマーは、この化学反応に比せられるカントの議論の構造が、彼の哲学の構造全般においても見られると批判している。すなわち、カントの哲学全体における建築術を問題としているのである。「建築術」（Architektonik）とは、カント哲学において、「体系の技術」のことである。カントは、この建築術において、自らの哲学自体のあるべき「全体」という観念に基づき、部分的哲学それぞれから全体を綜合できると考えた。ホルクハイマーによれば、カントは、この綜合を純粋理性によって生じるものとして、彼の哲学の諸部分を第一段階と考えていた。これに対して、この建築術は、それら諸部分に付加される第二段階とされる。すなわち、カントのこのような認識過程は、ホルクハイマーによれば、機械論的認識の優先であり、経験的素材を生きていないものとしているというのである。素材を目的のないものとして扱い、あるいは不可逆的な過程として取り扱わなかったというところに対して、ホルクハイマーは、カントの哲学全体における体系を形作る目的論の不充分さを見ていた。

　ホルクハイマーの教授資格論文は、理論哲学と実践哲学との結節環としての『判断力批判』を問題とするにあたって、『判断力批判』の全構成に従って三つの章から成っている。すなわち、『判断力批判』第１序文における自然概念の問題、第１部の美の概念の問題、第２部の有機体概念の問

題それぞれに対応して、ホルクハイマーの教授資格論文の第1章、第2章、第3章が割り当てられている。つまり、それらは、理論理性の目的ばかりでなく、実践理性の目的でもある三つの概念である。

　教授資格論文第1章によれば、カントによる自然概念とは、「自然」という純粋な諸原則のことを表しており、無秩序な事物の並存ではない。それは、「種」や「類」への分類、あるいは天体の運行のような秩序である。すなわち、この秩序は一つの「体系」であり、カントは、この秩序のなかに、理論理性の目的、すなわち、自然認識の進歩ばかりでなく、実践理性の道徳的な目的をも見た。その「発見されるべき」自然の合目的性が理論理性と実践理性との媒介を果たすものだとカントは見ていた。ところで、ホルクハイマーによれば、カントは、「現実」が理論理性によって感性的素材から加工されると考えていた。そのようなカントの「現実」について、「あたかもア・プリオリに、ただ集合と集合の総体として考えられているかのような見解が明らかな限り、それには明白な根拠がない」、とホルクハイマーは述べている（GS2-2：108）。すなわち、カントは、機械論的な自然観や現実観を明らかにしていたのである。したがって、ホルクハイマーは、実際、カントが自然の体系や自然の合目的性の議論に判断力や実践理性の議論も付加したとき、彼が認識論、すなわち、理論理性によってそれらを基礎づけようとしていたことについては同意できるものの、まだ議論の余地があるものだと考えていた。ホルクハイマーは、理論理性という認識論の問題において、先ほどから本書が繰り返し議論してきたように、ゲシュタルト概念や現象学の立場から、カントの認識論に反論していた。

　ところで、ホルクハイマーは、彼の教授資格論文第2章において、『判断力批判』第1部の議論である美的対象の合目的性を取り扱う。カントは、美的判断に関わる「像」や「図式」を描く「構想力」を悟性との一致によって基礎づけていた。美的判断とは、美や崇高についての判断であり、それはすなわち「趣味」である。したがって、これは趣味判断でもある。カントによる趣味判断は、学問的認識と道徳的実践から独立した美学の領域を基礎づけていた。ホルクハイマーは、趣味判断における構想力による「像」の産出を無駄なものと考える。カントは、「感覚」を混乱したものとして前提していたのに対して、ホルクハイマーは、「像」を介さずとも、感性

的素材がゲシュタルトの一部として与えられることがわれわれの意識の独自性であると考える。カント哲学においては、「現象的に実際に現にあるもの」(das phänomenal wirklich Vorfindlichen) としてのゲシュタルトが分析できないとホルクハイマーは述べている (GS2-2：119)。

　また、ホルクハイマーは、カントの議論における経験的に普遍的な概念の基礎づけと適用に対するア・プリオリな「図式」も必要がないとしている。カントによれば、感性と悟性とを媒介する図式がなければ、体系的な経験的認識の基礎づけは完成されない。しかし、この議論は、『純粋理性批判』における「概念」と「経験的な素材」、そして普遍と個別との体系化が現実のなかで生じるという体系的な有機体の形象や連関、あるいは悟性認識の原則を、『判断力批判』において改めて念押ししたものである。したがって、ホルクハイマーは、「図式」がなくとも悟性の綜合的機能を介して感性的素材は概念化されるとし、カントの議論における構想力による「図式」の無用を批判する。すなわち、ホルクハイマーは、『判断力批判』における悟性的なものが、カント哲学のなかで二重化していることを問題にしていたのである。

　そして、最後に、教授資格論文第3章は、『判断力批判』の第2部に当たる有機体における目的論の批判に対応する。ここでホルクハイマーは、カントが生物学に割り当てた目的論を神秘的で曖昧なものにしてしまったという学位論文の際にも見られた結論を引き出している。ホルクハイマーは、カントの次の言葉を「直接的所与」論文、および学位論文に続いて繰り返し引用している。「われわれの悟性の性質に従えば、[…]自然の実在的全体は、諸々の部分の起動力の共働の結果と見なされねばならない」。ホルクハイマーは、カントが単にこのように述べるに留まるとして、その目的論の失敗を告げる (GS2-2：143)[17]。ホルクハイマーは、感性的素材の部分から全体が所与として現われるという意識のゲシュタルト質こそが、感性的素材の部分に先行して全体を判断する反省的判断力の可能性を有していると考えていた。

　以上のような論文の結部において、ホルクハイマーは、理論理性と実践理性との「建築術」の基本を成す「体系」という「理念」について、簡潔に次のように述べる。カントによる「『諸部分以前にある全体とは』、『集

合』に反する『体系』の指標（Kennzeichen）、すなわち悟性の統一性に反する理念の指標であった」（GS2-2：144）。しかし、諸部分よりア・プリオリにあるという全体としての「体系」は、悟性の統一性を重視するカントの議論においてうまく論じられなかったというのがホルクハイマーの批判である。「体系」の「理念が『決していかなる経験とも一致しえないであろう』というのはまちがっており、したがって、現実（Wirklichkeit）の世界で現実的なものと一致する理念が見出される」（GS2-2：145）。そのような「体系」の理念の実現は、ア・プリオリに可能なものではなく、現実におけるその「理念」の認識と不可分であるとホルクハイマーは帰結する。

　以上のように、ホルクハイマーは、言わばカントの認識論への認識論的批判を行い、カントにおける理論哲学に加えて実践哲学を基礎づけていた「哲学の目的論」そのものを批判している。しかし、ホルクハイマーは、続けて、行為の規範となる道徳哲学の意味での実践哲学を取り扱わないと述べる。彼は、「体系」理念、すなわちカント哲学の目的論を、自然科学観の再考から、新しい哲学と科学との関係として見直すことで、ア・プリオリな可能性よりも、「経験的」な認識に議論を限定している。つまり、ホルクハイマーは、「経験的」に認識されうる「理性に適った現実がありうる」と述べる。しかし、彼は、「それ以上に普遍的調和を導くものではない」と断りつつ、現実における理念の認識こそが理念の実現の意図と「区別」されないものだと述べる。彼は、それが「指標」としての体系的統一性だと述べる（GS2-2：145）。「まさに指標によって、『判断力批判』においては、とりわけ、理論的能力と実践的能力とが区別されるが、その指標（Kennzeichen）、すなわち、体系的な統一性という意味で理念を企図する能力は、克服し難いような区別（Scheidung）を確定しない」（GS2-2：146）。

　この結論は、ヘーゲル的帰結、すなわち「理性の体系」を、現実における理性的なものの普遍的調和として見るところにはない。むしろ現実における理性的なものの発見という現象学的「本質直観」（Wesensschau）の方法のさまざまな領域への適用という当時の流行が意識されている。このことは、以下で見るホルクハイマーの教授資格論文の口頭試問が、本質直

観について論じることのみに集中していたことからも理解できる。特にホルクハイマーが意識していたのは、マックス・シェーラーの社会学やアドルフ・ライナッハの法哲学であった。それにしても、ホルクハイマーの議論にヘーゲル哲学の影響はなかったのだろうか。これに関して言えば、すでにホルクハイマーは、教授資格論文と口頭試問以来、コルネリウス哲学の影響から緩やかに離れていき、ヘーゲル哲学を意識するようになってきた。それは、ヘーゲル哲学における可能態的側面、すなわち、弁証法の可能性という観点に惹きつけられたからである。ホルクハイマーは後にヘーゲルの弁証法を、「絶対的で永遠であるかのように装うものを、発展のなか、流動のなかで見ることに導いた」哲学だと述べている（GS3-7：287 = 1998：127）。ヘーゲル哲学は、「現実」との妥協だという考えもあるが、その思想には「現実」の動態が語られている。しかし、ホルクハイマーは、ヘーゲル哲学と比べれば、とりわけシェーラー哲学に見られるような、既存社会の調和された正当化となる現象学的な「現実」へのアプローチに静態的な社会観を看て取り、批判を向けた。あるいは、このころ、ニコライ・ハルトマンの価値哲学による倫理的現象の秩序づけの説明が、カントの実践哲学の放棄であると批判していたホルクハイマーは、もはやコルネリウス哲学の影響下にはなく、彼の後の「唯物論」への移行期にさしかかっていた[18]。

第2項　現象学の批判へ

　前項においてはホルクハイマーの教授資格論文を取り上げた。その教授資格論文を締めくくる口頭論証のために、彼は、「フッサールによる本質直観の認識論的基礎づけ」（1925）という原稿を残している。その冒頭において、ホルクハイマーは、科学とは異なる厳密な「学」を企図するというフッサールの現象学について触れている。その「学」は、論理学、倫理学、法哲学、美学などにおけるさまざまな哲学的意見の衝突の解消と、それら哲学それぞれの可能性の有益な温存とを同時に目指していた。ホルクハイマーによれば、それはすなわち、カントが目指したような「体系」であった。したがって、教授資格論文においてカントの「体系」を議論したホルクハイマーにとって、その論文の口頭試問におけるフッサールへの言

及は、十分納得できるものである。ホルクハイマーは、フッサール現象学の現代における可能性を問い直す試みを、「本質直観」（Wesensschau）のさまざまな学問への適用だと考えていた。

　しかし、ホルクハイマーにとって、議論の意図はそればかりではなかった。フッサールは、彼の『論理学研究』において、ハンス・コルネリウスを現代のヒューム主義者として批判しており、ホルクハイマーの議論は、この事情と関係していたようである。批判された当のコルネリウスは、フッサールの議論に好意的であった。しかし、フッサールの議論が当時最新の心理学に批判的なことについて、コルネリウスは、両者の協力を提唱した。ホルクハイマーもこのコルネリウスの見解を共有していた。

　ホルクハイマーの口頭試問における議論によれば、「本質直観」の学説にとって「支配的な抽象化理論」との対立が本質的であると述べられている（GS11-3：84）。フッサールの学説は、その「支配的な抽象化理論」、すなわちヒュームの学説との対決のなかで発展してきたとホルクハイマーは捉えていた——フッサールのコルネリウス批判との関連でヒュームへの論及から始まっている——。ここでヒュームの学説について問われているのは、その学説において、直接的所与としての究極的構成要素が「感覚」とされるためである。究極的構成要素について、「意見は今日なおも分かれている」（GS11-3：84）。ホルクハイマーは、ヒュームにおける「感覚」という究極的構成要素が、「われわれの心理的生活の唯一根源的な素材」とされていると述べる（GS11-3：84）。ホルクハイマーによれば、この素材、すなわち「感覚」は、ヒュームの学説において、外部からの刺激と関係ない。問題は、それを受け取ったわれわれの「体験」である。ヒューム哲学において、「体験」は「感覚」であった。そして、ホルクハイマーは、「知識」が「体験」から構成されているのならば、刺激から、すなわち外界の物理的原因から「感覚」への作用が「知識」を構成しているという唯物論の学説とは逆になることを指摘する。すなわち、ヒュームの学説においては、刺激の有無をともかくとしても、「感覚」が「知識」を構成していると考えられていた。先ずここで、ホルクハイマーは、ヒュームの議論の意義を認め、自然科学とともに興隆した俗流唯物論による哲学の不要と、人間の意識の物理的原因や、物質への還元を批判している。すなわち、科学に

とって根本的に客観的とされる諸概念や諸法則が、主観的な「意識」の解明なくして成り立たないという意味での批判である。そして、ホルクハイマーは、ヒュームの学説によって、「素材」が客観的物質ではなく、「感覚」の問題として再定式化されることを示唆する。フッサールは、このヒュームにおける「経験論」の再定式化から異なった帰結を示していた。すなわち、ホルクハイマーによれば、フッサールは、ヒュームに続くイギリス経験論の帰納法において、個々の事実の集積に批判を向けていたのである。

　個々の事実、あるいは個別な対象を、ホルクハイマーは、個別な「体験」と考えた。しかし、彼は、「意識」がそれら体験すべてを並列し、総計したものではないと考える。ホルクハイマーは、個々の「体験」が「意識」の流れのなかで、直線的時間で整理されるような機械論的連関ではなく、「相互性」のあるゲシュタルトを見せるとき、「類や種」として、「一般的対象」、あるいは「本質なるもの」（Wesenheiten）を有していると口頭論証で述べる（GS11-3：86）。そして、この一般的対象は、本質直観、あるいはここでホルクハイマーが述べている「根本的直観」によって可能なのであり、それはいかなる直観なのかがその口頭論証において説明されている。

　ホルクハイマーは、この「直観」という方法において、独立に実在する要素としての素材を前提することができないと述べる。すなわち、カントの述べたような感性的素材の悟性による加工という議論は当てはまらない。しかし、ホルクハイマーも述べるように、たしかに、われわれは、「体験」の個別性を「経験」（erfahren）する。ここでホルクハイマーが求めるものは、要素としての「個別体験」の総計から一般的対象や本質なるものを構成するのではなく、個別な「体験」から一般的対象に至るという意味での「理論」である。ホルクハイマーは、この「個別なもの」の知から「一般的なもの」の知へと至る過程を「特殊なもの」の知として議論している。たとえば、

　　私は、赤という色を経験（erfahren）しえない。しかし、ただ単なる個々の赤の感覚（Empfindung）やその再生産を経験しうる。これは赤色の概念を通して該当させられる。類そのもの、とりわけ、その範囲から生じるなんらかの対象は、この概念の意味として、実際に経

験的に（empirisch）証明しうる。したがって、理論が明らかにしうるのは、われわれがいかにして唯一直接的に経験可能なもの（Erfahrbaren）から、すなわち、個別なもの（Individuellem）による個々の事実についての知から、一般的なもの（Allgemeinem）の知へと至るという特殊なもの（Spezifischem）の知に達するのかであり、同時にそのことによって、理論にとっての一般的概念の意味の分析が果たされる」（GS11-3：87）。

　ホルクハイマーは、言わば問題が「個別なもの」から「一般的なもの」に至る「特定」、あるいは「特殊なもの」の認識だと考えており、これが「抽象化」の過程であると規定する。「抽象化という表題で示されるのは、一般的なものが原則的に個別なものから引き離されたものと見なされることである」（GS11-3：87）。ところが、ホルクハイマーは、この「個別なもの」と「一般的なもの」との原則的分離が、そして「個別なもの」に対する「一般的なもの」としての意味賦与が、要素としての「個別なもの」の総和から生じるとは考えていなかった。そうではなく、彼は、すでに前もって「個別なもの」のなかに「一般的なもの」として結びついた連関、すなわちゲシュタルトを見ることができると考えていた。

　ここでゲシュタルトと述べられているが、このいわゆるフッサールの議論における本質直観の学説は、心理学主義を批判している。心理学主義とは、論理学、あるいは認識論、その他哲学的諸問題が「意識」の問題である限り、それら問題が生得的な精神構造の分析によって、心理学において解明されうるという立場であり、フッサールは、ジョン・スチュアート・ミルから、さらにドイツにおけるテオドール・リップスやクリストフ・ジグヴァルトらの議論を批判の対象としている。この心理学主義においては、主観を一種の物理的に客観的な事象であるとしていた。フッサールの『イデーンⅠ』（1913）──ホルクハイマーが口頭論証で参照している──においては、そのような客観的世界という理解こそが、日常的な「自然的態度」として、「超越論的態度」から反省されねばならないと述べられている。このいわゆる中期フッサールによる「現象学的還元」が単なる主観的観念論として批判され、後期フッサールにおいては、「自然的態度」と「自然

主義的態度」とが区別されることとなった。このように、フッサールは、客観的科学的世界観という習慣への批判として「自然主義的態度」を位置づけ、「自然的態度」を「ありのままに経験する世界」として再定式化した[19]。

　ホルクハイマーの師コルネリウスは、しばしば、心理学主義の陣営として誤解された。コルネリウスの弟子ホルクハイマーによるフッサールの議論への批判の焦点は、フッサールが自然的態度を批判するとしながらも、結局、「経験」を、「個別なもの」、そして意味を構成する要素的素材として考えなかったように見られる点に向けられている。「われわれは、厳密な意味で、ただ個別なもののみを経験しうるであろう、すなわち、可能な直接的所与は、唯一意味を構成する物質（Materie）としての、フッサールが最も決定的に否定している要素的素材において現れるであろう」（GS11-3：88）。そして、フッサールの哲学的反省に対して、ホルクハイマーは、マッハの「感覚要素」同様、「要素的素材」、あるいは「物質」が主観と客観を超えた日常的な世界の「経験」の構成要素であると考える。また、ホルクハイマーは、フッサール現象学において、「意識」が「体験」からの構成物ではなくて、「志向性」、あるいは「なにかについての意識」として、すなわち作用する意識として捉えられることに論点を移している。したがって、フッサールの現象学は、まったくの主観的観念論ではなく、対象の外在が認められている「かのよう」であった。ところが、ホルクハイマーによれば、フッサールにとって「このなにかは、諸体験の内容、関係、あるいは派生物としてなんらかの方法で認識論的に立証される必要はない」（GS11-3：89）。フッサールは、結局、外界の要素的素材を認めていない。ホルクハイマーは、そのようなフッサールの哲学において、「一般的対象」を捉えることは不可能だと述べている。

　そこで、ホルクハイマーは、具体的な「個別なものの知識」がただそのままに意味をもっている言語障害の患者を例に挙げ、本書前章のマッハの議論において説明されたのと同様の、こどもの言語習得の例を展開している。たとえば、青い毛糸の玉が三つあるとして、それが色ではなく数や物質的特徴から患者に記憶されても、それを色から「青」と名指す例、すなわち、「三つ」のものを「青い」とか、「毛糸」を「青い」と呼ぶような症

例である。これによれば、「青」の「本質」よりも「個別的なものの知識」は先行して現にある。この「知の習慣」に対する特異な例によって、ホルクハイマーは、フッサールにおける「原的な直観」を再考するのである。この「原的な直観」を、フッサールは、「本質直観」と「知覚直観」とに区別した。「知覚直観」における「青」に対して、「本質直観」における「青」とは、「青の本質」ということになる。しかし、ホルクハイマーは、フッサールのこのような「直観」における区別、すなわち、個別なものの所与性と一般的なものの所与性との関係において、どうやって後者を優先的なものとして、前者が後者に組み込まれるのかを、フッサールが十分に説明していないことを批判する。

このように、「本質直観」における観念的なものを対象とする学問を、フッサールは数学に見た。ホルクハイマーは、これを「エイドスの学問」と言い直す。そして、エイドスという観点から、フッサールの学問が、「類」と「個別」との関係を一瞬のものと見なしていることにホルクハイマーは言及している。ホルクハイマーは、フッサールの議論に従い、実現が可能な、限りなく個別な事物を、様々な「類」、あるいは本質に組み入れることについて、「あらゆる事実的なものは、必然的に本質なるものに関連している」と述べる（GS11-3：91）。ホルクハイマーは、例として多角形の話をする。その図形の角の数は、幾千という角のものが考えられるが、それが現実にあるかどうかは、この「エイドスの学問」において問題ではないのである。すなわち、ホルクハイマーによれば、フッサールによる「本質」や「類」の「直観」は、われわれの実際の「経験」（Erfahrung）よりも強力にア・プリオリなものとされているのである。そのことで、ホルクハイマーは、フッサールのこの学問が、思索者個人の直観的洞察を重んじているところを批判している。ホルクハイマーは、「本質」を実現している「事実」はどうでもいいことなのだろうかと問い直した。そして、ホルクハイマーは、現象学が「本質の学」になるのならば、その「学」において、認識の源泉となる事実的なもの、所与としての「経験」が——ここでの「経験」は、カント的意味ではなく、コルネリウス的な「体験」に該当するが——本当に重視されているのかどうかを問うた。

ホルクハイマーは、以上のような批判に対する現象学からの反論を想定

し、整理している。第一に、フッサールは、経験的な学問に対して自らの学問を論理学に位置づけ、経験的な学問にはそれ相応の位置を認めていた。ホルクハイマーは、第二に、フッサールによる「本質直観」の学説が「経験」を軽視していたわけではないと述べる。そして、この点で、ホルクハイマーは、日常的「経験」に即した、あるいは実在するものと考えられるものに即した「経験」、すなわち、――ホルクハイマー自身の言葉ではないが、言わば――「経験主義的」（empiristisch）な「経験」と、フッサールの現象学における観念的対象としての「経験」とを区別する。

　しかし、ホルクハイマーは、フッサールの現象学における観念的対象の「記述」が、経験主義的な科学、とりわけ心理学にとっても有効な事例を提供していたと述べている。ベルグソンのように直観を学問的に伝えることが不可能だという議論と違い、「記述」に基づくフッサールの学問は、はたして心理学とどれだけ区別されねばならないのか、また、その区別に妥当性があるのかについてホルクハイマーはさらに疑問を呈している[20]。

　ホルクハイマーは、ここであらためて、コルネリウス哲学に沿ってフッサール現象学に反論している。すなわち、ホルクハイマーは、心理学のなかにも、伝統的な抽象化理論への反対という点において、フッサールの現象学と共通する議論があると述べている。ホルクハイマーは、もちろん、ここでゲシュタルト心理学を挙げる。彼の学んだフッサールの思想は、言わば中期フッサールと言われる時期に当たる。ホルクハイマーの批判は、後期フッサールによるいわゆる「発生的現象学」を先取りしていた。すなわち、中期フッサールの現象学が、静態的現象学であったという批判である。ホルクハイマーは次のように述べている。

　　われわれが想起するのは、フッサールが、彼と論争する理論に対して、体験において想像されたものの意味の明瞭化にあって、心理学的過程に基づく異議申立てが無意味だとし、したがって、生成しつつある存在は存在と同一ではないとするところである。ここに見過ごしがあるのは容易に証明できる（GS11-3：98）。

　ホルクハイマーは、生成しつつある存在と、すでにある存在との違いを、

たしかに認めている。しかし、彼は、生成しつつある存在を、「体験」を振り返ることで説明できると述べている。ホルクハイマーによれば、記憶のなかで「想起された体験」は現在形である。すなわち、「想起された体験」は、過去の総計として因果的に説明されるものではなく、現在なお「体験」の知識としてあり、悟性的加工に頼らないような、所与として可能な「経験」の時間的な統一性によって発生的に説明されるものである。ホルクハイマーによれば、フッサールは因果的説明を批判し、それを切り捨ててしまっただけではなく、発生的説明も切り捨てたがゆえに、一般的対象の把握可能性を限定してしまった。そのために、ホルクハイマーは、絶えず新しい対象の発生によって修正される「経験」の統一性を見直すことになったのである[21]。

第3節　唯物論の受容

　ホルクハイマーは、教授資格論文を締めくくる口頭論証のために用意した「フッサールによる本質直観の認識論的基礎づけ」(1925)において、現象学における個別科学に対する「本質直観」の適用について言及した。この部分は、ホルクハイマーによる後の「唯物論」期の姿勢を示唆している。ホルクハイマーは、フッサール現象学の後継者として、アドルフ・ライナハとマックス・シェーラーの哲学を例に挙げている[22]。ホルクハイマーは、フッサール自身もシェーラーの議論には懐疑的であったことを付言した上で、フッサールに対して以上に、フッサールの弟子たちに対して批判を向ける。フッサールは、「発生的現象学」を後に展開し、「生活世界」論を打ち出し、「経験」を間主観的なダイナミズムに発展させようとした。これに対して、ルドルフ・オイケンの弟子でもあったシェーラーの議論の展開は、現象学を静態的秩序としての形而上学へと導いた。そして、その影響力は、フッサールの懐疑にも拘わらず大きかったのである。実際、ホルクハイマーが1926年に新聞の社説においてオイケンの議論に対して批判的に述べていたことは、そのままシェーラー哲学に対する批判と変わるところはない。すなわち、オイケンの議論は、実証科学と産業の論理の社会的全般化において、「生」は均質化し、静態化してしまったというヘー

ゲル哲学由来の批判から、個別科学の意義を認めつつも、それらを基礎づける倫理の問題へと移行していった。ホルクハイマーはこのような倫理学に懐疑的だったのである。

　筆者は、本節の第1項において、ホルクハイマーによるシェーラーの現象学への批判を検証する。ここで、ホルクハイマーが現象学から遠ざかり、唯物論へと独自にアプローチしていった輪郭を確認する。第2項においては、ホルクハイマーの現象学に関する議論の終わりに表れ始めたヘーゲル哲学の影響に言及し、ホルクハイマーが受容し始めたばかりの「唯物論」について論じる。ところで、ここまでの本書の議論においては、ホルクハイマーが1920年代初頭に、現象学に熱心に取り組んでいたことを取り扱った。しかし、彼が唯物論に対してどのような姿勢をとっていたかについて十分明らかにしていない。そこで、第3項においては、ホルクハイマーがコルネリウス哲学と同時に、ショーペンハウアーの哲学に依拠し、唯物論に対して批判的であったことを確認する。彼の唯物論に対する意識的言及が、レーニンの唯物論にまつわる論争と関連していたことを議論したい[23]。そして次に、筆者は、一種の唯物論者ホルクハイマーが、1920年代後半に、レーニンの唯物論の不十分さを批判する議論を詳細に検討する。

第1項　シェーラー現象学への批判

　前節において議論したように、ホルクハイマーは、シェーラーが現象学を倫理学に適用した側面を問題としている。それは、シェーラーが「価値」に本質直観を適用していた点である。すなわち、ホルクハイマーは、社会的共同体の維持を目的とする「価値」のために、われわれが想定している高潔な行為というものを、われわれが普段に実践しているとしても、われわれにとってその「価値」の認識が「特に必要とされていない」と述べる。ホルクハイマーは、たしかに、日常性を問う現象学において、「価値」というものが考察の対象とされるべきもの、すなわち、日々、人々が疑ってもみないものだということを認める。しかし、ホルクハイマーは、シェーラーの議論においてそのような「価値」がア・プリオリな関係とされたことに疑問を呈した。とりわけ、ホルクハイマーは、シェーラーの倫理学がカントの形式倫理学と違うものであることに着目している。すなわち、ホ

ルクハイマーによれば、カントの実践哲学は、よりよい未来を志向しており、現状を批判していたのに対して——ただし、カントの実践哲学は、自由主義時代の自由な個を前提としていたことをホルクハイマーは留保しているが——、現象学的倫理学が現代との調和を志向している。ホルクハイマーは、このことに批判的であった。彼によれば、時代との調和への志向は、シェーラーの哲学ばかりでなく、ニコライ・ハルトマンの倫理学のなかにも見られた（GS11-6：139f）。

　あるいは、ホルクハイマーは、後に、彼の私講師時代の現代哲学講義のまとめとなる「科学からの哲学の解放」においても、シェーラーの議論を批判している。ここでのホルクハイマーは、シェーラーをマッハと対比させており、マッハが科学の進歩を社会福祉の進歩と並行するものとして疑わなかったように、それとちょうど逆に、シェーラーが科学の進歩を社会の危機として疑わなかったと捉えている。しかし、ホルクハイマーは、どちらも「全体社会の構造変化を支配する法則を究明し、あるいは、そこから生じるそのつどの学問と苦悩との関係を把握できない」と述べている（GS10-3：352）。このようにホルクハイマーが述べる4年前、1924年の第4回ドイツ社会学会大会において、「学問と社会構造」という論争があった。ここではマッハではないが、シェーラーに対して、マックス・アドラーが対立している。

　シェーラーが本質直観によって価値をあるがままに見るというとき、ユダヤ系の出自であった彼のカトリックへの改宗という強い宗教意識が議論に鮮明であったにも拘わらず、彼は、「知識社会学」という価値判断を放棄した相対主義を主張していた。アドラーは、この中途半端さによって、現象学的にも社会学的にもシェーラーが成功していないと批判する。

　また、シェーラーは、「人格」を「精神」の「作用」と考えた。彼は、ベルクソンの生の哲学同様、この「人格」という「作用」を学問的に対象化できないものとして論じていた。そして、シェーラーによれば、「作用」とは、その成立が経験的に論証されるものではなく、ア・プリオリな社会性から生じるものである。「人格」は、シェーラーによれば、愛や憎悪や意欲である。彼にとって、他の「人格」、すなわち「他者」も、自らの「人格」同様、観察されうる対象ではありえない。シェーラーにとって「人格」

の「作用」であるノエシスは、「価値」というノエマと連関を成している。まさにこれがホルクハイマーに静態的と見なされた固定した秩序であり、それが愛の倫理とされた点において、シェーラーのカトリック的コスモス観がそこに反映されていたことは、ホルクハイマーの批判に頼るまでもなく理解できる[24]。

まず、シェーラーは、「作用」と「価値」との秩序に対応する「知識」の三形態、実践知、教養知、救済知を示した。シェーラーの知識社会学においても、歴史的な社会の変化についての議論は用意されていたものの、それは固定した形の繰り返しにすぎない。次に、シェーラーは、この「作用」と「価値」と「知識」とを「理念的因子」と「実在的因子」から形成されるとした。前者は国家や法や思想、つまり「精神」であり、後者は人間の基本的「衝動」や、そこから生じる習慣や民族であるとシェーラーは考えた。シェーラーは、力強いが不定形で方向も定まらない「実在的因子」が「理念的因子」に規定されると論じた。シェーラーの知識社会学は、彼の社会観に基づいて、実証主義とマルクス主義への脅威と反感を反映していたと考えられる。それゆえに、アドラーは、マルクス主義的立場からシェーラーに批判的に挑んだと考えられる。

アドラーは、シェーラーによる「実在的因子」としての人間の基本的「衝動」という議論を、生物学的還元であるとして批判した。そして、アドラーは、シェーラーによる「衝動」と「精神」との協働という理論と、それに基づく社会変動論が、マルクス理論の代替物として企図されていると考えた。これに対して、オーストリア・マルクス主義者のアドラーは、唯物史観から、知識が社会構造に規定されており、精神生活が歴史的規定を受けていると考えていた。アドラーが社会学というのは、そのような社会的規定を探る学問を意味すると同時に、その社会構造において思想家の依拠する階級を明確にするものであった。しかし、この議論は、実際には論争の体裁を成さず、すれ違いに終わった。

ホルクハイマーも、シェーラーとアドラーについて1935年に言及している[25]。ホルクハイマーによれば、アドラーの議論は、「実践」に役に立たないような「理論」であれば、それは正しくない「理論」だと考えていた点でプラグマティズムに近い。アドラーは、社会理論が実践の概括にす

ぎないと考えていた[26]。ホルクハイマーは、このようなアドラーに対するシェーラーによる批判を引き合いに出す。すなわち、シェーラーは、プラグマティズムを実証主義、あるいはマルクス主義と同義に批判していた。ここがホルクハイマーの議論の注目するところであった。シェーラーは、実証科学が実際上の事柄を支配する目的をもつという点で、これをプラグマティズムと同義に考えていた。そして、シェーラーは、プラグマティズムによる実証科学の過大評価を批判した。この点で、たしかにシェーラーの批判しているプラグマティストにはアドラーのことも含まれていた。ホルクハイマーによれば、シェーラーのプラグマティズムへの批判は、実証科学のような無機的自然を対象とする機械論的認識そのものへの批判として、「実践的」研究モデルの批判となっていた。ホルクハイマーは、シェーラーがプラグマティズムと実証科学とを同一視していたことによって、彼が「実践」について捉えきれていないと考えた。すなわち、アドラーにおいて重視された「実践」である[27]。

　ホルクハイマーは、たしかにアドラーの議論に単純なところがあったことを批判したものの、シェーラーの学問批判についても、実証科学の自己批判に向けられた社会総体の反省理論が欠けていると批判した。ホルクハイマーの場合、ブルジョワ市民社会の反映として専門分化した「個別科学」において、個別科学者自らが自らの学問を徹底的に先鋭化し、自らの知の行方に矛盾を自覚すべきだと考えていた。しかし、シェーラーは、個別科学の知に対立する異なった知を提出していた。ホルクハイマーは、この点でシェーラーがベルグソンや同時代の他の哲学者たち同様、高次の特殊な認識に逃避したと批判している。ホルクハイマーによれば、シェーラーは、「有用性」、あるいは「実用性」、そして「実用的な知識」を、「支配知ないし実践知」と規定し、「実践」を「教養知」と「救済知」に比べて低次元の知識として位置づけていた。また、「実践知」を機械論的自然科学とするシェーラーは、この知識をブルジョワ市民社会の合理主義の反映とし、このブルジョワ市民社会とその合理主義の批判者として、ブルジョワより下層の階級を高く評価していた。しかし、その下層階級は、マルクス主義におけるプロレタリアートではない。シェーラーによれば、マルクス主義は、個別科学を重視し、アドラーのように有用性を求める知としての実践

知にすぎなかった。ホルクハイマーの引用するシェーラーの議論において以下のようにある。「ブルジョワ市民階級とプロレタリアートは、『教養知と救済知を生み出す能力をまるで欠いている』が、これは今後、『純粋に認識する人間であって、同時に、権威ある階級の学説、すなわちブルジョワ市民的およびプロレタリアート的な形而上学——つまり絶対的機械論と哲学的プラグマティズム——、この両者から等しく縁を切ったような人間からなる階層全体を、成長し前進する資本主義が次第に再び支えられるようになることで是正される。将来における人間の知の発展は、ひとえにこのエリートの双肩にかかっている』」(GS3-7：307 = 1998：148 以下；Scheler 1926: 486)。

　シェーラーは第三の階級の出現を予言していた。彼の哲学は、従順、利己心の否定、献身と諦念を重視し、この傾向は、ナチ御用学者、あるいはエルンスト・ユンガーの文学に表わされるものであるとホルクハイマーは考えていた (GS3-6：168f = 1974：194)[28]。機械論的世界観と個別科学との相互に結びついた発展は、社会観や学問観において一つの「危機」として考えられた。ホルクハイマーも、師のコルネリウスの思想を介した哲学修業期を通して、その危機感において自らをどのように位置づけるかについて思いをめぐらせ、ベルグソン、シェーラー、フッサールたちの哲学に心惹かれた。しかし、ホルクハイマーは、結局、これらの議論から自分たちの社会が進む危険な動向を察知することになった。

　ホルクハイマーのこれまでの議論を確認しておくと、先ず、彼は、ベルグソンによる学問的に対象化できない「生」の哲学を、フッサール哲学に基づいて「記述」の学問にできるものとして期待していた。しかし、次に、フッサールの方法が、ノエシス—ノエマ連関の静態性に至り、さらには、その静態性が、社会の形而上学としてシェーラー倫理学に発展させられていったことと比較して、ホルクハイマーは、あらためてベルグソンの生の哲学を条件つきで評価する (GS10-3：415f)[29]。ホルクハイマーによれば、ベルグソンが「創造的意志」として提起したような、科学的に客観化できない時間の流れ、すなわち生を推進するダイナミズムが、シェーラーの形而上学からは失われていた。ベルグソンの生の哲学から、ヘーゲルの弁証法を見直す議論の推移は、モーリス・メルロ＝ポンティが「西欧マルク

ス主義」と呼んだ当時の新しい思想の動向において珍しくはなかった。ホルクハイマーも、この流れにたどり着いたのである。したがって、彼は、新カント派の洗礼を受け、生の哲学、あるいは現象学によってカント哲学と対決してきた結果、新カント派以前のドイツ観念論の伝統を見直すことになった。すなわち、ヘーゲル哲学とマルクスの思想との関連である。これは、当時のマルクス主義に対して、ホルクハイマーがいよいよ関心を深めたことと関連していた。

　ホルクハイマーの発想は、その青年期から、そもそもシェーラーのような保守的思想に至る傾向はなかった。ホルクハイマーは、ショーペンハウアーやニーチェの思想と早く出会った。そこでホルクハイマーの得たものは、社会的不公正への批判的まなざしであった。また、レーテ共和国とローザ・ルクセンブルクに熱狂した彼の青年時代に、マルクスの書が彼にどれほど読まれていたかは定かでない。ホルクハイマーがアカデミックな研究において表現していたものを、マルクス的視点から見直していることが確認できるのは、教授資格論文口頭試問以降であり、1920年代後半の未刊草稿では顕著である。公式には、彼の私講師時代の哲学史講義に唯物史観がうかがわれる。ホルクハイマーは、すでにこのころ、「社会研究所」の財政母体「社会研究協会」に属しており、親友ポロックの積極的なマルクス主義への関心の影響もあったと考えられる[30]。

第2項　唯物論の受容1──ヘーゲル哲学の受容──

　以下においては、現象学者ホルクハイマーと対比的に、唯物論を受容しはじめたばかりのホルクハイマーの思想を確認する。それは1930年代に「唯物論期」として確立されるホルクハイマーの思想への移行段階である。現象学から離れていったホルクハイマーは、ヘーゲル哲学を受容し始めている。すでに教授資格論文と同時期の1925年、ホルクハイマーが残していた未刊草稿「カントとヘーゲル」は、その最も初期の証言だと考えられる。この草稿は、私講師としてのホルクハイマーが講義のために用意したいくつかの下書き原稿の一つであり、また、彼のヘーゲル哲学についての最も初期の記述の一つでもある。彼は、まず「カントとヘーゲル」というテーマのアクチュアルさを主張している。とりわけ、新カント派の影響下

にあって、すでにカント哲学についての意見を明らかにしていたホルクハイマーは、この草稿において、「ヘーゲル・ルネサンス」に言及している。

　草稿「カントとヘーゲル」の書き出しは、ジェルジ・ルカーチによる「階級意識」を暗示している。先ず、ホルクハイマーは、哲学者の認識論が、自然認識というブルジョワ市民社会の産業の論理から、社会認識における「階級構造」の矛盾を反映するようになったことを確認している。彼は、専制政治とそれに統治される個々ばらばらな人民という体制に不満が蓄積した18世紀のフランスとドイツにおいて、一方のフランスが革命と動乱にあったのに対して、他方のドイツが学問論とヘーゲルの汎論理学に道を見出したと述べている[31]。したがって、ホルクハイマーは、ヘーゲルの時代の哲学がそのままフランス革命に匹敵するほどの政治的意味をもっていたとか、哲学思想と政治が同様な力をもっていたと言っているのではない。ホルクハイマーによれば、少なくとも18世紀において、ヘーゲルの時代の哲学は、政治どころか、全般的な文化的生活を代表する性格をもった大変活力あふれる社会的機能をはたしていたと考えられるのである。そして、ホルクハイマーは、ヘーゲルの死後10年を経た時代の雰囲気を伝える証言として、当時のベルリン大学におけるシェリングの講義を受けていた学生の書簡を引用している。その学生は、ドイツにおける公論の争点が顕著に現われる場所について述べている。「この争点は、あくまで大学におけるものである。そして、たしかに第六大講義室のものでもある。そこは、シェリングが彼の哲学講義を開設する場所である」[32]。すでにこのころのホルクハイマーは、ヘーゲル哲学ばかりではなく、さらにマルクスやエンゲルスの思想を受容し、「哲学修業期」を終えつつあった。彼は、まさに「社会研究所所長」に相応しい一人のマルクス主義者へと変容しつつあった。ホルクハイマーは、社会や文化全般に関する闘争を哲学が代表するという意味での「哲学の機能」を鑑み、カント哲学とヘーゲル哲学の受容という現象を見直している。ここでホルクハイマーは、この歴史的に具現する哲学的内容をそのままに見直す作業を、「史的唯物的現象学」（historisch-materiale Phänomenologie）と名づけている。「多かれ少なかれ、いまやかなり恣意的に用いられる浅薄な概念『ジンテーゼ』などとは断じて異なり、唯物的に成し遂げられねばならないものは、哲学的現象そ

のものを把握しようという現実的な努力、すなわち、適切な理解（Verstäntnis）を実現する試みである」(GS11-4：105)。

たとえば、ホルクハイマーによれば、カントからヘーゲルという歴史、あるいは両者の間に、フィヒテとシェリングを挟む一般化されている発展史自体が、哲学史家による抽象化であり、彼の「史的唯物的現象学」からすれば、不適切な哲学的現象の理解なのである。すなわち、新カント派とヘーゲル・ルネサンスとの関係は、ホルクハイマーによれば、カント哲学からヘーゲル哲学への単線的発展史の「繰り返し」として考えられるべきではない——ホルクハイマーは、ここで凡庸な「発展史」の例としてヴィンデルバントの作品を挙げる——。ホルクハイマーによれば、この「発展過程」という仮説を放棄し、なぜカントが見直され、あるいはそれに対して、なぜいま（つまりホルクハイマーの議論の当時）ヘーゲル哲学なのかが問題なのである。ホルクハイマーの「史的唯物的現象学」とは、これら哲学的流行現象を、学説的発展史にとらわれず、その流行の現代的な社会的意味として考えるものである。

そこでホルクハイマーは、カントの悟性的理性とそれを支える「経験」の可能性や、「生」すべてをひっくるめた「全体性」にヘーゲルが言及したというあらましを確認している。ホルクハイマーによれば、カントは、素朴に実在しているとわれわれが思っている世界が、感性的素材のカオスとして主観によって構成されていると論じた。そのカントの功績とは、たとえ主観を超越する真理が実在すると考えられるとしても、批判的に実在について見直す審級、すなわち「理性的人格」の審級を確立したことにあり、神や自然の秩序といったものに対して、あくまで主観の優位を唱えた点にあるとホルクハイマーは述べる。しかし、ヘーゲルは、カント的な悟性の認識が、すなわち「経験」から成された「形相」として固定される因果関係の合法則性が、新しい所与の「経験」によって否定されることで、より高次の認識に導かれる動的過程を「弁証法」として位置づける。また、ホルクハイマーによれば、カント哲学における悟性に基づく理性は、ヘーゲル哲学においては、それがどこから来て、なぜそのようなものであるのかという点では決してカント的理性で説明のつかないものなのである。つまり、カント哲学における「理性」は、その理性で説明のつかない「生」

から生じているのである。ここまで本書で見てきたように、ホルクハイマーは、「生」をカント的悟性と矛盾するものとして議論するために、師のコルネリウスはもちろん、現象学、ベルグソン哲学、ゲシュタルト心理学、あるいは最新の自然科学の成果に言及してきた。そこで、ホルクハイマーの見るカント哲学に対するヘーゲル哲学の現代的意味とは、「形而上学」という問題点にある。

　カントは、そもそも自らの悟性を有している超越論的意識を理性的人格の統一性としたことによって、あらゆる認識しえない神や永遠な存在を「形而上学」として退けたが、これに対して、ヘーゲルによるカント批判は、そのカントによる「理性的人格の統一性」も形而上学的であることを暴き出した。もちろん、ヘーゲル哲学の「全体性」、あるいは、弁証法的な「精神」の過程も、形而上学であった。また、ホルクハイマーは、カントの認識論がその形而上学的性格によって失敗したとは考えていない。ホルクハイマーは、カント哲学が感性的な「経験」の可能性を認識の制限として設定することによって、この「制限設定」そのものに、その制限を超えようとする「信念」を表していたのだと述べている。ホルクハイマーのヘーゲル解釈によれば、カント哲学の限界は、「経験」における所与性を主観的限界としていたことにある。しかし、カント哲学は、その主観的限界から、むしろ「主体的」にそれを超え出て、相対的な認識から絶対的な認識へと「至ろうとする」権限を「主観＝主体」に賦与する。ホルクハイマーによれば、カントは、彼の認識論の彼岸に相対的認識を超えようとする「信念」を意識するがゆえに、この「経験」の制限を慎重に「批判」した彼の「批判哲学」も、無条件な万能の観点として形而上学になってしまうことへの「反省」を、彼の哲学にあらかじめ組み込んでいたかもしれないのである。

　ホルクハイマーによれば、カントのこのような「反省」も、ヘーゲル哲学においては、絶対的に独立した存在者という無制限なものに対する不可知論としか評価されない。ここでホルクハイマーは、ヘーゲル・ルネサンスが、「積極的な形而上学の用意」という点で、現在のカント哲学受容に対抗して必要とされているという主張に懐疑的である。もちろん、カントの悟性主義は、感性的素材の加工という機械論によって、産業社会におけ

る機械論の優位を想像させるように、ヘーゲル哲学によるカント批判の意義は、カント哲学の限界から、非機械論、すなわち目的論の意義を産業社会への抵抗としての復古に導くばかりではない。カント哲学に次いで、まさにヘーゲル哲学が示しているのは、カントの認識論哲学も発生している「歴史」という、認識主観の背景の「反省」である。カントの認識論、あるいはそこで述べられている「超越論的要因」は、歴史的状況から切り離して論じられるものであるかのような幻想に陥っているとホルクハイマーは見る。彼は、まさにここで、ヘーゲル哲学の出現によって、カント哲学における主観の限界、すなわち認識が主観的に相対的であるという「事実」が、そのまま究極の真理や哲学の基準とはされなくなったと述べている。ヘーゲルによる「全体」という形而上学が、そして「弁証法」という過程が、言わば「反省的」で「対話的」にカント哲学的な主観の発生について反省させるがゆえにである。「ヘーゲル哲学の帰結は、最も抽象的な概念そのものから、弁証法によって自己意識的な精神が展開したものとしての、自然と歴史とが示す現実の体系の構成である」（GS11-4：116）。やはり、ホルクハイマーによる教授資格論文の帰結は、このようなヘーゲル哲学への観点と無縁ではなかったのである。ホルクハイマーのヘーゲル哲学受容は、彼の唯物論思想の始まりを意味している。俗流唯物論における主観に対する物質優位とは異なったレベルにおいて、主観を超える自然や歴史を物質的素材とする弁証法的ダイナミズムに基礎を置く点で、もはやホルクハイマーの思想は「弁証法的唯物論」に足を踏み入れているのである。

　ホルクハイマーは、1934年の論文「現代哲学における合理主義論争」においても、「弁証法」概念について考えを明らかにしている。すなわち、「弁証法」概念は、悟性の産出した対象相互を生き生きとした「全体」に結びつける概念であり、この結びつける尽力としてなんら一般的規則のないものである。弁証法において、歴史という「生きた進行の過程を叙述するために用いられる諸概念は、その叙述の展開の段階に応じてそれぞれ独特の機能ならびに内容を付与される」（GS3-6：185f = 1974：209）。ホルクハイマーは、対象が具体的な関係の「全体性」においてその意味を定めることにヘーゲルが提示した弁証法の効用を見る。そして、その関係性は歴史において移ろい行くものなのである。しかし、ホルクハイマーによれば、

ヘーゲルの「歴史」に対する観点は、その観点自身が歴史の内部を飛び越えていた。それは「完結的」な弁証法であり、ホルクハイマーは、これに批判的であった。

　ホルクハイマーによると、超時間的主観などなく、人間は、特定の歴史に位置づけられる。「人間が思惟するのであって、自我や理性が、ではない。[…] 認識の原理、認識の主体は自我、絶対的＝抽象的精神、独存的理性ではなしに、人間の現実的＝全体的存在である」（GS3-6：190 = 1974：213；Feuerbach 1904：313）。ホルクハイマーは、このように述べるフォイエルバハでさえ、人間本質の普遍性を前提していたとして批判する。「弁証法的唯物論は、思惟の主体それ自身を、ふたたび、本質人間のような抽象体として捉えない」（GS3-6：190 = 1974：213）。ホルクハイマーによれば、弁証法的唯物論における思惟の主体は、特定の歴史的時代の人間であり、世界から孤立した実在ではない。彼は、主体というものの存在と意識とを、自然な天賦としてばかりでなく、当該の社会の全体的情勢に依存したものとして考えねばならないと見る。

　ところで、ホルクハイマーは、1932年に、カール・グリュンベルク記念論文集において、「ヘーゲルと形而上学の問題」という論文を残している。この論文の結びにおいて、彼は、ヘーゲル哲学に基づく「精神哲学」が「精神」を真の現実、本質、実体とする動向と位置づけ、「歴史」を「精神」の表出と自己認識の弁証法的過程として捉えたのに対して、「歴史」を多様な「コンステラツィオーン」の成果とする「経験的観点」は拮抗すると述べている。この観点は、「精神」の力の独立という信条に反対し、「精神」という本質の認識に対する「科学」の下位の序列化に反抗するのだとホルクハイマーは述べている。経験的観点においては、歴史についても法則定立の科学がその究極目的とされる。このような言明がマルクスの社会理論に基づいていることは明白である。ここでホルクハイマーの唯物論は、「経験」の物質的素材によって歴史の精神哲学に批判を展開している。そして、ここから、ホルクハイマーは、彼の今後の研究実践のあり方を明らかにしている。

　　必然的に最高に抽象的であらねばならない根本にある精神的原理と

いう思想は、経験的研究にとって全く疎遠である。経験的研究は、全体的で生命についての自然科学による、単に「厳密さ」に基づく類を目指すような研究ではなく、それとは逆に、純粋な「真理」、すなわち単に実用に関する限りでの物理学、歴史学、人類学、社会学に抗う、より高度な現実への洞察である（GS2-8：307）。

　以上のホルクハイマーの引用は、彼の後の最も有名な著作『啓蒙の弁証法』と対比するならば、著しく異なる。アドルノとの共著の序言において、たしかにホルクハイマーは、かつての自分が社会学、心理学、認識論などの伝統的な諸科学に対し、ある程度の信頼を置いていたが、しかしながら、その考えは変わったと明言している。「哲学的断想」とも題されるその著書の存在が示すのは、断片ではなく「全体性」として、社会や歴史や文化を批判するという研究目的へと、弁証法的に個別科学を教導することが可能だと考えていた1930年代のホルクハイマー——あるいはアドルノ——の思想の否定そのものである。しかし、筆者は、この断念によって、彼らがテクノロジーと科学との関係により徹底的に「啓蒙の野蛮」を懐疑する側面について、ここでこれ以上踏み込むことは別の機会とし、ホルクハイマーの初期の思想における「経験的研究」の役割に重点を置く。というのも、本書は、個別科学である社会学の可能性にとりわけ関心を向けており、ホルクハイマーによる社会学や経験的研究への批判に議論を限定しているのである。

　ここまでの本書の展開において、ホルクハイマーにとっての師コルネリウスの影響として一貫して見られるのは、ホルクハイマーがフッサール現象学を批判した際と同様の論点、すなわち、「個別科学の意義の尊重」である。しかし、この当時のホルクハイマーは、個別科学研究の弁証法的に導かれた成果ではなく、その弁証法的過程そのものにある個々の人間による協働に「理性」を見ていた（GS2-8：306）。

　ホルクハイマーの捉えるヘーゲル哲学は、シェーラーの哲学と、経験的研究を批判する形而上学として重なるが、ホルクハイマー自身は、経験的研究を実証科学と同義のものとすることによる実践的意義を否定していなかった。ホルクハイマーは、経験的研究に欠如した歴史的な生活との関係

への反省—あるいは生の欠如—が、むしろ経験的研究のこれからの課題であると考えていた。無機的自然に基づいた自然科学の根本概念を実体化する経験的研究への批判は、経験的研究そのものの放棄を要求するのではなく、むしろ実証科学の更なる展開こそを要求しているとホルクハイマーは考えていた。もちろん、ホルクハイマーは、それには条件があると考えていた。すなわち、自然科学、あるいは個別科学それぞれが自らの内部で問題を解決していく一方で、この個別科学それぞれの展開を歴史的社会的総体のなかの一契機として捉える弁証法的唯物論の必要性である。ホルクハイマーは1935年の論文「真理問題について」において次のように述べている。

　　歴史的状況を反映した概念形成を堅持することに対立した、専門の分化の進展、論理学や経済学の数学化は、これらの学問領域における現在の水準に一層適合したものなのか。こうしたことを決定するためには、つまり実践の基準に従ってこうしたさまざまな問題に決着をつけるためには、単に孤立した出来事ないし出来事群に対する注意や、促進といったような一般概念による評価が必要なだけでなく、それ自体、特定の利害および課題、自らの態度決定および活動との連関のなかでのみ考えられるような、社会総体の特定の理論が必要である（GS3-7：307 ＝ 1998：148）。

すなわち、これこそが、ホルクハイマーの後の有名な学際的研究プロジェクトと結びつく。ホルクハイマーによる哲学と個別科学とが協働する「理論」は、むしろそれぞれの学問の、特定の時代と特定の場所での、歴史的社会的制約の強調も意味している。ホルクハイマーは、「理論」が、歴史に内在している人間による真理との関わり方だと言うのである[33]。

第3項　唯物論の受容 2——レーニンによる唯物論の位置づけを手がかりに——

　前項で見たように、ヘーゲル哲学の受容によって弁証法的唯物論に足を踏み入れたホルクハイマーは、新しい経験的研究の可能性を見せた。しかし、ここで今一度確認したいのは、そもそも「現象学」に取り組んでいた

当時のホルクハイマーは、「唯物論」に直接言及していたのかどうかである。ホルクハイマーは、唯物論を批判するノートを残している。その際、コルネリウス哲学を背景に持つホルクハイマーは、彼がそもそも傾倒していたショーペンハウアーの哲学を介して、「観念論」という立場から語っている。そのことは、単にアカデミックな思想の場面に限らず、政治的にも重要なレーニンによる唯物論をめぐる論争と関係していた。そのノートは、ホルクハイマー全集編集者の推定によって、1921年前後に書かれたと思われる。「問いへの返答：物質の発生に意識の発生が先行するという主張から生じる超越論的観念論の立場とはなにか」（以下「問いへの返答」とする）がある（GS11-1：19ff）。彼は、このころ、学位論文も教授資格論文もまだ完成させていなかった。しかし、彼の師のコルネリウスの哲学、あるいはコルネリウス哲学に影響を与えたエルンスト・マッハの哲学が、バークリーやヒュームの哲学に回帰する主観的観念論であるというレーニンの批判と、このノートは関連しているのではないかと筆者は考える。主観の外の客観的世界、あるいは事物の客観的存在と言えるものを徹底的に懐疑し、あるいは、客観的事物を、主観性の範囲で不可知なものとして限界づけるカント哲学的な物自体という捉え方にレーニンは批判的であり、客観的事物の存在の認識を可能だと考えていた。1908年に初版の出たレーニンの『唯物論と経験批判論』は、ホルクハイマーのノートの前年1920年に再版されていた。

　ホルクハイマーは、ノート「問いへの返答」のなかで、先ず、カント的な超越論的観念論における「現象」が、「認識」の素材として位置づけられることを確認する事からはじめる。彼は、意識に与えられる現象の整理の成果に「客観的な時間」があると述べる。それは、ホルクハイマーによれば、「体験」の経過を整理する位置体系の理論的概念である。彼によれば、「客観的な時間」とは、人間や動物の肉体の生成や経過として理解されている。しかし、ホルクハイマーは、その肉体の誕生から死に至る経過の現象を結びつけているのが「意識」であると述べる。そして、彼は、「意識」が「客観的時間」としての「生」における誕生と死を捉え、この「客観的時間」の源泉としての「意識」の生成と展開が、肉体の生成や経過とは異なったレベルの問題であると述べる。

もちろん、「意識」における「現象」は、コルネリウスの議論に基づいたホルクハイマーの学位論文や教授資格論文が取り扱う課題であった。ただし、ホルクハイマーは、このノートにおいて、コルネリウスの言葉ではなく、大学で学ぶ以前から愛読していたアルトゥール・ショーペンハウアーの言葉を長々と引用している[34]。ちなみにその引用の長さはノート全体のおよそ半分である。したがって、ホルクハイマーは、自らの唯物論に関するこの当時の彼の立場を、彼が引用したショーペンハウアーの議論に代表させていたのであり、唯物論についての見解において、自ら指摘を付け加えるところはなにもないと考えていたようである。ちなみに、ホルクハイマーの教授資格論文において問題とされた感性と悟性に対する第三の能力や図式の曖昧さについての批判は、ショーペンハウアーの論点でもあった。

　引用内のショーペンハウアーによれば、彼の時代、すなわち十九世紀当時の俗流唯物論のような哲学は、物質（Materie）を既知のものとして、主観との関係を飛び越していた。俗流唯物論者の主張は、既存の事物の秩序が因果律に従って成り立っているという先行的理解に基づいている。ショーペンハウアーからすれば、俗流唯物論者の矛盾とは、彼らがカントの議論の枠組みにおける悟性と不可避的に結びついた「因果律」を根拠としつつも、事物を悟性的主観に依拠せずに認識しうると主張した点にあった。ホルクハイマーによるショーペンハウアーの引用によれば、「われわれは、たしかに物質を考えるように印象づけられる。しかし、実際には、物質を表象する主体にほかならないもの、物質を見る目、物質を感じる手、物質を知る悟性、これについて考えたのである」（GS11-1：20f；Schopenhauer 1892：62f.）。要するに、ショーペンハウアーにとって、そしてホルクハイマーにとっても、唯物論への批判とは、客観的なものを生ずる作用について唯物論者が説明していないという批判だったのである。ショーペンハウアーによれば、俗流唯物論者による物質、すなわち化学的基本物質という想定は、「客観的なもの」によって「客観的」な世界の説明が成り立っているという想定である。ショーペンハウアーは、俗流唯物論者が「主観」の働きについて結局なにも知りえないと考えた。それどころか、彼らはトートロジーに陥っているというのがショーペンハウアーの引用を用いた

ホルクハイマーの見解である。

　筆者から補足するが、ショーペンハウアーが以上のように因果律を重視していたのは、人が空間と時間の形式を通して、結果から原因にさかのぼり、主観的に客観的対象の表象を生ぜしめると考えたからであった。すなわち、「世界は私の表象である」というわけである。このような出発点から、ホルクハイマーがコルネリウス哲学と親和性をもったことは理解できる。レーニンは、マッハの議論も、そしてコルネリウスを含んだマッハの弟子たちの思想も、「世界は私の表象である」というショーペンハウアー哲学と同一視する。独自の「唯物論」の立場を確立した1934年のホルクハイマーは、現代哲学の問題を合理主義と非合理主義との対立であると考え、そもそも自分の依拠していた観念論を次のように批判している。「人間はその内面的本質を媒介にして、世界の根源的存在への通路と自己の行為の規範を獲得することができるという観念論の根本テーゼは現時の合理主義論争にあって一度も攻撃されていない」(GS3-6：169 = 1974：195)。1934年のホルクハイマーは、「観念論」の根本に目を向けていた。それが彼の「唯物論」であり、これは物質主義ではない。

　ところで、ショーペンハウアー哲学、あるいはコルネリウス哲学に依拠して唯物論を批判していたホルクハイマーは、レーニンによる主観的観念論の批判を、後に、彼の「史的唯物的現象学」で捉えることになる。つまり、レーニンの議論を、単なる歴史的ドキュメントではなく、現代でも意義のある素材として議論するのである。その議論は、未刊草稿において見られる。その草稿において、ホルクハイマーは、決してレーニンの議論の否定ばかりに終始するものではなかった。彼は、レーニンによる『唯物論と経験批判論』の内容に肯定できる部分も見出している[35]。ただし、ここで本書がこの議論を取り上げる意義は、あくまで、ホルクハイマーによる「観念論」から「唯物論」への移行過程の理解にあり、レーニン主義の再評価にはない。

　まず、ホルクハイマーは、レーニンの議論の基調をエンゲルスによる『フォイエルバハとドイツ古典哲学』にあると述べている。エンゲルスは、存在と思考、自然と精神との関係という哲学にとって最高の問題から、これら二つの位置づけによって哲学が大きく分かれると考えていた。観念論

は、自然に対して精神を根源的だと考え、唯物論は、自然の方こそが観念に対して根源的だと見なす[36]。また、言い換えるならば、唯物論においては、物質こそが客観的に存在し、この哲学に基づいて、個別科学は、物質からなる構造物の研究を発展させる[37]。そこで、ホルクハイマーは次のように述べている。物質の客観的実在に基づく個別科学の認識過程の絶対化は、「静態的形而上学に陥り、真理の実在の否定は相対主義的不可知論に陥る。あらゆる理論の真理は、それが認識の進歩の必然的契機を形成する限り絶対的であり、それを通してわれわれは、単なる仮象を産出するのではなく、現実の厳密な似姿に近づく」（GS11-8：176f）。しかし、もちろん、その認識過程は、やはり相対的な主張相互の緊張を孕んでいる。レーニンは述べる。あらゆる命題の整理棚は、「制限されており、知のさらなる増大が、狭かろうと広かろうと、そこに引き入れられる。あらゆる理論は、実践を通して修正に曝される」（GS11-8：176f. Lenin 1927：123）。

　ホルクハイマーによれば、レーニンは、「実践」による理論の修正という過程をそれまでの俗流唯物論者と異なったものとして理解しようとしていた。彼らは、原子構造などの物理学が世界を説明する絶対的な方法だと見なしてしまった。「これについて、レーニンは、科学的研究が、諸個人の意識を超越した相互主観的な現実性に当てはまる認識に近づくものとして妥当であらねばならず、たしかに、唯一の現実に対する唯一の認識の方途として妥当であらねばならないと述べている」（GS11-8：177）。

　ホルクハイマーによるレーニンの議論の整理によれば、レーニンは、経験批判論とマッハ哲学とを同一視していた。「経験批判論」とは、アヴェナリウスの言葉であったにも拘わらず、たしかに当時は、レーニンにおいてもホルクハイマーにおいてもマッハ哲学と同義に使用されている。レーニンは、マッハが純粋な観念論者であり、彼の哲学がバークリーの哲学の焼き直しだと考えている。マッハの議論においては、自我も、そして自我の外にあると思われる事物も、「感覚」の要素から成り立った函数である。つまり、主観も客観も同じ要素から成り立つとマッハは言うのである。ホルクハイマーによれば、レーニンは、マッハ哲学を、バークリーの哲学同様、世界の二重化の無効と考え、仮象と現実、現象と物との対置を否定している哲学だと考えている。マッハ哲学における感覚要素の連関は、「言

葉」を介して伝えられる。マッハは、この感覚の連関が一定の予期される形として、あるいは究極の事実として「言葉」を介して要約されるものと考えていた。この考えは、コルネリウス哲学における「物概念」、そしてホルクハイマーの議論にも大きく影響した。

　しかし、ホルクハイマーは、このマッハ哲学のような非唯物論的で非マルクス主義的思想が自己破綻するとレーニンが述べていることに触れ、レーニンによるマッハ哲学批判に対して同意することに躊躇していた。たしかに、レーニンがエンゲルスの議論に則って、マッハ哲学による世界の「感覚」への還元論を主観的観念論として規定したところにホルクハイマーは同意している。しかし、彼は、レーニンがマッハ哲学を独我論であるとして批判するとき、その批判が妥当ではないと考えていた。すなわち、マッハが自我と事物とを同等なものとして見ているために、彼が自我を優位に置くというレーニンによる批判が的外れだと言うのである（GS11-8：178f）[38]。

　レーニンは、「マッハとアヴェナリウスは、『要素』という些細な言葉を通して、唯物論を密かに輸入する」と述べ、このような中立的「要素」を観念論による擬似唯物論的産物であるとし、マッハが「要素」を「感覚」と見なすことが「独我論」に違いないと批判する（GS11-8：180. Lenin 1927：37. 下線強調はレーニンによる）。しかし、ホルクハイマーは、マッハの「感覚要素論」をそのような単純なものとは考えていなかった。むしろ、ホルクハイマーは、マッハ哲学が中立的な「要素」によって、自我を実体視せずに様々な事物との関係を同質に取り扱っている点、すなわち「要素」の所与性を評価している。ところが、レーニンのマッハ批判にも正当なところがあるとホルクハイマーは述べる。レーニンが、マッハ哲学が歴史の実在性とも矛盾していると述べるとき、これは正しい批判であるとホルクハイマーは考えている。すなわち、マッハ哲学における感覚要素は時間も構成しているのか、それとも感覚要素は時間のなかにあるのか、という問題である。そして、ホルクハイマーは次のように述べる。「マッハによると、[マッハも]『ただわれわれの感覚にのみ条件づけられた絶対的な時間の流れに結びつけられる』にも拘わらず、彼は、いかにして、人類史と自然史の現実を解明できるのか。中立的で、感覚と同一の世界の要素という

学説は、時間の問題から生じるその哲学の困難さを、詳細な研究にも拘わらず、解決しえなかった」(GS11-8：180f. Mach 1906：270)。

　マッハによれば、時間の流れ、すなわち歴史も、「感覚」という要素に条件づけられている。ホルクハイマーによれば、レーニンは、マッハ哲学批判によって、革命の支障となっている農民層に蔓延する宗教的神秘主義を断固として否定しようとしていた。レーニンは、マッハ哲学による歴史観を非物質的な主観的産物、あるいは宗教的で神的な主観的産物だと考える。彼は、マッハ哲学における「感覚」と違い、「感覚」や主観的産物を、歴史的な「現実」の反映だと考えていた。したがって、マッハ哲学は、レーニンの考える「現実」、すなわち社会的実践から目を逸らしているのだと彼は考える。レーニンによれば、マッハ哲学は、自らの認識活動である「哲学」のみに没頭しており、人々の社会的実践の根底にある宗教への批判的介入に関心がなく、人々の宗教信仰をそのままに許していた。レーニンは、このような考えから、マッハの思想が宗教批判と物質的変革とに基づいた革命にとって支障になると考えていた。ホルクハイマーも、マッハ哲学における宗教と学問との分離に「死滅しつつあるブルジョワ市民学者の典型」を見ている (GS11-8：182)[39]。ホルクハイマーは、マッハが「文化と経済の発展の依存性」を楽観しており、プロレタリアート独裁よりも、社会改革主義に共感をいだいていた側面を明らかにしている。そして、ホルクハイマーは、マッハが社会の階級的性格や支配的な倫理と宗教などに言及したときもなお、そのような社会的関係のなかにあって、「純粋な認識の衝動が理想的」というマッハの言葉に、レーニンの批判、すなわち社会的関係の内実に対する静観的な学問の位置づけを見ている。そのことで、マッハ哲学があからさまに、信仰に対して相対的な「信仰主義の下僕」となっているとホルクハイマーは述べている (GS11-8：182f)[40]。ホルクハイマーは、マッハが自分の思想に対する社会的影響を考慮していないことに比べれば、レーニンの論戦が革命に向けて自らの思想の与える影響力を自覚しつつ、マッハ哲学の中立的立場そのものを現実的観点から攻撃したことについて肯定的評価を与えている。

　しかし、ホルクハイマーにとっての問題は、レーニンが認識を現実の反映模写としていた点にある。レーニンは、マッハ哲学における「感覚」を

独我論的に考えていたのに対して、レーニン自身は、「感覚」を現実の模写としての認識と同義に考えた。そして、レーニンは、フォイエルバハ、マルクス、エンゲルス、はたまた新カント派やゲシュタルト心理学などの、かつてホルクハイマーも魅了された多様な哲学と個別科学の学説に取り組んでマッハ哲学を批判している。レーニンによる認識の模写論が、「まじめに哲学的に」、マッハによる感覚要素論を主観的観念論として批判するとき、ホルクハイマーは、レーニンが「マッハ哲学」の内容との対決ではなく、その社会的発生史や社会的機能を明らかにするという批判に至らないことを批判している。レーニンの著作の「哲学的まじめさ」は、レーニン自身が歴史のダイナミズムを意識化せず、観念論と唯物論との対立を静態的なものにしてしまっている、というのがホルクハイマーの批判である。ホルクハイマー・アルヒーフには、彼の私講師としての講義において、彼がレーニンについて言及するために用いたフォイエルバハからの二つの引用がある。それらは以上の批判を端的に示唆している (Schmidt 1985：423)[41]。すなわち、ホルクハイマーによれば、レーニンがマッハの主観的観念論、そして、その「信仰主義」と戦ったことは、宗教や信仰と同じ土台に載った抵抗や論駁であった。すなわち、

　　　宗教に抵抗するのではなく、宗教を超越せよ。認識は、信仰以上である。われわれが知っていることは大変少ない。この特定の少ない知識は、しかし、信仰が知より優れているという不明瞭な多くのものよりもよい (Feuerbach 1911：326. 強調はフォイエルバハによる)。

　　　哲学の使命は、信仰を論駁することではなく、それを証明することでもなく、ただそれを認識することである。もちろん、この認識は、一般に信仰から形成されるお化けのようなものの排除なくしては不可能である (Feuerbach 1911：327)。

ところで、ホルクハイマーによれば、レーニンは、そもそも従来の俗流唯物論による自然科学的認識の絶対視を批判することも意図していたにも拘わらず、結果的に、マッハ哲学の感覚要素論に対抗するために、そもそ

もの批判の対象としていた俗流唯物論的な自然科学に基づく実在の絶対性に逆戻りした。それは教条主義であり、もちろん、革命推進の論戦という現実的意味を含んでいたにせよ、実践による修正に開かれた理論としては失敗しているとホルクハイマーは考える。

また、これまでのホルクハイマーのレーニン批判を、「経験」という概念から考えてみるならば、レーニンは、「経験」を客観的実在の反映である「感覚」（カント哲学における感性的素材と同様、しかし物自体のように不可知ではない実在性を反映する）から成るものと考えていた。ホルクハイマーによれば、レーニンは、自らの反映論を擁護するあまり、「経験」の主体的で能動的な側面、すなわち社会的歴史的「実践」を見失ってしまった。レーニンは、「実践」を現実の模写論に基づいて確認しうるものへの働きかけとしか考えなかったのである。これに対して、ホルクハイマーの議論における「実践」とは、「イデオロギー批判」である。それは、批判の対象としている思想の発生と機能とを、社会的歴史的「全体」のダイナミックな流れから、自らもその全体に組み込まれていることを考慮しつつ批判する行為である[42]。すなわち、自らの「経験」の受動的な側面に能動的に働きかける「実践」である。この点については、次章において、知識社会学研究やイデオロギー批判についてのカール・マンハイムとの論争から改めて議論したい。

[註]
1) 特に参照しているコルネリウスの議論は、Cornelius 1903 および、Cornelius 1916。
2) その書は、2部に分かれている。その第1部は、「超越論的現象学」、すなわち、意識連関の一般的事実の発見やその発見に条件づけられたわれわれの「体験」の関係付けとしての「意識」の統一性の分析となっている。
3) 『超越論的体系学』第2部のコルネリウスは、ゲシュタルトとしての「意識」の統一性から、カント的な超越論的主観を再考している。ホルクハイマーも、これに対応し、個別科学にとっての前提となる「意識」と「対象」との関わり方を議論している。
4) 「直接的所与」論文の第2部は、全集編集者によって、「Ⅱ.カントの超越論哲学における多様なものの綜合に関する問題」とある。これはホルクハイマーの学位論文や教授資格論文とも重なりを見せる。この議論からⅡ―3までは、ホ

ルクハイマーの学位論文『目的論的判断力の二律背反について』の構想に該当し、Ⅱ─4の結論部が教授資格論文『理論哲学と実践哲学との間の結節環としてのカントの『判断力批判』について』の構想に関連する。
5) まったく同じ表現は、学位論文と教授資格論文の間にホルクハイマーによって書かれたコルネリウスの60歳を祝う記念の『フランクフルト新聞』の論説でも見られる（GS2-3：150）。
6)「それが示すものは、エーレンフェルスの表現による『ゲシュタルト質』による事実に見られるが、その際、歴史的に認識されるのは、それが哲学の文献での『図形的契機』（フッサール）、『基づける内容』（マイノンク）、『統一的契機』（［アロイス］リール、フッサール）の役割を演じる。ゲシュタルト質は、『超越論的体系学』によれば、特定の複数体験（複合体）の全般的性質である」（GS11-2：41）。この箇所では、言うまでもなく、前章で述べたフッサールの『論理学研究』が参照されている。
7) ホルクハイマーにとってフッサールの現象学は、ベルグソンや他の生の哲学者─ホルクハイマーは、そのような哲学者をフリートリヒ・ニーチェ、ゲオルク・ジンメル、ヴィルヘルム・ディルタイなどと考えていた─と一線を画する思想だと考えられていた。
8) I.Kant, *Kritik der reinen Vernunft*, 1.Auf., S.120.（ここで特別に本書の引用の規則を変更し、カントの著作については、オリジナル版の頁数のみを示す。『純粋理性批判』の場合、第1版と第2版の原版の頁数のみを示し、それぞれをKrV1とKrV2と略す）。
9) KrV2, S.145.
10) KrV1, S.120.
11) *Prolegomena zu einer jeden künftigen Metaphysik, die als Wissenschaft wird auftreten können*, S.190.
12) KrV1, S.348; KrV2, S.409. 続く引用はKrV1, S.345; KrV2, S.407.
13) KrV1, S.281; KrV2, S.370.
14) KrV1, S.352; KrV2, S.411.
15) KrV1, S.349; KrV2, S.407.
16) もちろん、エネルギー保存の法則はニュートンの物理学観に基づいているものの、その法則の発見そのものはニュートン自身によるものではなかった（木田2002：32-33）。補足的に述べておくと、ニュートン物理学の発展は、19世紀の産業社会の要望と関連していたとも考えられている。ホルクハイマーは、後に、カント哲学の構造と産業社会の要望に一致を見ることになる。
17) カントの引用は、*Kritik der Urteilskraft*, 2. Aufl.（1793）, S.349.
18) ちなみに、コルネリウス哲学と比べれば、ホルクハイマーにおけるベルグソン哲学からの影響の方がまだここでは有効性を保持している。すなわち、ホルクハイマーは、「現実」がベルグソンの述べるような「創造的意志」であると考え、現実の「可能態」をヘーゲルの弁証法同様に重要だと考えていることが1928年ごろのGS10-3からうかがえる。

19) ここでのフッサール解釈は、木田 1990：70-73 に依拠している。木田は、「自然主義的態度」が臆見（doxa）に基づく態度とすれば、「自然的態度」は根源的臆見（Urdoxa）であるとしている。
20) ホルクハイマーは、ここでゲオルク・エリアス・ミュラーの実験心理学を例に挙げている。この人物は、視覚的錯覚について有名な例を挙げた心理学者である。ミュラーは、心理的現象の生起、変容、消滅の法則を探求した。コルネリウス（Cornelius 1900：101ff.）も、フッサール（『論理学研究』第 1 巻）も、ミュラーの心理学については言及していた。ホルクハイマーは、ミュラー心理学についてフリートリヒ・シューマンに教示された。ホルクハイマーは、現象学の記述が心理学に影響を与えていることを、体験の現象学的還元を心理学者も用いることから指摘している。特に、心理学者ダフィット・カッツの色彩現象の研究などは、フッサールの影響を明示している（Katz 1930）。
21) ミヒール・コルトハルスによる哲学修業期の先駆的研究は、「経験」における誤謬と修正に対する開放性を論理実証主義の影響によると捉えている。しかし、筆者は、ここで論理実証主義との関係については留保しておく（Korthals 1985：319）。
22) ライナハは、シェーラーよりも日本での知名度が低いように思われる。しかし、ライナハは現象学にとってどうでもいい人物ではなかった。「現象学運動」の著者ハーバート・スピーゲルバーグによれば、34 歳で早逝したライナハは、フッサールにも大変に認められた「現象学」の理解者であった。その早い死にも拘わらず、彼は、いわゆるゲッティンゲン学団に多大な影響を残した。しかし、スピーゲルバーグによれば、ライナハの議論は、プラトン主義的な、つまり観念論的な実在論を含んでいた。ライナハの死は 1917 年であり、ホルクハイマーの口頭試問の 8 年前である。ライナハは、社会の実在性を法哲学への本質直観の適用によって裏付けようとした。スピーゲルバーグの叙述からすれば、なるほどホルクハイマーが当時の現象学への批判の対象としてライナハの名を挙げることは十分に理解できる。ライナハについてより詳しく言及することも議論を豊かにするかもしれない。しかし、ここでは、ホルクハイマーが 1930 年代になってもしばしば言及するシェーラーのみに焦点を当て、ホルクハイマーの現象学への批判をシンプルに整理したい（スピーゲルバーグ 2000：336）。
23) もちろん、ホルクハイマーの思想的背景にショーペンハウアー哲学があるという議論は、広く知られている。むしろ、本書のように、コルネリウス哲学との関連は十分明らかになっておらず、そこに本書の構成の独自性もあるのだが、ここではあらためて、ショーペンハウアーの影響が、コルネリウスとレーニンとの論争的関係から浮かび上がってくる。
24) ちなみに、そのシェーラーの属したケルン社会科学研究所の「学寮式指導体制」は、フランクフルト学派史で有名なロルフ・ヴィッガースハウスによれば次のようなものである。
「対立する世界観のそれぞれの地平から誠実にそれぞれの人格が［…］ともに

作用する」比例代表制を模したものであった。そこでは、社会政策部門に前ヴュルテンベルク州務大臣フーゴ・リンデマン、社会学部門代表にレオポルト・フォン・ヴィーゼとマックス・シェーラーとが所内を部門ごとに分け、対話的に指導していた。そこに加え、シェーラーは、当時ケルン市長であったコンラート・アデナウアーの希望によって、カトリック精神の代表者として、所内の指導的人物の一人とされた（Wiggershaus 1988：30）。

25) アドラーの師は「オーストリア・マルクス主義の父」カール・グリュンベルクである。そして、このグリュンベルクは、フランクフルト社会研究所の初代所長として招聘された。ホルクハイマーの親友フリートリヒ・ポロックは少なからずグリュンベルクに影響された。しかし、ホルクハイマーがグリュンベルクの思想に直接的に影響された痕跡は見当たらない。もちろん、社会研究所の先代所長としてのグリュンベルクから、組織運営に関して影響された面は別であると言える。ここでのホルクハイマーによるアドラーへの批判的見解は、社会研究所におけるグリュンベルク体制と彼の体制との違いを暗示している。

26) ホルクハイマーは、理論と実践とには「ずれ」があると考える。理論と実践との関係、あるいは思考内容と客観的実在との関係について、アドラーがプラグマティスト同様、一致させられるべき関係にあるというのに対して、1930年代にホルクハイマーの考える「唯物論」においては、理論と実践とが歴史の成り行きによって一致したりずれたりすることが反省的に捉えられる。次章第2項「真理と実践」において詳述する。

27) ホルクハイマーによれば、シェーラーは、実証科学を批判するのに形而上学の側から批判する。しかし、ホルクハイマーは、実証科学の意義は否定していない。ホルクハイマーは、実証科学に欠如した歴史的な生活との関係への反省（あるいは生の欠如）が、むしろ実証科学のこれからの課題であると考えていた。無機的自然に基づいた自然科学の基礎概念を実体化する実証主義哲学への批判は、実証科学そのものの放棄を要求するのではなく、むしろ実証科学の更なる展開こそを要求する、とホルクハイマーは考えている。もちろん、ホルクハイマーは、それには条件があると考えている。すなわち、自然科学、あるいは個別科学それぞれが自らの内部で問題を解決していく一方で、この個別科学それぞれの展開を歴史的社会的総体のなかの一契機として捉える理論の必要性である。「歴史的状況を反映した概念形成を堅持することに対立した、専門の分化の進展、論理学や経済学の数学化は、これらの学問領域の現在の水準に一層適合したものなのか。こうしたことを決定するためには、つまり実践の基準に従ってこうしたさまざまな問題に決着をつけるためには、単に孤立した出来事ないし出来事群に対する注意や、促進といったような一般概念による評価が必要なだけでなく、それ自体、特定の利害および課題、自らの態度決定および活動との連関のなかでのみ考えられるような、社会総体の特定の理論が必要である」。すなわち、これこそが「学際的」研究プロジェクトと結びつく「学際的唯物論」（Habermas 1986：164）と言えるであろう。つまり、個別科学相互を歴史と社会の総体を鑑みて特定していく理論である。これについてはまた後

で論じる (GS3-7：307 = 1998：148)。

28) イデオローグとしてのユンガーについては、Herf 1984 = 1991 も参照せよ。
29) ホルクハイマーは、ベルグソンがフランス帝政のイデオローグであり、科学に対して哲学を優位におこうとした点で、彼の思想の限界に批判的である。ホルクハイマーによれば、このことをわきまえた上で、もしもベルグソンが、哲学と科学との分裂を歴史的過程として考察していたならば、「ベルグソンは、単なる生の哲学者という代わりに、弁証法的思想家になっていたのかもしれない」(GS10-3：419) と述べる。
30) また、ホルクハイマーは、1926年から『薄明』のためのノートに、「マルクスとメシア信仰」と題して次のように述べている。「資本の哲学的従僕のなかでも最も愚かな者こそが、今日、マルクスとその学説をあからさまにののしる。彼らは、むしろマルクス主義の言葉を彼らのジャーゴンに取り込み、それは最新の形而上学の汚水溜めに『沈む』。やがて、マルクス主義の言葉は、『存在の根拠』や『価値の秩序』[二つともシェーラーの概念であることを編者シュミット・ネルが注記している]のような悪臭を拡げる―『完全な社会』としての社会主義が謳われ、それが耳に入るので、この概念が、マルクスにおける『無条件な真理』だと考えられてしまう。しかし、真理と言うべき事はまず、よりよい社会秩序が実現されるべき一方で、資本主義が『現実』であるという点で、よりよい社会秩序は本質的に資本主義とは異なるということである。すなわち、先ずなによりも、真理は目的である―『歴史の目的』ではなく、制限された人間の目的である！―。そして、絶対的真理、あるいはメシア信仰の神の国としての真理の形而上学的称揚は、単に安定した確実さを表現している。すなわち、社会主義的秩序は時代の目的だが、この高次の段階は、歴史的実在性として満足するものではない」(GS11-10：268f)。
31) ホルクハイマーは、ここでヘーゲルの弟子たちにおける右派と左派に対して、中間派といわれたヨハン・エドゥアルト・エルトマンの哲学史を引用して、このように主張している (GS11-4：104；Erdmann 1896：612)。
32) この言葉は、後のホルクハイマーによる『現代哲学史講義』の導入部でも引用されており、しかも、この言葉は、フリートリヒ・エンゲルスの伝記から引用されている (GS11-4：104. GS10-2：S.173. Mayer 1920：72)。
33) 「いかなる人間も、己こそあたかも歴史的諸条件から自由な主観だといった態度で自分自身や人類のことを反省することはできない。個人にはもちろんある個人的関心を度外視したり、自分の運命の成果たる個性をできるだけ排除したりすることが許されてはいるが、しかも彼の思惟の一歩一歩はすべて、特定時代＝特定社会像の特定個人の反応であることを免れない」(GS3-6：194 = 1974：216)。
34) 「わが愛慕する精神的父」、ホルクハイマーは、後に妻となる恋人ローザ・リークヘアへの書簡において、ショーペンハウアーのことをこのように表現した (GS15-2：25)。
35) この書の紹介は、そのままホルクハイマーの言葉に任せたい。「レーニンの著

作のドイツ語で企画された全集から、先ずは 8 巻『唯物論と経験批判論』が『反動的哲学者についての批判的所見』という副題とともに現わされた。ここで先ずドイツ語で翻訳された作品は、1908 年にロシアの社会主義者におけるエルンスト・マッハの信奉者たちに対する論争書として現われた。[…] そして、単にマッハとアヴェナリウスを研究するのみならず、それ以外にも無数のロシアの著述家、英語圏の哲学者、ドイツ、フランスの物理学者や心理学者をも研究している」。

　1905 年以降、ロシアでの暫定的な安定のなかで、ロシア知識人による観念論への譲歩が始まった。しかし、レーニンは、譲歩論者としてのアレクサンドル・A・ボグダーノフ、ウラディミール・A・バザーロフ、アナトリー・V・ルナチャルスキー他による経験批判論の伝道を、政治的断念や悪しき妥協の契機と認識した。「レーニンは、経験批判論、すなわちマッハ、アヴェナリウス、そしてその学派の哲学を、マルクス主義理論と矛盾するものとして、経験批判論の問題の矛盾や、常に経験批判論が革命を不可能にするその反動的帰結を露にしようとしている。彼は、以上のような目的で、政治的に差異があるにも拘わらず、哲学的に完全な唯物論者であるプレハーノフと連合し、ロシアのマルクス主義者への経験批判論による実際の影響を打ち破った包括的な書物を記している。それゆえに、もはやその書は、最も重要な歴史的ドキュメントである」(GS11-8：175f)。ちなみに、木田元は、レーニンがマッハ主義に共鳴したこともあったけれども、こんな洗練されたイデオロギーよりも、農民や労働者にとって分かりやすく大雑把な思想を必要としていたと捉える（木田 2002：20）。

36)「自然に対する精神の根源性を主張し、したがって、究極の審級においてなんらかの形の世界の創造を想定する者たちは […]、観念論の陣営を形成する。これとは違い、自然を根源的なものと見なす者たちは、唯物論の異なった学派に属す」（Engels 1962：275）。

37)「[…] 哲学的唯物論のその認知と結びついている物質の唯一の『特性』は、われわれの意識の外にある客観的実在性が存在するものとする特性である」（Lenin 1927：261f）。

38) レーニンからマッハは独我論との批判を受けるが、この批判はマッハ主義者の他の者たちはともかく、マッハ自身には当てはまらないとホルクハイマーは述べる。マッハにおいて、自我は、自然的事物の概念以上の意味をもたない。「事物と自我は均等な性質に関する仮のフィクションである」（Mach 1920：15）。「自我は根本的なものではなく、要素（感覚）である […]。要素が自我を形成している。私は、緑を感じる。このことを次のように言いたい。すなわち、緑の要素がある他の要素との複合体（感覚、記憶）に生ずるのであると。もしも、私が緑を感じることを止めるとしたら、つまり私が死ぬとしたら、要素はもはや通常営まれている社会に現存しない。それが全てを物語っている。[…] 自我は疑いのないものである」（Mach 1906：19）。

39) レーニンによれば、『反デューリング論』のエンゲルスは、「時間の概念が問題

なのではなく、現実の時間が問題なのである」と述べている（レーニン 1999（上）：236）。レーニンは、エンゲルスによるオイゲン・デューリングの批判と自らのマッハ主義批判とを重ね合わせている。時間と空間を単なる概念として、客観的実在としては認めないというマッハ主義は、デューリングがそうであったように、客観的実在性以外の「概念」を形作る主観に権利を与え、「究極の原因」である神の裏づけを得る「信仰主義」（Fideismus）に陥っていると述べる。マッハは、空間と時間が「感覚」の整理された体系であると述べている。レーニンはマッハによる「感覚」を主観のなかの要素だと考えているから、マッハの言明を独我論的と考える。しかし、たしかに、マッハは空間と時間が相対的に概念的な変化を生じると考え、客観的時間と空間の実在について否定している（レーニン 1999（上）：238）。

40) しかし、レーニンによるマッハ主義の「信仰主義」批判において、ホルクハイマーの師コルネリウスの名も挙げられるが、ホルクハイマーは、マッハの議論に「信仰主義」を確認するのに留まる（レーニン 1999（下）：222）。

41) フリートリヒ・ポロックが講義のノートを取っていたなかに見られる。Max Horkheimer Archiv: VIII 15d.

42) ただし、ホルクハイマーも認めるように、レーニンは『唯物論と経験批判論』の後に、次のような「弁証法的唯物論」の定式化をしており、それはホルクハイマーの思想にも適っている。「現実に対象を知るために、人はあらゆる対象の側面、あらゆる連関、『媒介』を把握し、研究せねばならない。われわれは、決して、完全に目的に達することはできないであろう。しかし、あらゆる側面の要求がわれわれに、欠如や硬直を警戒させる。それを第一として、第二に、弁証法的論理は、人がその発展、その『自己運動』（ヘーゲルが度々述べたような）、その変化において、考察することを要求する。... 第三に、対象の完全な「定義」において、全人類の実践は、真理の基準も、人類が必要とするものと対象との連関の実践的決定因子も引き受けるに違いない。第四に、弁証法的論理が教えてくれるのは、『抽象的な真理などない、すなわち、真理は常に具体的である』ということである」(Lenin, Noch einmal über die Gewerkschaften,die gegenwärtige Lage und die Fehler Trotzkis und Bucharins, in :Werke, Bd.32, S.85. Schmidt 1985：424）.

第3章　ホルクハイマーの社会の理論と知識社会学

　ホルクハイマーの「哲学修業期」は、彼の学位論文、教授資格論文における現象学的研究を介して、観念論と唯物論という論争に、一つの結論をもたらした。それは、哲学的内容や、論争の争点そのものに内在するよりも、その社会的歴史的背景から議論を紐解き、そこに現在の論者自身がどのように関わるのかを考える「イデオロギー批判」である。このイデオロギー批判の思想そのものがホルクハイマーの社会理論であり、彼の社会学的実践の基礎となっている。とりわけ、イデオロギー批判という側面において、カール・マンハイムの知識社会学との対決からホルクハイマーが何を主張するのかについてここで整理せねばならない。

　ホルクハイマーは、前章において論じられたような思想的変容を経て、独特の「唯物論」を展開する。筆者は、ホルクハイマーの「唯物論」を、以下の第1節において確認し、続く第2節において、彼の思想的立場がマンハイムの知識社会学とどのように異なるのかを議論し、最後に、第3節において、ホルクハイマーの「社会の理論」について帰結する。

第1節　ホルクハイマーの「唯物論」

　ホルクハイマーによると、意識哲学としての観念論に対置すべきは、唯物論のみならず、唯心論であり、これらは、ともに実在論である。ホルクハイマーにとってその対立は、19世紀のブルジョワ市民（観念論）が封建制度（唯心論）とプロレタリアート（唯物論）に対して引いた戦線と符合していた。唯心論と観念論は、ともに唯物論を否定し、「意識は物質的運動から説明できない」（GS3-5：74）と述べる。これに対して、ホルクハイマーは、「唯物論」の真価が一般的に正当に評価されていないと述べ、その真価なるものを明らかにしようとしている[1]。それが1933年の論文

「唯物論と形而上学」である[2]。以下においては、「唯物論と形而上学」を手がかりとして、ホルクハイマーの「唯物論」思想を明らかにする。

以下の第1項においては、ホルクハイマーの「唯物論」思想の概要を取りまとめ。第2項において、その思想の実践的意義についてのホルクハイマーの考えを明らかにする。

第1項　ホルクハイマーの「唯物論」

ホルクハイマーによると、唯物論が思考や行為の原因を物質に見たことへの反論として、唯心論は、原因を「生気」に置き換えていた。また、観念論は、唯物論に対抗して、原因はともかく、思考や行為を意味づける世界の全体性の形而上学を提出する（GS3-5：77）。ホルクハイマーは、このような形而上学を排除することによって、世界や「現実」の意味づけを描かないはずの唯物論における「現実」について考える。彼によると、唯物論は、科学的現実認識同様、行為の規範ではなく、行為の「素材」に関する正確な認識に留まっていた。しかし、ホルクハイマーは、形而上学における神的な現実に抵抗する唯物論も、物質的な現実というもう一つの理解の形を提供し、これら相互が世界観の対立そのものに機能していると考えた。人が「形而上学　対　唯物論」を、「普遍　対　個別」とするならば、それは、唯物論の歴史を見損なっている。たとえば、ホルクハイマーによれば、ディドロのようなフランス啓蒙主義の唯物論者は、議論の対立よりも、革命の実践に重要ならば、形而上学的と考えられる普遍的な命題をも取り入れており、ホルクハイマーにとっての「唯物論」とは、この観点に近かった。

たとえば、ヴィルヘルム・ディルタイの哲学のように、従来の形而上学を批判し、より完璧な形而上学を求めるのに比べれば、ホルクハイマーは、「唯物論」がよりよい形而上学の確立のためにではなく、時代の動向に即した実践的理論への関心から生じるものだと考えていた。したがって、彼は、形而上学が非歴史的に絶対的な普遍性を求めることに反抗するのが「唯物論」なのだと述べている。ホルクハイマーによれば、形而上学の普遍性に隠れた時代特殊な要求は、特定の時代の支配者による秩序と結びつく。そして、その時代の被支配者による反抗と、被支配者らの思想の原理

とに対峙する支配者の形而上学が転覆される「歴史」の経過を、「唯物論」は捉える。

　また、ホルクハイマーは、歴史上繰り返される形而上学的に正当化された社会像の変化を理解する以上に、この正当化行為そのものの歴史的理解に尽力するのが「唯物論」だと考えている。「もしも、いままで、たいていの人間が『倫理的』なものとしての絶対的な世界秩序を示すという大変強い欲求を抱き、その重大な決定に際して、単に怒りや同情、愛、連帯の感情にうったえるのみならず、それらを通した欲動力（Triebkräfte）を絶対的な世界秩序に関係づけるとしても、それによって、いまだ決して、この欲求の理性的な充足の可能性が証明されるわけではない」（GS3-5：83）。ここで言う形而上学的な絶対的な世界秩序は、人間の「苦悩」の解決のために必要とされている。しかし、そのような世界的秩序の理性的充足が約束されていないものの、これに対して「希望」を見出すのみであるというのがホルクハイマーの唯物論的立場であった。これに対して、「観念論は、このような希望がなにであるかを解明しようとせず、希望を合理化しようと努め、自然と社会的関係を通して強いられる欲動の断念（Triebverzicht）を聖化する（verklären）手段となるのである」（GS3-5：83）。つまり、ここで、ホルクハイマーによる「唯物論」のもう一つの側面がより明らかになる。それは、形而上学について暴露的であるばかりでなく、形而上学がなぜ求められるのかを理解するという側面である。そして、この「唯物論」の観点は、不完全な人間社会、あるいは人間の歴史の愚かな試みとして繰り返される絶対的秩序の要求をあざ笑うかのように退けるよりも、歴史的に理由のある苦悩と表裏一体となった絶対的秩序への「欲求」を理解する観点である。そして、この理解に際して、ホルクハイマーが素材とするのは、フロイト心理学を示唆する欲動（Trieb）である。ホルクハイマーによれば、カント哲学において「あらゆる希望が至福への道」であるがゆえに、希望の、そしてそのさらに背後にある欲動の断念がむしろ不幸を招いていることに立ち向かい、変革を求める哲学、それこそが「唯物論」である。

　ところで、ホルクハイマーによれば、古典古代における唯物論が哲学者当人の「内なる実践」（innere Pratiken）であり、苦しみに対する心の平

静さの獲得などを意味したのに対し、初期ブルジョワ市民社会における唯物論は、人間による自然の支配と、そのための自然認識の発展を不幸の回避と考えた。ホルクハイマーは、現代の「唯物論」が目指すべき不幸からの変革に必要なのが「社会の理論」（Theorie der Gesellschaft）であると述べる。たとえば、ホルクハイマーによれば、形而上学が歴史に一貫した、そして未来をも見通すなにか本質のようなものを見出そうとするのに対して、「唯物論」は、時代の個別性を理解するのに留まっている。「人間の存在がともに依存する社会は、比較することのできないような、絶えず構造を変える全体であり、いままでの歴史におけるそれぞれの時代において、人間の特徴の近似性は、たしかに、現代の社会的動向の理解にとって決定的な概念形成を大変よく可能にしているが、決してそれは、歴史全体の基盤を意味することを許さない」（GS3-5：85）。これは、所長就任講演や『社会研究誌』序言にも見られる「社会の理論」である。すなわち、ホルクハイマーは、社会現象における構造と、歴史現象における法則とを、形而上学的な本質とせず、これら構造や法則を認識する課題を「唯物論」に認めていたのである。

第2項　「唯物論」の実践としての「社会の理論」

　実際、ホルクハイマーは、自らが対決すべき当時の哲学界の状況について、この「唯物論」の視点を適用して見せている。彼は、俗流唯物論に始まり、カント哲学やヘーゲル哲学を確認し、マッハ、シェーラー、ベルグソンたちの哲学に至る形而上学の現代新たに生じている興隆のなかで、ブルジョワ市民的な観念論的認識主観の非歴史的非社会的浮動性をイデオロギーとして抉り出している。これは、前章のレーニンの唯物論に関する議論と符合している。しかし、ホルクハイマーは、この1933年の議論において、フロイト心理学の視点を追加している。

　すでに1926年11月26日の『哲学日記』において、ホルクハイマーはフロイト心理学について次のように述べている。「疑いなくフロイトは正しい。フロイトは、全文明を抑圧の事実と結びつけたからである」（GS11-9：256f）。しかし、ホルクハイマーによれば、フロイト学派には欠点があった。それはすなわち、「社会的なもの（das Soziale）は、従来のフロイトとそ

の学派［が見ていた］よりも大きな役割を演じている」ことに彼らが気づいていないところである（GS11-9：257）。それにも拘わらず、フロイト学派は、リビドーという自然そのものを理解できると考えていた。ホルクハイマーにとって問題は、リビドー、あるいは「欲動の断念」を強いる観念論的道徳の批判にある。観念論的道徳論は、「唯物論」における幸福の追求を快楽の追求と取り違えている。観念論において、幸福は道徳と結びついており、それは快楽を押さえ込んで成り立っている。「唯物論」においては、幸福をより上位の道徳に基づくものとせず、それを「快楽」と区別していない。それでは、その「快楽」あるいは「快」とは、ホルクハイマーにとってどういう意味のものだったのであろうか。

そこで、『薄明』のノートにおいて、ホルクハイマーは「快と不快」について次のように述べている。「より幸福な秩序、すなわち、人間性の大部分にとっての不快は余分で、ただ滑稽なほどに快の生活が当然必要であるという秩序にとっての一つの技術的可能性にも拘わらず、古くなった資本主義的社会形式が強制的に正当化される現在、もちろん、関心の所在は、快と不快との概念の意義を詳述することにはなく、この根本的関係を変える人間論を組み立てることにある」（GS11-10：272）。したがって、ホルクハイマーにとって「快と不快」についての厳密な定義があるわけではない。しかし、ホルクハイマーは次のように現象学への批判を含みつつ、彼自身の考える「本質的なもの」として「快と不快」を提示している。

> 快と不快は、人が自らについて考えうる最も間違いのない抽象物である。あらゆる精神的刺激全般がこれら快と不快のカテゴリーを通して示されるという事実は、人間の魂への決定的な視点を可能にする。［…］私が現象学者であったならば、快と不快を真に本質的なるものの存在の一例として引用する。なぜなら、実際、快と不快を通して人間における「本質的なもの」を示すことができるからである。心理学その他のあらゆる理論がこの規定の重要さを消し去ろうとする。あらゆる理論は、大きな誤解をしている（GS11-10：272）。

ホルクハイマーによれば、現象学における「本質直観」も「快への努力」

の一つであったはずにも拘わらず、失敗してしまっている。現象学者、特にシェーラーのような人物は、「現象学を単なる哲学にしてしまうほどに期待を裏切った」(GS11-10：273)。すなわち、現象学は、観念論哲学的に、高級な「道徳」への要請に至る。ホルクハイマーは、「道徳」に基づいて、特定の社会において目的に適った特定の「行為」を導きうるとしても、それは自然な秩序に基づくというより、「権威」に基づいているという議論を展開している。道徳の構造、あるいは道徳の条件である「権威」の研究こそが、ホルクハイマーの後の『権威と家族』(1936)研究であった。したがって、「快楽」とは、過分な贅沢のことではなく、「道徳」という観点から見て「下位」にあった。「道徳」は、ブルジョワ市民社会の支配的なイデオロギーとして現代社会においても残存する「権威」や「正統性」をともない、「より高度な」位置から、「快楽」的下層の人々を抑圧する。そのような「道徳」の習熟がまさに社会的階級を反映させるものだとすれば、ブルジョワ市民の正統性から隔たった下層階級にとって、ブルジョワ市民的な「道徳」は、新しく自由で独自な下層の階級文化を「快楽的下賤さ」に貶めるような「抑圧」となる。すなわち、ホルクハイマーの述べたフロイト的な「抑圧」としての「文明」であった。ブルジョワ市民的「道徳」は、ブルジョワ市民的な環境に育った人々には自然なものとして映るものであると同時に、もしも彼らが自らの社会的条件を越えて他の階級や他の社会的生活を送る人々を理解しようとするならば、その「道徳」の自然な修得が社会的条件を越えた理解にとって障壁となっているのである。

　そこで、ホルクハイマーは、現代の「唯物論」が観念論との対決という形式と、社会の経済理論という実質をもつと述べる。そして、彼は述べている。「社会と歴史の経済理論は、純粋な理論的動機からではなく、現代社会を把握するという要求から生じている。なぜなら、この社会は、ますます多くの人々を、莫大な経済力によって一般的に可能な幸福の土台から隔離するようになっているからである」(GS3-5：105)。ホルクハイマーは、「唯物論」から「よりよい現実」の表象も形成されると考えていた。したがって、ホルクハイマーによれば、「唯物論」において未来の理想像というものがないわけではなかった。それは、既存の人間の力で明らかにできる未来において可能なものという基準にしたがっている。しかし、「唯物

論」は、そのような理想像がなんらかの実在だと考えているわけではない。「歴史そのものは、闘争の総体であることをやめていない」からである（GS3-5：105）。この闘争史観に対して付随してくる疑問は、ホルクハイマーが「イデオロギー」をいかに考えていたかである。なぜなら、歴史という闘争の総体は、ルカーチにおいては階級闘争であるが、マンハイムにおいては階級の存在被拘束性であったからである[3]。前者は特定の階級に身をおいた立場であり、後者はどの階級からも距離をとっている。ホルクハイマーは、「イデオロギー」という論点において、階級社会、言い方を換えれば、何らかの基準で分化したものとして把握できる社会の闘争関係において、研究者としての自らをどのように位置づけるのであろうか。

ホルクハイマーは、マンハイムのイデオロギー論を批判した際、次のように述べ、ルカーチの立場をとることについては拒否している。

> マルクスの学説を現代の精神科学に組み込むことによって、その基本概念の意味は正反対のものになってしまっている。マルクスの学説の成果は、そもそも、経済的発展を通して条件づけられた階級関係から生じる社会的動向の統一的説明にあるはずであった。「全体性」（Totalität）あるいは全体的で絶対的な真理ではなく、特定された社会的状態の変革というのが彼の学問の意図であった。その文脈において、哲学も批判されているが、それは、古い形而上学が新しい形而上学に置き換えられるということではない（GS2-7：271 = 1975：143以下）。

ホルクハイマーの「唯物論」は、ルカーチの「全体性」概念のように、階級社会がプロレタリアート革命に至るという新しい形而上学を提供するのではなく、特定された社会的状態の変革を志向するというのである。そこで、筆者は、ホルクハイマーによるマンハイムのイデオロギー論への批判をいま少し詳しく紹介したい。それによって、ホルクハイマーが、彼の「社会の理論」を、社会学という新興の学問との関係でどのように位置づけるかが明らかになりうるからである。

第2節　社会の理論としてのイデオロギー論

　前節までの議論にしたがって、われわれは、カール・マンハイムによるイデオロギー概念を避けて通ることはできない[4]。また、ホルクハイマーの時代、この概念に言及することはアクチュアルな課題であった。マンハイムの議論を意識することは、「社会学」という学問への意識とも言いうる。とりわけ、ホルクハイマーは、マンハイムの議論をマルクスの学説の現代的受容として紹介しているものの、同時に、マンハイムの『イデオロギーとユートピア』における超党派的な「社会学的精神史」という表現を強調してもいる（GS2-7：271 = 1975：144; Mannheim 1929：32）。そして、言うまでもなく、ホルクハイマーとマンハイムとは、フランクフルト大学という共通の活躍の場を持っていたが、このことについては次章において取り上げる。

　ところで、ホルクハイマーによれば、マンハイムは、対立する相手の立場を攻撃し、私利を追求するために虚偽をもちいる従来のイデオロギー概念を「部分的イデオロギー」と定義している[5]。また、このような部分的イデオロギー概念のその場その場での意識的な虚偽の寄せ集めでは明らかにならないような、対立する立場それぞれがもつ世界観そのものを、マンハイムは、「全体的イデオロギー」と定義する。これに対して、ホルクハイマーは、人それぞれのもつ世界観、ないしは個別な世界解釈の基盤そのもののマンハイムによる探求に、「経験」に関する新しい観点が用意されていると考える。しかし、ホルクハイマーの「唯物論」は、マンハイムのイデオロギー論が、階級闘争という観点からブルジョワを批判したマルクスのイデオロギー論の発展ではなく、マルクス理論からの退歩だと批判する。マンハイムのイデオロギー論は、マルクス理論も一つの相対的な立場として、イデオロギー論から考察できると考えたからである[6]。

　これについては、第1項において議論する。さらに、ホルクハイマーは、マンハイムの議論において、「相対主義」という問題点が克服されていないことを批判する。これについて第2項において確認したい。

第1項　イデオロギーとしての「経験」

　ホルクハイマーは、「新しいイデオロギー概念か？」(1930) において次のように述べる。

　　たしかに、すべての人は、世界と生の全体をそれにふさわしく解釈するものだと主張する、つまり、それらを完結した真理と見なすことを主張するが、しかし、現実において、それらはことごとく「存在に条件づけられた」部分的見方なのだ、ともいう。このことは、これらの部分的見方がまるで根本的に相異なる対象と関係しているかのごとく理解されてはならない。[…] マンハイムによれば、このような見方の相違はむしろ、社会的立場によって異なる「思考―生活関係」のなかで、事実が経験される (erfahren) という理由に基づいている。あることを体験する仕方、つまり、ある問題の設定、ある問題の解決は、一般的に形而上学的予断、「前主知的あるいは主知的選択」を含んでおり、このような選択は、引き裂かれたわれらの現在のもつ多くの相対立する存在基盤の一つに対応しているのかもしれない (GS2-7：275 = 1975：149 以下)。

　以上のマンハイムのイデオロギー論に対するホルクハイマーによる理解によれば、「経験」とは、「前主知的あるいは主知的選択」の閉じられた体系となり、「経験」そのものが「イデオロギー」と言いうる。そのとき、いったいわれわれはいかにこの「経験」の閉じられた体系を認識し、それら体系相互を比較できるのであろうか。すなわち、マンハイムの議論において、「社会」の相対性を反映した「経験」が、相対的に論じられていたことがホルクハイマーの論点となっている。
　ホルクハイマーは、マンハイムがルカーチの「全体性」概念を手がかりに、「社会」がわれわれの存在を「部分性」として拘束するものだと捉えている。いわゆる「存在被拘束性」である。ホルクハイマーによると、マンハイムは、この「全体性」を存在者の統括とも包括的理論とも理解していない。「全体性」とは、終わることのない目標のようなもので、部分認識を関連付けて、一歩一歩視野を拡大する過程を導くものである、という

のがホルクハイマーによるマンハイムの「全体性」概念の紹介である。これをホルクハイマーは次のように捉えている。「知識社会学の目標は、精神史に基礎づけられた、つねに新たに吟味されるべき『状況報告』によって、うたかたのような確実さにからめとられている状態から、人間をますます解放し、歴史の手で人間固有の本質の生成を解明することだ」（GS2-7：276 = 1975：151）。このころのホルクハイマーは、マンハイムのみならず、シェーラー以来の知識社会学を価値自由的な「社会学」と総称し、これを「相対主義」問題を提起する学問そのものとして位置づけているようである[7]。

　ホルクハイマーは、アメリカ亡命後、ナチスの進撃がヨーロッパを震撼させる1940年、「哲学の社会的機能」という論文において、やはり以下のように論じている（GS4-3：340f = 1974：19以下）。すなわち、そもそもはギリシャの「哲学」において、ソクラテスが始めた哲学の機能とは、伝統的生活様式に疑問を抱き、これに反抗して自分がなにをしているかを知って、自分自身の運命を自分で形成することであった。そのような問いを形成する人間の「内面」をホルクハイマーはここで「理性」として、この「理性」が現実と相容れないことは現代においても続いているとする。しかし、現在、「哲学」の定義は変わってしまったとホルクハイマーは述べる。近年の「哲学」は、一つの「学科」として、特別な「科学」の一つとしての位置を狙っている。ここでホルクハイマーが暗示しているのは、社会学、とりわけシェーラーやマンハイムの知識社会学である。すなわち、ホルクハイマーは、いまや「哲学」が「科学」や「社会」の批判者ではなく、むしろそれらの従属者になっていると言っているのである。そして、今や「哲学」は、「科学」と「社会」の支配的状況から超越することができないのだと述べる。ホルクハイマーは、この「科学」と「社会」に対する「哲学」の無力という観点を、哲学的懐疑主義や哲学的ニヒリズムなどと言い表しており、まさしく知識社会学の相対主義的な存在被拘束性の論点も、彼にとってはその範疇にあった。

　しかし、ホルクハイマーは、そのような相対主義的な知識社会学こそがある種の絶対性を追求する姿勢ともなっていると述べる。すなわち、一方で、マンハイムが「存在被拘束性」を「社会学的」に分析すると言うとき、

マンハイムの観察の視点は絶対的となり、他方で、ルカーチが「社会」の真の全体性を取り戻す「主体」をプロレタリアートとして指定するとき、プロレタリアートの絶対性とともに、それを論じるルカーチの絶対性が位置づけられている。ホルクハイマーによれば、それは、絶対的な社会像を要求する人々とその像を分析しようとしていたマンハイムのそもそもの試みや、階級社会の現実に変革をもたらそうとしていたルカーチの試みを、むしろ空々しく虚偽のものにしている。

　そして、ホルクハイマーは、1930年の論文において、自分こそがマルクスの観点に忠実であろうとしている。したがって、ホルクハイマーは、マンハイムの知識社会学およびイデオロギー概念がマルクスの意図を損なっていると述べた。マルクスは、哲学を実証科学（positive Wissenschaft）と実践（Praxis）とに変えようとしていたにも拘わらず、「知識社会学は哲学的な究極目的を追求しようとする」（GS2-7 : 276 = 1975 : 152. 強調はホルクハイマーによる）。ホルクハイマーは、あらゆる形而上学から距離をおくという知識社会学の公約自体が形而上学的な人々の拠り所となることに警戒している。

　続いて、ホルクハイマーは、形而上学との関連から、マンハイムの知識社会学がディルタイの歴史哲学の試みを受け継ぐものだと議論する。やはりディルタイも、哲学が普遍妥当的な世界の本質を捉える困難さという問題意識から出発していた。「ディルタイによれば、あらゆる時代、民族、階級などにおける人間の行為や創造物は、まさに同一の人間に起因するものであり、すべての現実の人間は、その同一たる人間の本質を自己のなかにもっているというのである」（GS2-7 : 278 = 1975 : 154）。そこでディルタイは、社会学と対立し、哲学、芸術、宗教が最終的な創造原理に至ると考えていた。ディルタイは、個人の精神を考える際も、当時の心理学が要素の連関として観察して構成するような「心理」ではなく、歴史的な「精神」に至ったのであった。ホルクハイマーは、マンハイムの知識社会学においても、歴史的精神史の試みが「全体的、普遍的、動的」イデオロギー概念として取り組まれていることに言及する。マンハイムが歴史に拘束されない普遍的な人間の本質について認識できるかのように考えるという点で、ホルクハイマーは、マンハイムをディルタイの古典的観念論の後裔として

見ているのである。彼らの議論は、歴史自身が自己認識するという「全体性」の議論において同質であるとホルクハイマーは述べる。ホルクハイマーによれば、このようなマンハイムの考え方は、イデオロギー論とは相容れない。マンハイムも存在論的な信条を露わにすることによって、「神へのあこがれ」の否定、すなわち、神的なものの社会学的解体の要求を無に帰している。

　この形而上学の見せかけを覆すことができたのはマルクスだけであるとホルクハイマーは考える。「マルクスは正当にも、時代や社会を貫徹し、これらに意味を与えるような存在がありうるかのごとく信ずる確信を否定しようとしたのであった」（GS2-7：282 = 1975：160）。マンハイムの知識社会学への批判は、結局はマルクスによるヘーゲル哲学への批判へと立ち戻らざるをえなくなるとホルクハイマーは述べる。ヘーゲル哲学を批判するマルクスにとっては、人間本質ではない「人間」が考えられている。すなわち、その「人間」とは、相互に依存し合う現実的関係、内的外的自然に依存する歴史的瞬間の連続、行為し、苦悩する歴史的主体としての「人間」である。マルクスの議論における「イデオロギー」とは、経済的特権をもたない階級に対して、現実的悩みを超越するような統一的意味連関を吹聴し、不満を沈静させることであると定義される（GS2-7：282 = 1975：160）。

　ホルクハイマーによれば、歴史全体に意味を与えることなどできない。そして、歴史は、矛盾に満ちたばらばらな出来事の寄せ集めにすぎず、人間の意志から生まれたものでもなく、それゆえに統一的な意味などもたない。歴史的所与の背後で歴史を意味づけるのは哲学的虚構にすぎないとホルクハイマーは述べる。したがって、マルクスの唯物論は、哲学的虚構となる歴史の意味づけなどをせず、人間にとって無意味とも言えるばらばらな歴史的事実の集まりの不充分さをそのままにしようとする点で、「唯物論」であるとホルクハイマーは考えている。もちろん、それは、マルクスの唯物論的弁証法と比較して、ヘーゲルの弁証法が観念論的に歴史に意味づけをしたことへの反論であり、唯物論的弁証法は、その無意味な事実の集まりに対して、社会的な構造と機能を見るのである。

第2項　知識社会学の社会的機能

　ホルクハイマーが以上のマルクスの試みを実現するためには、マンハイムの知識社会学も陥った「相対主義」という批判に対していかに答えるか、という課題が残されていた。相対主義は、静態的な存在論や永遠の真理概念への懐疑を表す多くの勢力の批判から生じている。ホルクハイマーは、存在や真理の永続性が思考する主体の有限性を超えてまでも信じられるものではなくなったと述べている。ホルクハイマーによれば、存在や真理の永続性を考える際に、われわれは必ずしも科学的認識を求めているのではない。マンハイムも、自らの知識社会学が相対主義的であるという批判について、その批判自体、「永遠の真理という法廷の前では相対的なものにすぎず、それゆえ、不適当な批判」であると反論する（GS2-7 : 284 = 1975 : 163）。ホルクハイマーは、このマンハイムの見解に同意するとしても、彼の「存在被拘束性」の議論において、存在の拘束が謬見であるという視点、そしてそれが否定的意味で語られていることに疑問を呈している。なぜ、正しい洞察が「存在」に拘束されていてはいけないのか、というのがホルクハイマーの疑問である（GS2-7 : 284 = 1975 : 163 以下）[8]。ホルクハイマーによれば、マンハイムの知識社会学は、真と偽との対立を正と不正との対立に、すなわち「存在」の問題を「道徳」の問題と混同させている。そこで、ホルクハイマーは、マンハイムの議論が生の哲学と同様な相対主義に陥っていると述べる。この生の哲学とはシェーラーの哲学のことである。つまり、マンハイムも「道徳」の存在論へと陥っている、とホルクハイマーは批判したのである。

　また、ホルクハイマーは、マンハイムによるイデオロギー概念が「全体性問題」へのアプローチから始まりつつも、政治批判という長所を失ったと考える。ホルクハイマーは、イデオロギー概念が理念の支配的道具性を暴露するものであるとき、政治的理念と支配階級の立場とに対するイデオロギー概念の政治的攻撃性からの自由などは不可能だと述べる。そのようなマンハイムに対して、ホルクハイマーは、「観念論的飛躍」があると見ている。

　マンハイムによる「全体的イデオロギー概念」とは、意識全体が歴史と社会に特定されているという考え方であり、そのような特定の文脈から、

相互の立場が対立するようになるというものである。したがって、マンハイムのイデオロギー論は、ホルクハイマーによれば、独断論的に世界の宿命を結論づける理論的立場になってしまう。その際、マンハイムは、個々の人間精神を構成要素とする集合から全体について帰結するのではなく、「理念型」としての社会状況と「対応する」という意味で、全体の「ゲシュタルト」を導こうとしている。ゲシュタルト概念とは、本書においてすでに見たように、現象学的な、「ノエシス─ノエマ連関」として静態的に捉えられる傾向もあり、これに、かつてのホルクハイマーは、疑問を抱いた。いまや、彼は、たしかにゲシュタルト法則が心理学や生物学的分野において有意義であったことを認めるものの、人間の意識や歴史の「世界観体系」には当てはまらないと考えている。

　そこで、ホルクハイマーは、マンハイムによる世界観に対するゲシュタルト概念の適用を、ヘーゲル的な「民族精神」や「世界意志」、「客観的構造連関」などの悪しき復活だと見ている。結局のところ、ホルクハイマーは、マンハイムのイデオロギー分析、すなわち存在と意識との関係という議論が、外面的かつ並列的なために、決定論に陥るにすぎないと評価する。マンハイムの分析において、対立する世界観相互の闘争という議論の構成に問題はない。しかし、彼の議論によって、それらの社会集団、あるいは階級がなぜその世界観を有しているのかという点は解明できない、とホルクハイマーは述べる。したがって、マンハイムの「階級」の議論は、マルクス主義的かつ史的唯物論的にダイナミックな議論とは異なり、単なる階級イデオロギーの静態的な模写論なのである。

　ホルクハイマーは、論文「哲学の社会的機能」において、マンハイムによるイデオロギーの単なる静態的模写論を批判するため、次のような例を挙げている。たとえば、デカルト哲学においては、機械論的思考様式、とりわけ数学が重要な役割を演じている。さらに言うならば、この哲学は、数学的思考の普遍化でさえある。ホルクハイマーは、現在の視点から、たしかにデカルトの視点と相関的な一定の社会集団を発見することができると述べる。それは、中産階級である。なぜなら、彼らは、商業およびマニュファクチュアにおいて、市場競争の活動のために正確な計算に努めるため、数学の思考を必要としたからである。しかし、マンハイムのイデオロ

ギー論においては、この階級が社会の発展を通じ、社会全体を特色づけ、中産階級という枠を越えて、数学的思考様式がひろく普及するのがなぜかを説明できない (GS4-3：342f = 1974：22 以下)。以上の例から、ホルクハイマーは、このような問題が、知識社会学というよりも、歴史の包括的理論として把握されねばならないと述べる。すなわち、社会の特定集団と特定の思考様式とを関係づける際、その思考様式をその集団に特定してよいのか、あるいはその集団を越える思想の力をどのように捉えるのか、という問題がマンハイムの知識社会学では不充分だとホルクハイマーは批判している。

　また、ホルクハイマーは、マンハイムのイデオロギー論について次のような例からも批判している。すなわち、地主と農民との関係において、資本主義的経営に基づきながら、家父長制という封建社会的世界観から従属関係を築くとき、地主と農民双方が共有するその世界観は、「認識できない」イデオロギーとしてマンハイムに論じられる。ところが、ホルクハイマーは、マンハイムによるこのような考察から、「認識できない」ということを、地主と農民双方の関係の維持に必要な社会的機能として捉える。しかし、そのような把握は、マンハイムの議論には欠落していた、とホルクハイマーは批判する。ホルクハイマーによれば、マンハイムは、精神的領域における時代と意識との「ずれ」を観察するに留まっており、ここでも認識を限定する存在被拘束性について、マンハイムは有効な議論を提出していない。ホルクハイマーは、イデオロギーが存在被拘束性との関係から認識の制限を有するところに生じる「社会的機能」こそが、そもそも知識社会学に問題にされるべきだったのではないかという疑問を呈す。ホルクハイマーは、結局、マンハイムのイデオロギー論に現実の「悲惨さ」を浮き彫りにする力がないと批判している。

　そこで、さらに、ホルクハイマーは、知識社会学におけるイデオロギー論が問題化するはずの「科学」のイデオロギーも、知識社会学によって十分に説明されていないと述べる。たとえば、ホルクハイマーは、1934年の「科学と危機についての所見」のなかで、社会の危機において、イデオロギー維持のエネルギーは増大し、暴力的にイデオロギーを支える手段が強化されると述べた。そこで、ホルクハイマーは、ローマ帝国による国家

礼拝の強制とキリスト教徒迫害を、続けて例に挙げる。しかし、そのような暴力が剥き出しになっている時代においてさえも、「科学内部でイデオロギー的契機がよく現れるのは、科学が誤った判断を含んでいるという点よりも、むしろ明晰性の欠如、困惑、隠蔽する言語、問題設定、方法、研究の方向において、とりわけ科学が眼を塞いで見ようとはしない事柄においてである」(GS3-3：45 = 1998：112)。すなわち、科学の認識関心は、ある一定方向に発展していくものの、その根底が不透明なままであった。その不透明な包括的連関こそがまさに「社会」なのだとホルクハイマーは捉えている。彼が主張したいのは、科学と社会とが密接に関連しているという点である。

> 社会総体の生活過程を明らかにすることのなかには、他のことと並んで、科学やその他の学問的企ての見かけ上の恣意性のなかで貫徹している法則を暴くことが含まれている。というのも、科学も、その仕事の範囲および方向の点では、単に自分自身の意図によってだけでなく、結局のところ社会生活上の必要性によっても規定されているからである (GS3-3：46 = 1998：112以下)。

マンハイムのイデオロギー論には、思想家の世界観による相対的な存在の被拘束性が描かれるだけであるが、ホルクハイマーの議論においては、その相対性を成り立たせている自明視された全体性の分析を、分析者である自らの反省も含んで、変革の利害関心をもって暴露していく可能性が含まれていた。ホルクハイマーは、相対化された個別科学の学問的認識の「相対性」を、個別科学間の関係形成である「学際的研究プロジェクト」によって克服しようとする。彼は、相対化された認識を一定の方向の認識関心に導く「社会」の「全体性」も批判する必然性を、イデオロギーの問題から把握していたのである。

第3節　非完結的弁証法

前節において見たように、マンハイムの知識社会学は、思想を、そして

それが主張する「真理」を、社会集団に規定された「精神類型」と考える。ホルクハイマーは、マンハイムに見られる社会学的相対主義と、その相対主義を危惧する絶対主義とを、対にして議論されるべき現代的思想傾向だと考えていた。ホルクハイマー自身のイデオロギー分析からすれば、知識社会学の相対主義が機能するのは、むしろ絶対的な認識や真理の基礎づけと対になって、この基礎づけが同時になんらかの社会的構造連関を不透明にしているところにある。すなわち、ホルクハイマーは、マンハイムのイデオロギー論自体が「イデオロギー」となって社会的全体性の対立の力学に機能しているところを示す。たとえば、そのようなホルクハイマー自身のイデオロギー分析、あるいは「唯物論的弁証法」の実践は、彼の1935年の論文「真理問題について」に見ることができる[9]。ホルクハイマーは、先ず、現代も貫かれている対立である相対的真理観と絶対的真理観との対立の起源にさかのぼっている[10]。以下の第1項において、ホルクハイマーの真理観とかかわる「非完結的弁証法」を明らかにし、第2項において、そのホルクハイマーの真理観を明らかにする。

第1項　非完結的弁証法

　1935年の論文「真理問題について」において、ホルクハイマーは、絶対的真理の実在性への「懐疑」と、それに反して、主観性によって相対的真理を得ようとする「洞察」との分裂を、デカルト哲学からさらにカント哲学にも看取し、言及する。その分裂は、カント哲学において、実在するはずの「物自体」と、それに対する制限された認識可能性として見えてくる「現象」との区別となる。ホルクハイマーによれば、物自体に対する人間の知識のあり方は、結局は、絶対的真理の実在性と関連しつつも、それを認識する可能性への懐疑として、相対的真理を基礎づけていた。カント哲学も、絶対的真理の実在性への懐疑とともに、懐疑する超越論的主観性の相対的な真理性という意味では、デカルト哲学以来変わっていないのである。

　ホルクハイマーは、以上のように、封建的な神学や宗教に基づく絶対的真理観と、自然科学的認識によって絶対的真理を反駁するブルジョワ市民社会成立当初の相対的真理観とに対立関係があるものと見ていた。しか

し、ホルクハイマーによれば、一般に、真理が主観的で相対的なものになり、真理が「絶対性」から解放されたとき、むしろ絶対的真理の希求や渇望が増大する。相対的な真理、すなわち主観性に真理があるという立場は、ブルジョワ市民社会の経済的競争原理を発展させつつ、同時に、既存の封建的権威としての絶対的真理から相対的真理を解放させようとして、むしろ経済体制のメカニズムに依拠するようになっていった。ホルクハイマーは、このような絶対的真理と相対的真理との対立が虚偽の分裂であると述べている。ホルクハイマーによれば、相対的真理、あるいは主観的な真理とは、認識能力の制限への反省、すなわち叡智的な物自体の不可知ばかりでなく、認識しうる眼前の有用な自然界の物質を支配する力を有する主体的行為能力も意味している。このブルジョワ市民的相対的真理は、産業社会において分業化された専門機関や個別科学の発展を招いた。

　ホルクハイマーによれば、認識力の制約と絶対的真理の懐疑に基づいて主体的に物質を支配しようとしていたこの主観的な真理は、自然界の物質に対する全体的な計画に基づいているのではない。この主観的な真理は、個人や集団、最大でも国民という規模で有益な対象を支配しようとしながらも、実際には、集団どうしの制限された視野に基づいて全体を省みることができないために、全体的な「闘争の布置状況」に支配されている。そこで、主観的な真理の予測不可能な力が「運命」と考えられるようになる。相対的真理に基づくこの状況は、ブルジョワ市民社会以降、現代にも通じるが、ホルクハイマーによると、このような状況における人々は、状況を運命として、もはやその状況を実践的に変えることを諦め、この運命に自らを適合させて意味づけようと欲するようになる。「動揺と絶えざる圧迫を生み出すこの社会の内的メカニズムが、意識に明瞭にのぼらないこと、そのメカニズムが、変革をめざす実践の対象としてでなく、必然的なもの、永続的なものとして甘受されること、このことが、この時代の歴史を一貫する形而上学的欲求の前提をなしている」(GS3-7：283f = 1998：123)。社会のあり方の一時性を信じず、永続性を信じようとする願望の例として、ホルクハイマーは、自らもかつては熱心に研究していたフッサール哲学の「本質直観」やベルグソン哲学の「直観」を例示する。

　ホルクハイマーは、以上の問題を、「真理」が動揺する「近代」という

社会的状況の一つの局面にすぎないと考えていた。ホルクハイマーによると、相対的真理に基づいて絶対的真理を求めるという状況の根本は、「抽象的で物象化された個人という概念」にある（GS3-7：284f = 1998：124）。ホルクハイマーは、相対的真理と絶対的真理、あるいは主観的真理と客観的真理という対立について、ヘーゲルの弁証法哲学の有効性を確認する。ヘーゲルの「弁証法」においては、制限された部分的な真理が否定されるのではなく、全体的な真理の体系に受け容れられる。「部分的真理にこのように絶えず批判的な制限と修正を加えること、まさにそのことを通じて、この制限と修正そのものが、部分的真理の具体的な概念として、制限された洞察のもつ限界および連関についての知として、成立するのである」（GS3-7：285 = 1998：125）。

　ホルクハイマーは、ヘーゲルが主観的真理を押しつける懐疑論に対置した限定的否定概念を取り上げる。ヘーゲルの「弁証法」は、限定的な主観的真理相互の並列や取り換えではなく、それらの関与全体を叙述しようとする。そのような思想は、無駄な局面がなく、否定された真理も認識の前進にとって不可欠な契機の一つとなり、言わば生命の通った方法の形式だとホルクハイマーは考える。「ヘーゲルによって真なるものが全体とされるとき、この全体は、諸部分がそれらの一定した構造のなかで多様なままのなにかではなく、すべての制限された表象を、それが制限されていることを意識するという仕方で、そのつどそれ自身のうちに含みこむ思考過程の総体である」（GS3-7：286 = 1998：126）。したがって、ホルクハイマーは、カント哲学における概念的思考によって、認識の専門家とそうでない人々、そして認識なるものと日常実践とが隔てられていたことに対しても、ヘーゲルの方法によれば、哲学者のみが真相を知るというのが独断論であるとして歯止めをかけられていた、と述べる。そして、それは、「弁証法的方法」として、次のようにも言い表されている。「弁証法的方法は彼を速やかに、そうした哲学の業の偏狭さを悟り、絶対的で永遠的であるかのように装うものを、発展のなか、流動のなかで見ることに導いたのである」（GS3-7：287 = 1998：127）。

　しかし、ホルクハイマーは、ヘーゲル自身の観点も経験的なもの（Empirie）として規定されることが、ヘーゲルによって忘れられている

ことを批判していた。ホルクハイマーによれば、ヘーゲルの弁証法哲学における「体系」は、悲惨な境遇の個人も全体性に位置づけられ安寧すると考え、永遠の意味の観想という帰結を導いている。ホルクハイマーは、ヘーゲルの「弁証法」のこのようなところを、独断論的形而上学の素朴な特徴だと考えていた。ホルクハイマーは、現在の状態を結果から見て、かつてあった対立が止揚されているとしたヘーゲル哲学を、ヘーゲル自身がその社会的歴史的対立の存続に身を置かず、対立相互の立場を相対的なまま容認するブルジョワ市民的相対主義の一つだと考えた。ホルクハイマーによれば、ヘーゲルの相対主義は、王政復古とプロレタリアートの運動との二局分化に対して距離を置く姿勢であり、結局、個人主義的な懐疑主義によるさまざまな見方の否定と同じく、さまざまな見方に対する寛容としての個人の独断だと考えられる。そこで、「真なるものが全体である」というヘーゲルの主張は、現状の権力の肯定であり、結局はその社会のなんらかの立場に加担しているとホルクハイマーは考えた。しかし、また、そのような加担がさらに非難されるべきかどうかについては、ホルクハイマーは疑問を抱いていた。ヘーゲルの立場を相対化することで非難するのも、また真なる全体を求める態度だからである。問題は、「完結した全体」から浮動した位置ではなく、「全体」に組み込まれているがゆえに、「全体」を叙述しようとすることの「未完結さ」である。

　ここで、ホルクハイマーは、「唯物論」とはなにかをあらためて問うている。ホルクハイマーは、ヘーゲルの観念論的な弁証法の克服にとって、唯物論的に弁証法を重視する。まさにそれは、非完結的な弁証法として捉えられている。ホルクハイマーは、支配的な社会的歴史的状況を、制約され、過ぎ去ったものとして把握することを、その状況の「止揚」や「克服」といった観念的な歴史の解決と同一視すべきではないと考えている。ホルクハイマーは、概念と存在との同一性を肯定し、「精神」という媒体をもちだすヘーゲルの観念論に対して、マルクス的に、「唯物論は、客観的実在は人間の思考と同一ではなく、決して人間の思考に解消されえない、と主張する」（GS3-7：292 = 1998：132）。

　ホルクハイマーは、真理が認識と対象との一致であるという模写論に依拠せず、その一致が人間の活動、すなわちマルクスの捉えたような「実践」

によって生じていることを重視する。彼は、この点においてフッサールの議論にも不満を表明しつつも、ここでは取り扱わないとしている。しかし、この点は、彼が教授資格論文の口頭試問において明らかにしていたところである。すでに本書は、「経験」というトポスにおいて、カント哲学という基礎を介し、フッサールの現象学の「経験」からマルクスの「実践」へと至るホルクハイマーの思想の経緯を明らかにしている。

すでに見たように、フッサール現象学経由のシェーラーの議論には、本来は調和された世界の秩序が現状において乱れているという危機感が見られる。これに対して、ホルクハイマーは述べる。「しかしその理論や説が内包していて、現在が悪いという主張の拠り所となる、より良い秩序のイメージ、その理論や説に内在する人間とその可能性についての観念は、歴史的闘争の経過のなかで規定され、修正され、確証される」(GS3-7：294 = 1998：134)。そして、ホルクハイマーは、ある理論が内容的に同じものを別の思想と共有していても、歴史的に異なった時代、異なった社会にあって、異なった意味を提供すると考えている。したがって、理論ないし知識の価値や意味は、ア・プリオリに判定できるものではない。ホルクハイマーは、理論や知識を生成する認識主観や、それに価値や意味を賦与する実践主体が社会と歴史の変化に関係なく独立しているという考え方を「物神化」であるとしている。しかし、たしかに、この物神化された「主体」は、人々が認識と実践の際に拠って立つ根拠となりうる。この永遠不変に完結した「主体」のあり方さえも、歴史的に流動化させようとする「非完結的弁証法」とは、観念論的な「弁証法」が求めた「主体」に宿る「精神」による歴史を、生産力や生産手段に解体された「人間」の「経験」、あるいは「社会」による歴史として読み解こうとするものなのである。ホルクハイマーは、ヘーゲルの「弁証法」について次のようにも述べている。「ヘーゲルの完結的な形而上学は、将来の歴史の進行のなかでなされる、通用している概念構造を変化させる決定的な経験(Erfahrung)を排除する」(GS3-7：310 = 1998：167)。しかし、ホルクハイマーは、ヘーゲル自身が『精神現象学』のなかで、「弁証法」のことを「意識をつくりあげる経験についての学問」としたが、これは、「経験」(そして意識)を「生産」から捉えた「実践」という論点を用意した「唯物論」こそが果たしえたのだと考

えた。

　ホルクハイマーの「非完結的弁証法」は、以上のように、認識と実践とを歴史的に規定された「主体」の生じる「経験」から読み解き、「真理」のあり方についても歴史的に相対的なものとする。ホルクハイマーによれば、この「非完結的弁証法」の立場をとる唯物論者は、相手の立場の克服しえない主観的（そしてその主観の歴史的社会的）相対性を宣告することも、超歴史的で、不可能な基準に則っていると見る。彼は、相対的真理を「人間的真理」としているが、そのような真理は、永遠不変の神による真理の前では、たしかに劣ったものとされる。しかし、ホルクハイマーは、人間的真理というものが歴史における誤謬と修正の繰り返しである限り、ある時代に「真理」とされたものが後に偽となったとしても、歴史的に意味のある「偽」だと考える。すなわち、「真理」を表現する学問の言葉や手段、そしてその学問の目指す対象が歴史的に過去の遺物となったとき、それらは、現在にとって全く無意味な「偽」ではないとホルクハイマーは考える。そして、それは、神的な真理にとって下位のものとして扱われるものでもなく、確かに歴史的に「相対的」な真理であり、この意味でホルクハイマーにとって「相対的」という言葉は、人間を超越した絶対的真理に到達しえない人間の諦観から生じる虚無感としての「相対的」という意味ではなく、むしろ、歴史を介して異なった真理のあり方に関わろうとする意欲を意味している。したがって、ホルクハイマーは次のように述べている。「認識の過程は、経験や理解と同じほど、現実の歴史的な意志や行為を含んでいる。経験と理解は、現実の歴史的な意志と行為がなければ、まったく前に進むことができない」（GS3-7：296 = 1998：137）。

　自らのところで弁証法における批判と規定の前進が終わるという「完結した弁証法」の独我論的錯覚を克服しようとする者ならば、自らの認識にきわめて懐疑的にならねばならない。しかし、ホルクハイマーは、むしろ自らの認識を積極的に肯定し、自らと対決する思想を批判する「確信」も必要だと述べる。ホルクハイマーによる唯物論的な「非完結的弁証法」は、歴史に媒介された概念と対象との関係を重視している。この立場は、前進する認識過程の運動形式を対象とし、確固とした体系やカテゴリーの崩壊と構造変動、人間の実践一般の契機となる全ての精神的協働も対象に含

む。それは、自らの認識に対する「確信」がなければ、異なった認識と対話的に、あるいは論争的に得るところがないということを意味している。これらのことを定式化するならば、自らの確信する認識を変容させる用意はあるものの、一旦は他の認識に対して決して譲らない態度は、相互の認識をみのり豊かに変容させうる「対話」の可能性である。

　ホルクハイマーは、フッサール現象学のような「厳密な学」なるものが目指した非歴史的な真理の在り方とは異なる歴史的な真理の在り方がありうると述べている。彼は、そのような真理が相対的で個別な主観的真理の合計ではないとする。真なるものは、社会的生活が様々な文化領域でもつ構造と傾向であり、ホルクハイマーは、その構造や傾向の歴史的生起を捉えうる理論が必要だと考えていた。様々な文化領域や、それについての様々な学問的認識は、総計されれば社会的生活の構造と傾向を歴史的に解明するわけではない。必要なのは、様々な文化領域を対話的に解明し、そのために、互いの学問領域や、その学問を専攻する学者が自己を認識し、自己の弱点を突き詰める関係であった。そこに、互いを貫く歴史的に見出される構造と傾向が、共にその歴史的生起についての学問的討究に向かわせる成果を、ホルクハイマーは、決して楽観的にではなく、「確信」していたのである。

第2項　真理と実践

　ホルクハイマーは、やはり論文「真理問題について」において、「真理」について「有用性」という観点から議論し、そのことで、「真理」を説く学者たち自身の社会に関わる「実践」について考えている。

　ここでホルクハイマーは、「有用性」と関わる哲学の事例をいくつか挙げる。たとえば、古代ギリシャ哲学の一つエピクロス哲学において、医者の学識が「善い」のは、それが健康を求めるからであり、学識そのものに価値はなかった。すなわち、エピクロス哲学は、学識そのものではなく、「有用性」、すなわち「善い」ということが真理の追求を導き、上位にあるのだという見解を有していた。あるいは、ホルクハイマーは、ニーチェの思想において、真理の基準が力の感情の高揚にあって、真理はやはり人間の存在にとって有用であるという捉え方に言及している。ニーチェは、自

らの、存在の条件を不正確にしか知らないわれわれ人間が、結局、成果にのみ基づいて真偽を決すると述べる。そして、ホルクハイマーは、ここからプラグマティズムを問題とするのである。

　プラグマティズムとは、アメリカのウィリアム・ジェイムズやジョン・デューイなどに代表される哲学である。ホルクハイマーによれば、プラグマティズムが「真理」の価値を決定するのは、道具的な「理論」によって導かれる実践的な「成果」に依拠している。そして、ホルクハイマーは、ジェイムズもデューイも、「真理」は複数形であっても、「善い成果」がそのような「真理」の相対性に決着をつけると考えている。ホルクハイマーによれば、プラグマティズム的真理概念とは、「善い成果」をその基準としているために、排他的な現存の世界への限りない信頼に基づいた態度に補完されている—エスノセントリズムの問題を孕んでいる—。したがって、既存の社会秩序を疑い、根本的に批判的な言及をするのではなく、既存の秩序に基づいて、安全な形で変化を肯定するプラグマティズムの真理観は、たとえば、フランスにおけるコントの実証主義とベルグソンの形而上学との関係のように、異なる真理観の対立という様相を見せながら、互いに既存の社会秩序に信頼を寄せ、その秩序を聖化する点で一致するとホルクハイマーは考えている。

　また、ホルクハイマーによれば、ある観点の人々は、経験や観察、あるいは論理的推論に基づいたものが真理の証明としての「実証」だと考える。そして「実証」されたものは人の役に立つというのである。そこで次に問題となるのは、科学と人間とが並行して進歩するというコント的な実証主義的社会進化の理念である。ホルクハイマーは、「実証」概念に対して、それが人々に社会進化を楽観させ、学問的な努力によって「必ず」社会的に有意義な結果を生じると信じさせる点では否定的である。しかし、彼は、実証概念がそもそも経験と実践では近づくことができないはずの超越的な神の天啓のごとき真理の神秘主義に、経験と実践をもって立ち向う武器として考えられていた点で、「実証」の可能性に期待している。それゆえに、ホルクハイマーは、社会進化論に寄与する実証「主義」にではなく、認識の社会批判的可能性としての「実証」には肯定的である。

　したがって、ホルクハイマーは、マルクスが「実証」した歴史法則のよ

うなものが、人間の運命としてではなく、人間が努力して抗い、阻止「すべき」ものとしてマルクスに批判的に描かれていたと述べる。「歴史の経過によって実証されたこの理論は、単に理論としてだけでなく、解放をめざす実践の契機としても考えられており、人間が危機に面してかなり焦燥に駆られたことに結びついていた」(GS3-7 : 304 = 1998 : 144)。すなわち、ホルクハイマーは、プラグマティズムの「実証」と、マルクス主義の「実証」とに共通する点を、「経験に裏づけられた理論」という現実的努力であるとし、それが誤謬の発見とその修正に向けて社会と歴史の全体を見直す過程であると考える。

とはいえ、「真と認識したものへの揺るぎなき忠誠は、新たな課題と状況、それに対応した思考の集中に対する開かれた態度と同じくらい、理論の進歩を促す一契機なのである」(GS3-7 : 304 = 1998 : 144 以下)。したがって、ホルクハイマーは、ある真理を信じつつも、誤謬の発見と修正に開かれた過程を求めている。そういう過程においては、自らの真理観が反駁されたとしても、その全てに失望してはならないと彼は述べる。「歴史的に前進しようとする集団の場合、活動の方向・内容と理論との連関、したがってまた成功と理論との連関は、単なる権力の代理人の場合よりも緊密である」(GS3-7 : 304f = 1998 : 145)。ホルクハイマーは、後者の「権力の代理人」となる場合、理論は彼らの「機械的な手段」になると述べている。しかし、このような「理論」は道具と同義で、これに比べて、前者の歴史的前進を求める集団は、自らの存在をかけて「理論」と連関している。すなわち、自らの真理観が成果を得たかどうかということで歴史を見ることは、結局は権力の成果と真理の成果とを同義と見なしていることなのであり、ホルクハイマーは、そうではなくて、真理は歴史的変化の契機となるようなものだと考えていた。

ここでホルクハイマーは、歴史的変化の一契機としての真理という問題を、マルクス主義者の「実践」の問題と考え、マルクス主義者にもプラグマティストと近い定式化をする人物がいると述べる。それは、マックス・アドラーである。アドラーは、社会理論とは役立つ実践の概括にすぎないと考えていた。これに対して、ホルクハイマーは、理論と実践に「ずれ」があると考えていた。理論と実践との関係、あるいは思考内容と客観的実

在との関係について、アドラーがプラグマティスト同様、それらが一致させられるべき関係にあると主張するのに対して、ホルクハイマーは、自らの「唯物論」においては、理論と実践とが歴史の成り行きによって一致したりずれたりすると考える。もちろん、「ずれ」があるがゆえに、理論は、「イデオロギー」として機能するのである。ホルクハイマーは、すでに本書においても言及しシェーラーによるプラグマティズム批判を引き合いに出している。

　シェーラーは、プラグマティストが実証科学の目的を実際上の事柄の支配として捉えていると考えていた。そして、シェーラーは、プラグマティズムによる実証科学の過大評価を批判している。ホルクハイマーによれば、シェーラーのプラグマティズムへの批判は、プラグマティズムが実証科学のような無機的自然を対象とする科学を「実践的」研究のモデルとして、人間の内面や社会を機械論的認識総体として扱おうと志向していた点にある。しかし、ホルクハイマーは、シェーラーがプラグマティズムを実証科学と同一視し、実証科学における生の欠如を批判したのみで、彼が「実践」について捉えきれていないと見る。すなわち、ホルクハイマーからすれば、シェーラーは、実証科学を批判するのに形而上学の側から批判していたにすぎない。

　しかし、ホルクハイマーは、実証科学自体の意義を否定していない。ただし、実証科学に欠如した歴史的な生活との関係への反省（あるいは生の欠如）がむしろ実証科学の「これからの課題」だと彼は考えている。無機的自然に基づいた自然科学の根本概念を実体化している実証主義哲学への批判は、実証という実践そのものの放棄を要求するのではなく、むしろ「実証」という実践の更なる展開こそを要求するのだとホルクハイマーは考える。もちろん、ホルクハイマーは、それには条件があると考えていた。すなわち、自然科学、あるいは個別科学それぞれが自らの内部で問題を解決していく一方で、この個別科学それぞれの展開を歴史的社会的総体の変化の一契機として捉える理論の必要性である。すなわち、これこそが「学際的」研究プロジェクトと結びつく「学際的唯物論」（ハーバーマスがこのように表現した。Habermas 1986: 164）と言えるであろう。つまり、個別科学相互が歴史と社会の総体を鑑みて自らを特定していく理論である。

ところで、すでに述べたように、シェーラーは、古いブルジョワ市民の哲学を古典的な観念論の系譜に、そして新しい実証科学をプロレタリアートの学問として想定し、自らの「生の哲学」を第三の階級と結びつける両面批判に至った。ホルクハイマーによれば、それは自らの立場を正当化する固定化した弁別である。これに対して、ホルクハイマーは、「非完結的弁証法」における「実証」概念の意義を考える。彼は、「実証」概念が一定の真理の決着を「未完結の」歴史過程に依存させるような概念だと述べている。「実証」とは、理論と実践との相互作用のみから、「単に誤りを正すという意味でのみ当てはまるものではない。歴史・社会・進歩・科学などのカテゴリーも、時代につれて、それらの機能の変化を経験する (erfahren)」(GS3-7：310 = 1998：150)。すなわち、理論と実践そのものが、安逸に、「歴史、社会、進歩、科学」といった不変のカテゴリーを前提として累積的に発展するものではなく、これらカテゴリーそのものも、時代に応じた機能を有していることを、理論と実践は踏まえねばならない。そうすると、「実証」とは誤謬と修正である、と言うのも、ホルクハイマーによれば、理論と実践の直線的な進歩関係や、累積をイメージすることはできない。したがって、それらのカテゴリーは自立的実在ではなく、社会的葛藤と自然の克服から生じ、現実そのものとは一致することのない認識の全体を構成する一契機である。ホルクハイマーは、「弁証法」そのものもそのような契機、あるいは努力として見ている。「弁証法」とは、認識方法としても、実践原則としても、現実との関係において「未完結」なものである。すなわち、認識はどこまでも正確な現実の模写を目指し、実践はどこまでも現実に即して営まれようとするが、弁証法は、このような認識方法と実践原則の「真髄」(Inbegriff) となる。

　したがって、ホルクハイマーは、彼の（ヘーゲルの「弁証法」も歴史的に相対化した）「弁証法」の「真髄」を次のようにまとめる。

　　たとえ多面的ではあっても排他的であるあらゆる規定的判断を、主体と客体との変化、および両者の関係の変化を意識しながら相対化すること（このことは、観念論では絶対的なものを前提することに基づいて、唯物論では経験の前進に基づいて行われる）。徴表を並置する

のではなく、特定の客体と矛盾すること、客体を正しく把握するには、むしろ客体を反対の特性にも関連させるだけでなく、最終的には認識の体系全体に関連させる必要があることを立証すべく努めること（GS3-7：310f = 1998：151）。

ホルクハイマーによるこのような「弁証法」の真髄は、「理論」を支配している構造原理や実践的傾向との関係を保って、理論的認識の総体的関連のなかで、その理論が「真である」とされていることを理解する必要性である。このような「弁証法」の叙述は、立場の決定的選択である「あれかこれか」として閉じられるものではない。むしろ、「あれもこれも」の結びつきを求めて、「未完結な現実」同様、完結せずに開放されている。ホルクハイマーの議論において、その非完結性は、「総体」あるいは「全体性」という概念が弁証法において果たす機能なのである。

このころのホルクハイマーの思想は、終わりのない歴史過程、そして捉えきれない現実総体において、それでもその「非完結」を見落として独断に陥らない反省を含みつつも、ある程度の現実像の提供に挑戦するものであった。したがって、ホルクハイマーの思想内容は、ここで取り上げている真理論のような普遍的部分と同時に、その論証過程の多くは、彼自身の個別な歴史的社会的位置についての自覚に基づいている。彼は、あっさりと、「非完結的弁証法」が抽象的な原則論に過ぎないとも述べている。たしかに弁証法の論理は、個別な研究の具体的対象において展開されるが、具体的な対象との関与は時代とともに移ろい、後世には意味を成さないかもしれない。

ホルクハイマーは述べている。「諸々のカテゴリーが社会の分析から得られ、社会の叙述のなかである役割を演じている以上、社会構造の変化とともにカテゴリーの意味も変化するであろう」（GS3-7：312 = 1998：153）。このことについて、ホルクハイマーは次のようにも述べる。「社会的法則性、因果性、必然性、科学等々の、どちらかといえば形式的なカテゴリーも、価値、価格、利益、階級、家族、国家等々の、どちらかといえば実質的なカテゴリーも、ある新しい状態に対応した理論的形成物のなかでは別の様相を帯びてくる」（GS3-7：313 = 1998：154）。すなわち、ホルクハイマー

が分析し叙述すべき「社会」の変化とは、その分析と叙述自体が歴史的形成物としてより新しい時代のパースペクティブにさらされることとなる。その際、歴史家が歴史的構成物として可変的なものとして通常用い、読者一般もそのようなものとして理解しやすいものを、ホルクハイマーは「実質的カテゴリー」として捉えている。すなわち、価値、価格、利益、階級、家族、国家のようなものである。しかし、得てして、研究者は、社会的法則性、因果性、必然性、科学などの諸概念を、普遍的、すなわち地域と時代に拘わりなく、同質に研究者の共同体で用いる概念だということを想定している。ホルクハイマーは、これら概念も、そして研究者も、時代につれ、時代とともに変化することを確認している。このような確認は、異なった時代の理解不可能性としての相対化ではない。研究者の分析、研究者の叙述、そして研究者の存在そのものが歴史的であることを、彼は読者に警戒させるメッセージを送っている。すなわち、ホルクハイマーは、自らが歴史的研究を実践しつつ、後の研究者が彼の研究を受容する際——これはすなわち筆者も含まれているのだが——、ホルクハイマーが取り組んだ対象をその研究者の現在のパースペクティブから検証させ、同時に、ホルクハイマーの研究テクストそのものを新しい時代から捉えなおさせようとしているのである。

　さらにホルクハイマーの思想に基づいて、確認しておくべきことは、「社会的背景」（あるいはコンテクストと言うべきか）を捉える際の時代の静態的叙述と歴史的ダイナミズムとの関係についてである。ホルクハイマーは、社会的生活と関連する思想の具体的動向や、研究上のカテゴリー形成、分類体系について歴史的に研究することが文化史や科学史という領域で実践されうると理解している。彼は、研究者の位置を普遍化させる観点に反駁しているのだが、もっとも、そのような批判的研究は、実際には、歴史の「変動」ということを重視するために、議論上、かつての科学的成果に対してなんら依拠する地点がないと言っていたのではない。むしろ、ホルクハイマーは、ある一定の時代の静的で完結した構造も認め、その時代の論理的分析を受容し、その時代の葛藤や緊張を理解することが必要だと考える[11]。ホルクハイマーは、普遍的本質を求めるような伝統的な学問の論理を批判するものの、そのような普遍的本質に対する現象の研究を、歴史

的変化の観点から捉えることで再び自らの議論に取り入れる。

　したがって、ホルクハイマーは、研究者の論理の累積や信頼する「真理」の形、運動、進歩を否定し、研究実践そのものを、歴史的ダイナミズムとしての「真理」の必要条件だと考えていた（GS3-7：316 = 1998：157）。その意味で、研究実践は、有用な知識の追求でもなく、学問共同体の累積的事業でもない。彼の研究実践は、実用的、あるいは学問的認識関心と関与しながらも、それらにとらわれ過ぎることのないように警戒する。それは、歴史と社会の変化を認識し、促進する「真理」へのコミットメントなのである。

　最後に、ホルクハイマー自身の真理観を集約するような言明を引き出すならば、それは、彼自身が引用したニーチェの言葉にあるだろう。

　　　ニーチェは、偉大な真理が「欲するのは、批判されることであって、崇拝されることではない」といっている。このことは真理一般に当てはまる。ニーチェは次のように言い添えることもできただろう。すなわち、批判には否定的、懐疑的契機だけでなく、真なるものを没落に任せず、たとえいつの日か消滅しようとも、真なるものはあくまでも適用し続ける内面の独立も同じくらい必要である、と（GS3-7：319 = 1998：15）。

[註]
1) ここでは、ホルクハイマー自身が考える唯物論を「唯物論」とし、彼が歴史的に考察する様々な唯物論を括弧なしで表記した。
2) ホルクハイマーは、唯物論への批判の、観念論的、あるいは唯心論的例証を次々と挙げる。彼は、たとえば、ドイツの生理学者エミール・デュ・ボア・レーモンによるカール・フォークトの議論への批判、すなわち、精神と脳との関係による反論の非妥当性をうったえた1886年の批判を取り上げる。次に、新カント派の一人であり、思考心理学のオスヴァルト・キュルペの1923年の批判を取り上げる。キュルペは、哲学の使命を世界観の学問的形成や、あらゆる学問の前提についての探求、新しい個別科学の準備であるとした人物である。このキュルペは、唯物論が心理学の扱う領域をただの現象とするとき、その現象がいついかにして生じうるかを明らかにはしないと批判した。ホルクハイマーはウルリヒ・ベッヒャーの批判も取り上げる。ベッヒャーは、観念学（Idealwissenschaften）と現実学（Realwissenschaften）とを分け、現実学を

自然科学と精神科学に分け、精神科学を心理学と文化学とした人物だが、その心理学は自然における魂の発見を志向する形而上学的なものであった。彼による 1925 年の唯物論への反論は、脳の機能によって喜びのような感情が生じることは確かでも、それは喜びそのものではなく、喜びとはなにかを問えない、という反論である。新カント派の西南学派の始祖ヴィルヘルム・ヴィンデルバントは、1923 年の議論で唯物論が直接的体験に心理的リアリティーと物理的リアリティーとの区別を徐々に強いるものとして考えられないものだと批判し、心理学主義者のヴィルヘルム・イェルザレムの 1923 年の議論は、心理的事象が物質とは異なるものであり、唯物論の立場では事実に関して答えになっていないと批判する。『倫理学』で有名なニコライ・ハルトマンは、彼の 1921 年の議論によって、神経が意識になる過程を理論が証明できないと主張している。1930 年には、オーストリア・マルクス主義のマックス・アドラーのように、物質的運動として思考を理解することが思考不可能であり、唯物論も一元論ではなく、なにか精神的なものと物質的なものの二元論を他の形で継続していると論じた。また、カール・ヤスパースは、1932 年の言明において、自然を無と同一視し、自然に還元する唯物論が認識過程という非自然を説明できないとする。批判的経験主義のエーリヒ・アディッケスは、1921 年に唯物論を軽く問題外のものとしている（GS3-5：74-76）。

3) マンハイムとルカーチとの関係について、一般的によく知られているように、ハンガリー出身のこの二人の知識人は、ともに「日曜サークル」という集まりにおいて一種の師弟関係にあった（ルカーチが師）。しかし、ルカーチの共産党入党が二人の決定的確執を成している。ルカーチによる思想党派の「決断」とマンハイムによるイデオロギー的鳥瞰との対決は、二人の対立を要約しており、本章において議論される「イデオロギー」とも無縁ではないと考えられる。

　もちろん、この対比は単純すぎるかもしれない。しかし、ルカーチの共産党入党が、少なくとも日曜サークルの崩壊に関しては、原因になっていたと伝えられている（秋元・澤井 1992：25）。ルカーチ入党は、マンハイムの思想形成にとって重要な経験の一つであったことは間違いない。

4) 「イデオロギー」概念の一般的な意味について、ホルクハイマーは次のように述べている。「イデオロギーという言葉を聞けば、つねに、独立したもの、自己自身で成り立っているものを考えるのではなしに、精神外的なもの、つまり、物質的なものに依存したところの精神的なものを考えてきた［…］。今日、たとえイデオロギーという言葉が漠然とした一般的な意味で用いられようとも、この言葉がなおも、つねに、ある要素を内に含んでいるのは事実である。その要素とは、精神が己の存在と内容とにかんして、無条件的な妥当性を主張することには反対する要素である」。この箇所は、1951 年の論文「イデオロギーと行動」にある（GS7-0：11 = 1975：202）。

5) 「イデオロギーの性格が『あれやこれやの利害を因果的に嘘や隠蔽で固めざるをえない』こと以外のなにものも意味しない場合」（GS2-7：272 = 1975：145）。

6) ホルクハイマーの確認するマンハイムの議論によれば、「いまやイデオロギー概念それ自体の思想的立場でさえ、『存在被拘束的なもの』として把握することがもはや避けえないこととなったので、知識社会学の概念は、過去を新しく検証し、また現代の危機的思考状況を診断しうるような普遍的認識手段となってきたという。諸理念を社会的に秩序だてることによって成立する学問は、われわれの時代の精神的貧困さから抜け出すための、唯一の出口を開くことになるだろう。なぜなら、われわれの時代にあっては、さまざまな世界観のうちの一つを、無制限に妥当するものなどと信じることは、根本的にありえなくなっているからである」(GS2-7：272 ＝ 1975：144)。
7) たとえば、1928年の未刊草稿「社会学的解釈の正当性について」(GS11-7) や、1934年のGS3-7：307 ＝ 1998：117 は、「新しいイデオロギーか」の前後に、同様な「社会学」観を提示している。
8) ホルクハイマーは、1934年の論文では、次のようにも述べている。「ある理論の価値を決定するものは単に真理というような形式的基準ではない。[…] ある理論の価値は特定の歴史的瞬間にもっとも進歩的な社会諸力が取り上げた諸課題との連関の密度によって決定される。したがって理論の価値は全人類に対して直接的に効力をもつという点にあるのではなく、逆に、さしあたりはその課題に関心をもつ集団に対してのみ有効なのである」(GS3-6：191f ＝ 1974：214 以下)。
9) ホルクハイマーは、1935年に北京のカール・アウグスト・ヴィットフォーゲル宛ての書簡で論文「真理問題について」を次のように要約している。「その論文で、私は、観念論における思考の役割と、幻想を逃れる態度における思考の役割との間の差異を論じようと思っています。観念論的思考の契機を生じる相対主義と絶対主義的思弁との間での永続する揺れ動きに対して、弁証法的方法の輪郭が示されます。そのなかで、両契機は、もちろん、他の形態においても含まれ、批判と確固とした目的設定を貫徹させる。厳密な意識においてこれら対立の一体性を記述することは、非観念論的論理の観念を明らかにすることをなんら容易にはしていません。けれども、私は、学問がまさにこれらの契機に、より実り豊かな定式化を要求していると考えるが故に、私にとっての最善のものを試みているわけです」(GS15-7：389)。
10) 相対的真理と絶対的真理との相互関係の問題については、レーニンの『唯物論と経験批判論』でも議論されている。ホルクハイマーは、レーニンの書における相対的真理と絶対的真理をめぐる議論が意義深いものだと認めている（レーニン　1999（上）：160 以下)。
11) 後には国家社会主義に寄与するハンス・フライヤーも、ヘーゲル弁証法を完結的な社会学として捉え、それに対して、彼は、ヘーゲルの哲学的遺産を経過の社会学として捉えなおそうとしていた。ここでも、「経過」を捉える際に、「静態的」な社会の構造を捉えるのは純粋な社会学の構成にとってのパラドクスであるとして問題提起されていた。詳細については、秋元 1976：123 以下。

　ホルクハイマーは、研究上で用いられる科学的な「概念」が、たしかに定義

においては独立した性質をもちうるものの、その研究の全体において性質を変えるということを示す。たとえばそれは、マルクスの『資本論』においてイギリスの古典経済学の用語が用いられるとその概念定義が変化するということである。あるいは、ホルクハイマーは、自然科学的に、ある原子が単体でもつ性質と、結合形態において示す性質とが違うということを例示する。

第3章　ホルクハイマーの社会の理論と知識社会学

第4章 ホルクハイマーの社会研究と
　　　　初期ドイツ社会学

　これまでに本書が議論してきたホルクハイマーの思想は、彼の生きた時代の哲学界と密接に関与していた。そして、前章に見たように、ホルクハイマー自身、歴史的に自分の思想を後世のわれわれに「当時のもの」として開示していた。すなわち、ホルクハイマーは、決して自らの思想を、時代に拘わりなく普遍的なものとして聖化することはない。

　ところで、ホルクハイマーが自らの理論を歴史的に変動する「社会の理論」であるというとき、やはり社会理論を展開する当時の「社会学」に対して、ホルクハイマーはいかなる立場を取ったのだろうか。これまでの議論に見たマックス・シェーラーやカール・マンハイムの思弁的な社会学のみならず、当時興隆しつつあった多くの社会学の思想と、社会学者たちの社会的動向とに対して、彼がいかなる考えを持ち、いかなる態度をとり、そこからいかなる研究実践が生じたかを見ていきたい。

　まず、以下の第1節において、筆者は、社会研究所とフランクフルト大学について描写する。すなわち、ここでは、ホルクハイマーが身を置いた研究環境の性質が、彼の研究実践と密接な関わりを持っていたのではないかということを検証する。これに加え、実際、ホルクハイマー自身が研究所を指導する上での組織原理を持っていたのか、そしてそれがまた、彼の思想と実践とに反映されていたのか、これらについて考える。ここであらためて、筆者は、マンハイムとの関係に言及するが、それは、もはや思想内容の問題ではない。筆者は、マンハイムがフランクフルト大学の社会学を代表したのに対して、ホルクハイマーと社会研究所が社会学の世界に対してどのような位置を取ったのかを浮き彫りにする。次に、第2節において、「社会学」に対するホルクハイマーの「社会研究」の思想を紹介する。最後に、第3節において、筆者は、その「社会研究」の実践を取り上げる。ホルクハイマーが初期のドイツ社会学会、すなわち第二次世界大戦までの

同学会（そして社会学の世界そのもの）と関わるなかでいかなる研究を実践したかについて明らかにする。

第1節　ホルクハイマーと社会研究所

　ここで筆者が依拠するのは、1935年に、マックス・ホルクハイマーがフリートリヒ・ポロックとともに、亡命時の社会研究所をふりかえり、研究所の体制を考えるために残した覚書である（ホルクハイマーは口述で、実際に記述したのはポロックであるが）[1]。それは、「新しい原則を定式化するための資料」（Materialien zur Neuformulierung von Grundsätzen）というものである。この覚書において、ホルクハイマーとポロックは、社会研究所の指導原則を明確に次のように示している。すなわち、「内部は常に外部に先行する」（Das Interieur geht immer dem Exterieur vor）である。したがって、社会研究所は、「外部」に作用されつつも、それに抗い、研究所メンバー自身によって自分たちが何者であるかを確認するもの、すなわち、社会研究所にとって必要な「内部」を保持すべきであるというのがその原則である。

　以下第1項においては、この非公式な組織原則を筆者が紹介する。第2項において、筆者は、大学政治のなかで社会研究所の「内部」が「外部」にいかにして先行したのかを、事実関係から確認する。

第1項　「内部は外部に先行する」

　1935年の覚書「新しい原則を定式化するための資料」において、ホルクハイマーとポロック（以下、ホルクハイマー―ポロックとする）は、社会研究所の指導原則を描こうとしている。この原則が彼らの中で継続的に保持されたか、また、この原則を後に社会研究所員たちが共有したかどうかは、今のところ本書では検証していない。しかし、その原則が実践されたかどうかについてならば、ホルクハイマーと社会研究所の活動の軌跡から検証しうる。その問題の指導原則とは、「内部は常に外部に先行する」（Das Interieur geht immer dem Exterieur vor）、というものである。これは、ホルクハイマー―ポロックに次のように考えられていた。

この命題は、[…] われわれの日常生活に意識的に実現されている。[…]

1. われわれの外面的な態度がわれわれの関係を反映すべきである。
2. 物事、人、状況の価値判断、そしてそこから帰結する行為において、より大きな利益のためとはいえ（たとえば、戦術的な根拠による連帯の使命やわれわれの自尊心）、内部が外部のために損なわれてはならない。
3. 外部と内部との間で利害関心の葛藤がある際には、原則的に内部が先行する。かなりの利益が断念されようとも、そこからかなりの損失が生じようとも、そのようにする（たとえば、共同研究によるいそがしさのために社会的使命に怠惰になろうとも、すなわち、「研究所至上の評価」であろうとも）(GS15-6：380f)。

　ホルクハイマー―ポロックは、以上のように、「われわれの関係」、すなわち「社会研究所構成員」の関係を、「外面的な態度」に反映されるものだと考えていた。この「われわれの関係」は、研究制度の形式的な所属関係ばかりではない。この言葉は、研究所構成員それぞれの思想内容が異なっていようとも、自分たちの関係そのものの結束を共有すべきだという想定を表している。すなわち、自分たちが同じ「社会研究所構成員」として扱われて「社会を生きる」上での原則を、ホルクハイマー―ポロックは、「われわれの関係」、あるいは「内部」と言い表した。「内部」は、社会研究所構成員が共有する「外部」に対する認識内容である。

　また、上記引用の2にあるように、この「内部」は、ただ社会研究所という研究制度を生き残らせるために、「現実」、あるいは「外部」と妥協してよいものではない。したがって、3にあるように、「内部」は「外部」との利害関心の葛藤に対して優先されることになるのだが、この「内部」と「外部」とは以下でより詳しく規定されている。

　まず、「内部」(das Interieur) とは、ホルクハイマー―ポロックの覚書によれば、「1. われわれのゲマインシャフト、2. われわれの価値の序列、3. 世界に対するわれわれの態度：Gaîté, Courage, Fierté（陽気、熱意、

高潔)」とある (GS15-6：381)。

　上記にあるような、ホルクハイマー—ポロックの規定する彼らの「ゲマインシャフト」とは、「相互の共有する見識によって自己同一化されるもの」である。その見識とは、「人がいくつかの態度決定の選択肢において、次のような態度」に注意する見識である。すなわち、その「態度」とは、「客観的」と言われる寛容ぶった態度、決定事項に対して選択を回避したり、選択に対して優柔不断になったり、敢えて根拠も無く選択した立場に居直る態度である。

　次に、社会研究所「内部」メンバーによる共有認識に関する見識がある。ホルクハイマー—ポロックによれば、「内部」は、共有認識を足がかりとして、自分たち「内部」でさらにその共有認識を変容させることもある。しかし、共有認識は、自分たちの「外部」から容易にかき乱されてはならない。彼らが認識をみだりに「外部」との闘争のために定位させるものではないという「見識」から、認識の共有は、「内部」における互いの隔たりを解消するという自己同一性の見識を提起する。これは、「内部」の関係において、社会研究所構成員それぞれが分業体制を築くものではなく、それぞれが「内部」の全体を視野に入れ、責任をもつ関係を意味している。

　そして、ホルクハイマー—ポロックが「内部」の関係形成を困難にする要因として挙げるのは、フロイト心理学的な欲動構造の抑圧である。それは具体的に、無関心や注意散漫、リビドー充足の不足、不能、判断力の低下などである。社会研究所構成員の「見識」の共有は、彼ら「内部」を、これら阻害要因の克服に向わせる可能性を有している。ホルクハイマーによる当時の「唯物論」においては、リビドーの抑圧が、解消されるべきブルジョワ的抑圧として考えられていた。ここでは、ホルクハイマーの理論が自己の立脚する組織に適用されている。ホルクハイマー—ポロックによる研究所の「内部」とは、みだりに開かれた組織を志向するのではなく、むしろ「自分たち」の関係を確保することによって「外部」との意義深い関係を期待するものである。これは、ホルクハイマーの組織論とも言うべき原則を示している。「内部」の規定における「内部」そのものとしての「われわれのゲマインシャフト」は、組織の分業以上にそれぞれの構成員が自律的に研究所そのものを代表して研究しているかのような「先行した

全体」として想定されている。

　また、ホルクハイマー―ポロックの覚書においては、心理的抑圧の克服に関して、「内部」が相互カウンセリングとなる結びつきや、心理、あるいは魂の自己同一と安定として想定されていたことがうかがわれる。この学術的に認識の成果を志向する全体としての見識と、現実的な生活上の組織構成員とのあり方は、研究所以外の社会一般にも適用可能な提言として理解しうる。とりわけ、ホルクハイマーが自分たちの精神構造を自分たち自身で自覚的に捉える方法として、相互のカウンセリング関係を提示しているのは興味深い。

　上記のようなホルクハイマー―ポロックの「対話」の定式化と、「弁証法」(Dialektik) との関係は無縁ではない。ホルクハイマーによる「非完結的」な「弁証法」は、テーゼとアンチ・テーゼにおける緊張関係に対して、安定した綜合を拒絶する。対立は、無秩序というのではなく、力強い原動力となるような「対話」の関係として、すなわち、生産的なものとしてホルクハイマーに考えられている[2]。

　とりわけ、ホルクハイマー―ポロックの「対話」の規定で重要なのは、彼らの文書が書かれた1935年に、一般的にも重要であったフロイト心理学を、エーリヒ・フロムの理解を通して重視していたことにある[3]。すなわち、ホルクハイマー―ポロックが「対話」の実現可能性にとって必要だと考えたのは、自分の心理的抑圧に自分で注意することであり、体験も、利害関心も、互いに共有することを容易にする「共同の生」(Gemeinsames Leben) によって心理的抑圧を克服することにあった。したがって、ホルクハイマー―ポロックは、彼らの議論において散見されるような、心理的抑圧としてのブルジョワ的欲動構造を、社会研究所構成員のほとんどが有するものとして確認している。

　後で議論する『権威と家族』と同年に発表されたホルクハイマーの論文「エゴイズムと自由を求める運動」(1936) によれば、道徳的であることを要請される理性的階級、そして同時に所有者階級でもある「ブルジョワ市民」は、権威的で形式的な歴史的標語となってしまっていた。ホルクハイマーによれば、ブルジョワ市民は、「快楽」を理性によって強く禁じる。これがホルクハイマーの考える「ブルジョワ的」な「欲動の断念」

(Triebverzicht）である。下層階級の抑圧によって経済的に支えられながら、理性的、あるいは道徳的階級として自己の欲動を解放していない階級の無意識を、ホルクハイマーは、社会研究所構成員共通のものだと考えていた。ホルクハイマー――ポロックは、具体的に、この欲動構造を、誇りの欠如、共有する喜びの欠如、自意識の欠如、卑屈さ、罪悪感などと規定した。ホルクハイマー――ポロックは、自分たちのブルジョワ的欲動構造に対処するために、常に Gaîté, Courage, Fierté（陽気、熱意、高潔）を尊重すべきだと述べている[4]。

ところで、ホルクハイマー――ポロックは、自分たちの組織原則の規定において、当時ホルクハイマーが「唯物論」と称していた思想を確認している。彼らは、社会研究所の組織原則を社会一般に提起すべき思想として、自ら実践し、体現するべきだと考えていたようである。すなわち、友情や賛同や好意が私利私欲によって信じられない現代の階級間や階級内の闘争という社会観のなかで、自分たちの組織の結束は、強者との連帯ではなく、弱者との連帯である、という原則である。この思想に基づき、「内部」は日常的な「共同の生活」の形成に向けて機能する。そこから、ホルクハイマー――ポロックは、この「内部」による彼ら自身の決断の闘争的性格を確認して覚書を結んでいる。

> ［「内部は常に外部に先行する」という］この目的の実現をめぐる闘いにおいて、たった一つ真理がある。それは、われわれがこれら目的を拒否する立場と戦う以外に、自分たちの立場がないということである。なぜなら、われわれの真理はより高次である。個々の判断は、必然的に一面的であり、綜合的体系においてこそ真となる。われわれがかくなる個々の判断を綜合的体系に編入するかどうかは、場面毎に試される問題である。いかなる場合でも、他の主張と対立するわれわれそれぞれの真理は、補足や修正が斟酌されるよりもむしろ、先ずは、あらゆる手段で擁護されるべきである（GS15-6：388）。

すなわち、前章に見たように、ホルクハイマーは、「弁証法的」な綜合を退けて、「経験」から補足や修正を受け入れる過程として「非完結的弁

証法」を提起する。彼は、弁証法を、社会から浮遊して対立項を対話させるものとは見ていなかった。したがって、彼は、補足と修正の斟酌を重視しつつも、自らの立場の真理性を一旦は信じて議論し、行動することの重要性をここで確認している。それは以上のようにホルクハイマーとポロックが規定した社会研究所の研究プロセスにおいても重視される側面であった。すなわち、社会研究所を社会の全体の一部とするとき、ホルクハイマーは、たしかに自分たちに誤謬があるときは、そのことを認めるのが重要だと確認しつつも、自分たちの立場を先ずは真摯に擁護する「対話」のあり方を明確にしていた。したがって、ホルクハイマーとポロックは、たとえば、マンハイムのイデオロギー論のような相対主義的な学問的態度が、自分たちの組織の運営にとっても欺瞞でしかないことを、覚書ではあれ、明確にしていたのである。

　以上のような社会研究所の「内部」が、「外部」と実際にいかなる関係にあったか、そして、「弁証法」、あるいは「対話」という点において、実際の歴史的文脈は、以上の覚書とどのように関連しているのか、以下の諸項で考察してみたい。とりわけ、ホルクハイマーの述べたように、「内部」が「外部」との対立のなかに自己を確認するというとき、「対話」というものは、真摯な「討議」と、政治的な「闘争」という二つの意味を兼ね備える。以上の規定にあった「内部」は、「外部」との「闘争」さえも、「対話」として生産的なものにするのである。

第2項　「外部」としてのフランクフルト大学

　ピーター・ゲイは、フランクフルトの社会研究所と、1921年設立のハンブルクのヴァールブルク研究所、そして、1920年設立のベルリンの精神分析研究所とを、「ヴァイマール精神の産物」として挙げている（Gay 1968：31f＝1970：50）。そこでゲイは、彼らがドイツよりも海外で、戦前よりも戦後に、その影響を表すことでも一致すると述べる。ロルフ・ヴィッガースハウスは、フランクフルト社会研究所と並ぶ研究所として、フランクフルト大学同様新設大学の一つであるケルン大学で1919年に設立された社会科学研究所を挙げる。また、彼は、すでに第一次世界大戦前の1913年に設立されたキール世界経済および海上交通研究所を挙げ、フ

ランクフルト社会研究所にとって、キールとケルンが社会科学の研究所の先駆けであるとする（Wiggershaus 1988：30f）。ただし、フランクフルト社会研究所におけるマルクス主義にもとづいた設立は、ここで対比されたハンブルク、ベルリン、キール、ケルン、いずれに対しても独自なものであった。本書は、ここで、社会研究所にとっての「外部」の一つとして、フランクフルトという都市の性質について考えたい。

　マイン河畔のフランクフルト市は、18世紀から19世紀にかけて、5回もフランスに占領されたことがあった。フランスの占領は、市政、市の経済、市民生活、市民意識、都市のたたずまいなどに色濃い影響を残した。そのことについては、文豪ゲーテが『詩と真実』第一部において生き生きと描写している。また、フランクフルトは、当時からヨーロッパにおいてもっとも経済や文化の交流の盛んな都市の一つであった。銀行帝国を築くロスチャイルド（ロートシルト）家もここから発し、ヒトラーもユダヤ人の町として嫌っていたと同時に、「経済」を強く表象する性格は21世紀の今でも変わることはなく、ＥＵの経済拠点の一つとなっている。当時のフランクフルト市民は、ビスマルク・ドイツ帝国の統一に巻き込まれることには反感をもっていた[5]。普仏戦争に勝利し、フランスから得た賠償金によって、ドイツにおいて遅ればせながら産業革命がはじまった。しかし、一流の商業都市としてのフランクフルト市においては、産業革命における工場労働を見下す気風が優性であったため、産業化が立遅れ、統一ドイツでの経済的主導権は、首都ベルリンに移っていった。

　このフランクフルト市とユダヤ人との関係は、社会研究所成立にとっての社会的背景の一つとして考えられる。ヴァイマール時代におけるフランクフルト市のユダヤ系ドイツ人（以下ユダヤ人と省略する）の人口は、首都ベルリンに次ぐものであった[6]。フランクフルト市のユダヤ人口は3万人を越えていたが、首都ベルリンでは17万人であった。すなわち、首都ベルリンはフランクフルト市の5倍以上のユダヤ人口であった。しかし、当時のフランクフルト市の総人口は約47万人であり、約6％強もの人口比率がユダヤ人であったことは、首都ベルリン以上であった。彼らは皇帝と市参事会双方の庇護を受けていた。当地のユダヤ人は、他の地域のユダヤ人よりもドイツ人との同化が進んでいたわけでもなかった。しかし、彼

らは、顕著に市の政治に対して積極的であった（Schivelbusch 1982：27-41 ＝ 1990：33-60）。

　ただし、以上の統計データは、フランクフルト西地区の閑静な土地に住んだブルジョワ的な同化ユダヤ人の人口と考えられ、それ以外に貧しい東地区に住んだ多くの東方ユダヤ人の数は明らかになっていない。エーリヒ・フロムやレオ・レーヴェンタールがフランクフルト市における「ユダヤ自由学舎」という運動で影響を受けるのは、この同化ユダヤ人と東方ユダヤ人との出会いという経験を通してであった。ここで言う東方ユダヤ人とは、ポーランドでの迫害を逃れて無一文でドイツに移住してきた人たちが大半を占めていた。そのため、彼らの移住後の生活は貧しく、身なりもみすぼらしかった。その上、西欧人にとって、彼らの東欧の風俗は異様に映り、しかも、彼らの言葉は、同化ユダヤ人よりも強いイーディッシュ語訛りであった。したがって、同化ユダヤ人のなかには、むしろ反ユダヤ主義者とも言えるほどに東方ユダヤ人を嫌悪する者もいた。19世紀の同化ユダヤ人は、自らを「ドイツ人」だと思っていたのである―ホルクハイマーの父を思い起こせばよい―。若きフロムたちを惹きつけていたのも、この東方に残存したユダヤ文化、つまり自分たちの真の文化の再発見という文脈であった。

　このフランクフルト市に設立された大学は、ハンブルク市、ケルン市と同時期、20世紀初頭、第一次世界大戦前夜に始まる新しい大学であった。フランクフルト大学は、社会研究所同様に、ユダヤ人の資産家の寄付によって成り立った大学である。同化ユダヤ人ヴィルヘルム・メルトンはフランクフルト大学の主要な後援者であった。この大学には、フランクフルト市を代表する市民として、先ほどにも名を挙げた、かの文豪「ヨハン・ヴォルフガング・ゲーテ」の名が冠せられている。つまり、この大学は、ドイツ古典文学の権威とユダヤ人の投資を背景にもっているのである（Schivelbusch 1982：17f ＝ 1990：18以下）。そして、この関係は矛盾ではなく、確かに生産的な「対話」を成した。この都市においては、大ブルジョワ市民が社会主義や共産主義にシンパシーをもち、サロンやカフェでの討議が盛んであり、あたかもユルゲン・ハーバーマスの描いたブルジョワ公共圏のようであったと考えられる。すなわち、「討議」の土壌が確立され

ていたのである。

　レオ・レーヴェンタールは、この自由の成熟したフランクフルト市において、1920年代に反ユダヤ主義の脅威というものを感じなかったと述べている。「われわれは、いつも、フランクフルトのごくわずかなホテルとはいえ、『ユダヤ人は歓迎しません』とか『ユダヤ人おことわり』という看板があることを、全くもって笑いとばしていた」(Löwenthal 1980：13)。しかし、フランクフルト大学と社会研究所は、「討議」の文化を越える権力の介入によって、翻弄される運命にあった。

　ところで、ホルクハイマーが社会哲学の講座をもった1930年のフランクフルト大学は、社会研究所にとって良好な「外部」であったと考えられる。その理由は、第一に、権威ある神学や哲学の研究者も、このフランクフルト大学においては、むしろ「社会学」、あるいは「社会的」という新しいキーワードによって結びついていたからである (Schivelbusch 1982：15 = 1990：13)。このことで、古い学問の再生や、「新しい大学」であるフランクフルト大学の表象が見られる。そして、第二に、その自由な雰囲気を表すように、多くの「討議」の場が存在していたという理由がある。

　当時のフランクフルト大学は、社会学者カール・マンハイムも在籍していた。マックス・ヴェーバーの死後10年経ったことと、第1回ドイツ社会学会大会が開かれたことも手伝って、フランクフルト大学は、ハイデルベルク大学以上に社会学の中心地となっていた。社会研究所構成員と、マンハイムを社会学部長とする社会学者たちとの仲が個人的に良好であったかどうかは分かっていない。マンハイムは社会研究所員ではなかったが、彼の研究室は研究所建物の1階にあり、社会学ゼミのグループとして研究所のグループと一線を画していた (Schivelbusch 1982：14 = 1990：13)[7]。また、社会学科には、哲学と神学を教えるパウル・ティリッヒのグループがあった。ホルクハイマーやアドルノは、ティリッヒとともに講義することもあった[8]。フランクフルト大学において、「社会学」をめぐる「討議」の場はいくつかあった。とりわけ、社会研究所主催の研究会は、まさにくつろいだ話合いを意味するクレンツヒェン (Kränzchen) と称され、定期的に行われていた[9]。

　仮に、これら「社会学」に依拠する「社会学部」と、「社会研究所」の

構成員とを「社会学グループ」として一括りにするならば、この一団と対立するグループも生じていた。それは、フランクフルト大学において社会学部と並ぶ看板学部ゲルマニスティークに集った人々であった。そもそもフランクフルト大学には伝統的な学部である神学部がなく、社会学部とゲルマニスティークがこの新しい時代の大学を象徴していた[10]。先にも述べたように、フランクフルト大学は、ユダヤ人の資本によって様々な可能性に満ちた大学を出発させたものの、ドイツ古典文学の権威ゲーテの名が堂々と冠せられている。この新しい大学は、保守反動的立場を主張した若い学者たちにとってもまた、職場を得るチャンスとなっていたのである（Wiggershaus 1988：128）。ロルフ・ヴィッガースハウスは、保守反動にとっても自由なフランクフルト大学における「精神政治的対立」（geistespolitische Auseinandersetzung）、つまり、ゲルマニスティークと社会学との対立を、当時の学生が回想している記録に依拠して議論している（Wiggershaus 1988：128f）[11]。ホルクハイマーは、社会研究所の指導原則を「内部は外部に先行する」とし、「外部」との対立のなかに自らを絶えず確認するものが「内部」だと考えていたが、それは、「精神政治的」な対立のなかでは顕著になる。

　世代的に見て、フランクフルト大学の社会学を確立したフランツ・オッペンハイマーと、社会研究所の初代所長カール・グリュンベルクとが同世代であったのに対して、マンハイムとホルクハイマーとは次世代として同期であった[12]。この次世代の「社会学」は、新しい学問的関心として、学生たちの若い心に受け入れられた。しかし、伝統に挑戦する「社会学」とは反対に、この時代、若年層において、「保守革命」（Die konservative Revolution）、あるいは復古の傾向が強くなっていった[13]。その思想は、神話と英雄にあこがれ、反対に、個人主義や経済社会、あるいは、ブルジョワ性に敵意をもつ神秘的直観に基づいていた。フランクフルト大学のゲルマニスティークには、シュテファン・ゲオルゲの私的サークル、いわゆるゲオルゲ・クライスの人々が所属し、このような「保守革命」の傾向を助長していた。マックス・ヴェーバー亡きあとは、ハイデルベルク大学でさえ、ゲオルゲ・クライスの勢力下に収まっていた。また、マンハイム、あるいはアドルノとも交流のあった文化哲学者クルト・リーツラーも、ゲ

オルゲ・クライスの一員であった。ハンス・ナウマンのゲルマニスティークが社会学的手法を使っていたことなどからすれば、彼らが社会学派と決定的に排他的な関係だったわけでもないことがわかる（Schivelbusch 1982：16 = 1990：15 以下）。これら両者は、結局は左右の革新者たちであった。政治的なものに対する「精神的な貴族」として、大学外部との関与を嫌って自己保存していた大多数のマンダリンから見れば、彼らは新しく若い人々であった（Ringer 1969 = 1991）。

　ここで問題は、以上の「精神政治的対立」がフランクフルト大学という枠組みにおいてどのように展開されたかということである。この点については、大学の外からの政治的力関係に対して、大学の内でどのような出来事が生じたかということが考えられねばならない。ホルクハイマーは、「内部が外部に先行する」ということを、「常に」そうであらねばならないと考えていた。すなわち、時には社会研究所という「内部」は、以上で確認したような開放的「討議」の文化を差し置いてでも、自己のアイデンティティーを強める求心性を優先し、「外部」との「闘争」に挑む。したがって、社会研究所における「外部」に対する「内部」の優先は、1933年のナチスの政権掌握後のフランクフルト大学の混乱によって顕著になる。

　ナチスは、フランクフルト大学自体を、そのユダヤ的背景から「フランクのヨルダンにおける新しいイェルサレム」（Neu-Jerusalem am fränkischen Jordan）と呼んで嫌っていた。ナチスは、政権獲得以前、ＳＡ（突撃隊）隊員をつかって、他の国家社会主義者グループとともに大学を包囲し、ナチスの党歌ホルスト・ヴェッセルを合唱することで、大学内部の左翼やユダヤ人を混乱させ、暴えようとしていた。しかし、そのとき、むしろこの大学においては、右翼と左翼とによる真摯な対話が形成された（Wiggershaus 1988：131）。この極限状態において、大学が「討議」の場の役割を際立たせたのは皮肉なことであった。結局、権力を掌握したナチスは、社会研究所の建物を封鎖した。大学評議会は、プロイセン州文部省に研究所と大学との関係の断絶を申請した（Schivelbusch 1982：94 = 1990：154）。ユダヤ資本と古典文学の権威の弁証法的成果とも言えるフランクフルト大学の文化、すなわち「討議」の自由は、それを凌駕する国家権力によって崩壊していく。

1930年9月の帝国議会において、ナチ党が107議席獲得し第二党となったとき、研究所の主要なメンバーは、研究所の亡命を考え始めていた。ホルクハイマーが所長となったのはその年の8月であった。したがって、彼の指導体制における研究所運営の直面した最初の課題は、大変明確かつ危急のものであった。したがって、ホルクハイマーの所長就任講演における「社会哲学」の規定は、まさしく研究所運営の実際的関心が暗示されていた。

　しかし、社会研究所の実務的運営は、実際にはポロックに依拠するところが大きかった。ホルクハイマーに比べると、ポロックは、研究をおろそかにするほど実務にうちこんだ。二人の運営する研究所は、レシートを提出せずとも研究必要経費を支払うことと取り決め、1932年1月には、「もしもホルクハイマーの大学正教授の地位がなくなったとしても、研究所が彼の生活をそれと同様に維持するだけの賃金を支払う」という条件を加えていた[14]。研究所は、先ず、支部をジュネーブに開設することにした。これは公式には国際労働事務局の蔵書を使う研究助成に基づいていた。同年12月にホルクハイマーは、ヘッセン-ナッサウ州知事とフランクフルト大学の国家委員に手紙を出し、継続的なゼミを行う義務からの解放を請願していた。その請願書のなかで、ホルクハイマーは、研究所が労働者階級のなかでも、いわゆるホワイトカラーの研究に従事するため、研究の場をジュネーブに移すことを申告していた。彼は、ジュネーブに移住する一方、ドイツからの寄付財産を控除し、オランダに投資していた（Wiggershaus 1988：127f）。この時のホルクハイマーによる研究所の指導は、社会研究所の「内部」を保護するために、対話的というよりは独断先行の振る舞いもあったと考えられる。そのため、前項に見たように、1935年に「亡命」を振り返ったホルクハイマーは、後悔しながら、「内部」と「外部」の規定を考えていたと推察できる。

　そして、1933年3月13日、警察は研究所を閉鎖した（5月には国家社会主義学生同盟が自由に使っていい空間となった）。すでに1932年以来学長代行であったヴィルヘルム・ゲルロフは、社会研究所が大学から逸脱した存在であったと認め、大学において彼らを目障りに思っていた人々の意思を代弁し、4月3日、大学の代表として公式に研究所を拒絶した。かつ

てはこのゲルロフ自身も社会研究所の財政母体である社会研究協会のメンバーであったというのに。もっとも、ホルクハイマーは、書簡において、警察が研究所を閉鎖し査察したことについて、前所長カール・グリュンベルク時代の労働運動史の文献などからすれば仕方のないことだと見ていた。「私が研究所所長を受け継いだとき、私が意識したことは、この研究所の前史によって、その政治的中立性を疑われないように注意するという指導上の義務である」(Wiggershaus 1988：150)[15]。4月13日、首都ベルリンにいたプロイセン州の文部大臣に当たる役職である科学芸術国民教育大臣から、ホルクハイマーのクロンベルクの自宅に書簡が届き、所長の解雇が宣告された。ホルクハイマーは、4月21日には、大臣にびっしりと書いた3頁の書簡を送り「臨時解雇」について尋ねている[16]。

　1933年7月14日、首都ベルリンのプリンツ・アルブレヒト・シュトラーセのゲシュタポから伝書が届けられ、正式に社会研究所員たちは政治犯となった。「1933年5月26日からの共産主義者財産接収法－ドイツ帝国法令集第1巻293頁―第1項と第3項に基づき、国家に敵対する尽力を支援したフランクフルト・アム・マイン社会研究所を差し押さえの上、プロイセン州に接収する」(Wiggershaus 1988：148)。所員のいない研究所の建物、そしてさらに蔵書の命運については、ヴォルフガンク・シヴェルブシュによる詳細な歴史叙述に譲ることとしたい。ところで、このとき、所員全員がスムーズに亡命していったわけではなかった。ヒトラー政権が誕生したころスイスに行っていたヴィットフォーゲルは、ベルリンに帰ってきたために強制収容所に送致され、11月まで出られなかった。釈放後、彼はイギリス経由でアメリカへ亡命した（Wiggershaus 1988：148）。この件について無力だったホルクハイマーとポロックは、前項の覚書において反省することとなったのである。

　大学と研究所との資金的つながりとして、研究所関係者の学部教授の給料は、研究所側が支払っていた。つまり、大学はこの研究所を科学機関として制度的に承認させるために機能する代わりに、合わせて三人の正教授を無償で雇えたのである。三人の正教授とは、グリュンベルクとホルクハイマー、そしてアドルフ・レーヴェであった。この内、グリュンベルクが定年であったのに対し、後の二人は人種的政治的理由から退職させられた

(Schivelbusch 1982：94f = 1990：154 以下）。その際、マンハイムやティリッヒも退職となっている。

　さらに言えば、当時のドイツ帝国における大学教員の平均14％、正教授の11％がこの時期にドイツを離れた。言うまでもなく、ユダヤ人口からして、フランクフルト市はベルリンに次ぐ大学教員の解雇率であった。そして、研究所のメンバーはニュー・ヨークへと亡命しながらも、その心はしばらくヨーロッパに留まっていた。ジュネーブ、パリ、ロンドンなど大都市に研究所の支部が設置され、パリがドイツ軍に陥落する以前、ここでの支部は『社会研究誌』を刊行していたフェリックス・アルカン社もあったためによく活用された[17]。有名なことだが、ヴァルター・ベンヤミンは、このパリへの愛着のため、研究所の周辺人物に留まったまま落命することとなった（Jay 1973：113f = 1975：163 以下）。

　さて、ニュー・ヨークに移った社会研究所は、亡命知識人の支援団体となっていった。その支援は、反ナチスであれば、研究のスタイルなどに関する亡命前の事情にかかわりなく行われた。すなわち、「外部」との連帯の拡大である。著名知識人の亡命者ならばアメリカでもすぐにポストを得られようという研究所の判断から、支援されたのは大概は若手研究者であった。約200人が、わずかではあるが研究所の基金に助けられた。1934年から1944年の間、130人に約20万ドルが支払われている。その際、『社会研究誌』の原稿料という形もとられた。『社会研究誌』は、アメリカで著名な学者からの投稿もあったものの、あくまでドイツ語主体であった。それは、マーチン・ジェイによれば、亡命の終わったあとの「ドイツ文化の再生」や、「真理観と言語とアイデンティティーの不可分」という思想によるものであった（Jay 1973：114 = 1975：164 以下）。とはいえ、1940年になると雑誌は英語で刊行され、『哲学社会科学研究』（"Studies in Philosophy and Social Science"）となった。

　社会研究所は、大学総長ニコラス・マーレイ・バトラーの好意によってコロンビア大学に移ってから、「国際社会研究所」（International Institute of Social Research）と名称をあらためた。新しい研究所は、大学の与えた建物に閉じこもり、コロンビア大学の社会学部との関係はきわめて浅かった。このことによって、社会研究所は、その社会学部内部のマッキー

バーとリンド両派の論争に巻き込まれることはなかった。次節で述べるが、社会研究所は、ドイツ社会学会に対しても適切な距離を置いた。これと同様、自分たちの研究スタイルと制度にとって意味のない論争に首を突っ込む気はなかった。すなわち、「内部」は、「外部」との関係において中立とは言わないまでも、「外部」に対して沈黙することもまた、「内部」を確認し、先行させることであった。

　以上に加えて、大戦中、社会研究所は、他の研究機関から合併の申し込みを断っていた。大戦後も、社会研究所は、コロンビア大学の社会学部、あるいは、パウル・ラザースフェルドの「応用社会調査研究所」との合併の申しこみも断った。とはいえ、研究所が反ナチスとしてアメリカ合衆国政府に貢献し、その際、亡命研究者たちに全体主義批判の範を示したのは言うまでもない。それが亡命以前から取り組んでいた「権威と家族」についての「社会研究」プロジェクトであった。

第2節　社会学と社会研究

　ホルクハイマーの思想的発展は、「唯物論」、「社会の理論」、そして知識社会学への批判で結ばれた。そしてさらに、本節において、筆者は、ホルクハイマーの思想を、「社会研究」という概念の下に新たに説明する。

　ホルクハイマーは、フランクフルトの社会研究所所長に就任した1931年、講演「社会哲学の現状と社会研究所の課題」（以下「講演」とする）において、「社会哲学」（Sozialphilosophie）について語り、そして翌年の1932年、社会研究所の機関誌『社会研究誌』第1号序言（以下「序言」とする）において、「社会研究」（Sozialforschung）について語っている。1931年のホルクハイマーの講演は、社会研究所とフランクフルト大学側の都合によって、彼が社会学でも哲学でもなく、「社会哲学」の正教授として迎え入れられたということと関連しており、翌年の「序言」は、ほぼ同じ内容の話を「社会研究」の概念の下で言いなおしていると考えて間違いない。しかし、もちろんまったく同じことを述べているわけではない。従ってそれを以下において整理しつつ、総じて、ホルクハイマーの「社会研究」の思想として概括する。「社会哲学」という言葉の方が一般的であ

り、これに対して「社会研究」という言葉は、独自な概念として異化し得ると筆者は考えるからである。したがって、ここでは、「社会哲学」と括弧つきで述べる際には、一般的な哲学史と差異化し、ホルクハイマー独自の試みである「社会研究」と同義の概念とする。

　以下の第1項においては、ホルクハイマーが自らの「社会哲学／社会研究」を哲学史においてどのように位置づけ、現状の課題に対していかなる研究体制が必要かを述べ、それに伴う認識論を明らかにしている。第2項においては、第1項の議論を繰り返すところもあるが、「社会哲学／社会研究」の具体的展開について確認する。すなわち、マルクス主義の文脈における社会研究所の研究プロジェクトについて議論する。同時に、本節全体を通して、筆者は、ホルクハイマー自身が意識しているように、彼の「社会哲学／社会研究」と「社会学」（Soziologie）との差異を確認する（「社会学」についても、ホルクハイマーの「社会哲学／社会研究」と対照的に議論するために、括弧にくくって示す）。

第1項　哲学から社会学、そして「社会哲学」へ

　ホルクハイマーは、「講演」において、「社会哲学」が個別科学、とりわけ社会科学と哲学との境界設定に対して意欲的に問い質す学問だと述べるが、翌年の「社会研究」の試みについても同じことを述べている（GS3-1：20：GS3-2：36）。彼によれば、「社会哲学」は、国家、法、経済、宗教、そして文化一般に関わるものである。同様に、「社会研究」は、様々な問題領域や抽象的次元に対して、「全体」としての現代社会の理論を要求する目的を通して共有される学問である。「社会学」もそのような学際的な不安定さのなかにあった。しかし、ホルクハイマーは、社会哲学正教授として「社会哲学」を、社会研究所所長として「社会研究」を、「社会学」と区別せねばならなかった。「講演」において、ホルクハイマーは、社会哲学を哲学史から確認し、そこから生じる「社会学」（Soziologie）の要請に対しても差異化された「社会哲学」の位置価を分節化している。

　ホルクイマーは、一般的に、社会哲学が古典的ドイツ観念論の歴史において、決定的な哲学的課題へと発展したと述べ、それがヘーゲルによる体系のもっとも輝かしい成果であり、かつもっとも有効な部分だと述べてい

る。しかし、ホルクハイマーは、そもそもカント哲学においても、社会哲学的対象が取り扱われていたと述べる。なぜなら、ホルクハイマーによれば、カントは、文化の構成原理にとって唯一の源泉を理性的主体という閉じられた統一性だと考えていたからである。ホルクハイマーは、カント哲学が文化一般、すなわち学問、法、芸術、宗教に関して哲学的に言及するところから、彼の議論も社会哲学的であると理解している。しかし、カント哲学は、「社会哲学」の課題である文化一般を、個人的な理性の構成力という点から議論している。もちろん、カント哲学においても、「経験的な個々の人間」という観点から、理性的な主体が均質なものだと考えられていたわけではない。ホルクハイマーは、これら理性的主体がともに文化を構成する動機となる心性に、カント哲学における「社会哲学」を見ている。

　以上に対して、ホルクハイマーがヘーゲル哲学から解釈した社会哲学とは、「主観の自由な決心から生じるのではなく、歴史的闘争において相互に入れ替わるような統治民族の精神」や、「個人の実体的内実が彼個人の行為においてではなく、全体の生において明らかになるような本質」、すなわち、「集合的全体の哲学的理解」という意味について考える哲学である（GS3-1：21f）。ヘーゲルは、個人が社会という全体のなかで部分として生きているのと同様に、社会全体が個人のなかで息づいているという「全体」と「個」との相互の弁証法的関係によって、全体としての「精神」を論じ、それが主観的理性を超えた客観的な理性としての「国家」に実現すると考えていた。

　しかし、ホルクハイマーは、ヘーゲル哲学には「個」の存在を貶める性質があると考えた。すなわち、ホルクハイマーは、彼の哲学修業期における諸論文の帰結のように、「個」の方が「全体」に対して「現実的なもの」を表していることに注意を喚起している。ヘーゲルは、フランス革命を意識しつつ、ブルジョワ市民が国家を実現させるというよりも、ブルジョワ市民が「国家」の道具であると考えた。「有限な個人は、ヘーゲルによれば、ただ観念論的思弁を通してのみ、国家における彼の自由の概念的意識を獲得しうる」（GS3-1：24）。すなわち、ヘーゲルは、自由という理性的目標が個人を用いて国家において可能であるという観念論的思弁に至った。そして、一人の哲学者の「自由」についての観念論的思弁は、「現実的なもの」、

すなわち、貧困や、日常の恥辱や、歴史の恐ろしさを経験する「個」にとっての「現実的なもの」、あるいは、「経験的なもの」を、「不正なもの」から「理性的なもの」として「変容＝聖化」（Verklärung）する。ところが、ホルクハイマーは、ヘーゲル哲学が批判されるばかりのものではないと考えた。国家に実現される自由というものが、「個」の内面ではなく、人間の集団的生活の歴史的分析から得られるものだと考えるならば、むしろ、国家や社会という「客観的精神」について個人が考える契機を、ヘーゲルの思弁的な哲学が与える可能性もあったからである。

　しかし、ホルクハイマーの述べるように、19世紀中葉からホルクハイマーの時代までに、この「客観的精神」の思想は廃れ、「個人の利害関心の予定調和」を信じることで成り立つ個人主義に基づく進歩観が興隆し、その進歩観が新しい形而上学の座を占めるようになっていた。ホルクハイマーによれば、いまや「哲学」は、個人の「経験」と社会的全体の相克に関する媒体の役割を、テクノロジーや産業における社会進化論的な「実証主義」に任せてしまっている（GS3-1：25）。哲学史における社会哲学はこの「実証主義」にもとづく「社会学」の要請に至るが、ホルクハイマーはその要請に批判を加え、「社会哲学」として差異化する。

　ホルクハイマーは、いまや「実証主義的な社会学」こそが、諸個人間の関係としての「事実」を捉えるものだと考えている。彼によれば、数量データや統計に依拠して「事実」をはじき出す専門的な技術に依拠する「客観的」科学に専門分化した「実証主義的な社会学」によって、思弁が社会全体を考える「社会哲学」、すなわち個人が社会全体に対して積極的に関与する哲学は廃れてしまった。

　ホルクハイマーは、彼の時代の哲学を、このような「実証主義的な社会学」の専門とする個人主義的な社会観に同調する哲学だと考えていた。ホルクハイマーは、第一次世界大戦における理性の無力という経験から、当時の哲学が、社会の「全体」を意味づけることに限界を感じ、楽観的な個人の理性を信じる実証主義を悲観するポーズを取りつつも、社会の趨勢に媚びるようになったと述べる。その結果、実証主義の興隆に対する危機感と結びつくような形而上学的な社会哲学が復刻する。ホルクハイマーは、実証主義と住み分けし、学問的に相対的位置を保つ当時の形而上学のバリエー

ションを紹介している。このなかには、「社会学」と称するマックス・シェーラーの議論も含まれている[18]。したがって、ホルクハイマーは、「社会学」における実証主義と形而上学のどちらにも批判を向けている。

　彼は、「社会学」をさらに批判している。「価値自由」の問題とも重なるが、いまや世界観や形而上学、意識、これらの「相違」を取り扱う学問も、あくまでそれらに対して相対的で「なければならない」という状況に至っており、これらについての「有効な判断」（gültige Entscheidung）が排除されているとホルクハイマーは考える。したがって、ホルクハイマーは、自らの「社会哲学」を、世界観の相対性をそのままにして取り扱うというシェーラーの知識社会学と同じには考えていない。すなわち、彼は、形而上学的社会学者（これは思弁的な社会学という意味で社会哲学者とも言われうる）が実証主義的社会学者に社会的事実の叙述を任せる一方、他方で、実証主義的社会学者も自分たちの研究した事実に対する意味づけを社会哲学者に任せるというそれぞれの専門化と無関心による結果的な「同調」を批判している。この対立に見せかけている両者の依存によって、様々な社会観が信仰告白と化し、互いに没交渉的に整理されずにいる。

　これに対し、ホルクハイマーは、物理学のような自然科学ならば、「現実」を相対化するなどという事態はなかなか考えられないと述べている（GS3-1：27f）。なぜなら、「ここでは、対象に関する具体的研究作業は修正」だからである（GS3-1：28）。したがって、実証主義と形而上学との没交渉は、ホルクハイマーによれば、学問における具体的作業、すなわち「経験的」な誤謬と修正が克服すると考える。これは、ホルクハイマーの「社会哲学」が、実証主義的な経験的研究から事実を得る実践も、その事実に対する形而上学的意味づけも、機械的な分業ではなく、有機的に綜合していくことの宣言でもあった。翌年の「序言」においても、彼は、社会についての究極の議論としての「哲学」ではなく、仮説的で暫定的な「個別科学」の先駆的成果と結びつくことで、「社会研究は、認識の非完結性の原理を信じて疑わない」と述べている（GS3-2：37）。

　そこで、ホルクハイマーは、制度上、社会哲学の正教授に就任するにも拘わらず、現状のままでは、「社会哲学」という個別な学問を位置づけるのは困難であると述べている。「社会学」に批判を加えるホルクハイマー

であるが、それでも、やや肯定的に、次のように述べる。社会に関する個別な学問とは、「社会化（Vergesellschaftung）の特定形式の研究と関連する具体的（マテリアル）な社会学であろう。この学問は、ともに人間が生きている様々な具体的様式、あらゆる結合様式を探求する。家族から、経済集団、政党を経て、国家や人間性に至るまで」を扱う（GS3-1：28）。ジンメルの形式社会学、さらにはフォン・ヴィーゼによる関係学を「社会学」そのものとして示唆しつつ、ホルクハイマーは、自分の「社会哲学」をこのような「社会学」と言い換えてもよいものとする。しかし、彼は、あらためて、自らの「社会哲学」を、当時の社会学会で優勢であったこの形式社会学と差異化せねばならない。形式社会学は、やはり事実に言及するに過ぎず、事実の価値については言及していないとホルクハイマーは述べる。

「社会哲学」は、事実の価値についても言及する。それは自然哲学と自然科学との関係に似て良好であるとホルクハイマーは述べる。後に「学際的唯物論」などとも言われる「学際的」研究プロジェクトは、たしかに学際的に具体的な素材（マテリアル）を経験的な誤謬と修正に対して開放し、哲学と個別科学とが協働できる形で示されているという意味において、一種の唯物論（マテリアリズム）である。ホルクハイマーの「社会哲学」は、学際的研究プロジェクトとして、厳密な定式化ではないが、次のような言葉に集約されていると考えられる。

　アクチュアルで哲学的な問題設定の基礎に基づいて研究を組織し、それに対して哲学者、社会学者、国民経済学者、歴史学者、心理学者が継続的な研究共同体で一体となり、それぞれの領域が個別に実験室でなしうる事や、あらゆる真の研究者が常に成して来た事を、共に成すという観点［…］哲学的問いにおける正否のような答えはないが、この問いは、弁証法的に経験的な科学的過程に編入される。すなわち、問いについての答えは、その形に応じて共に関わり合う専門的認識の進歩にある（GS3-1：29f）。

第2項 「社会研究」の制度化

ホルクハイマーの「講演」における「社会哲学」の議論は、社会調査プロジェクトの説明で締めくくられている。ここで、彼は、社会研究所の先代所長カール・グリュンベルクに言及し、自らの「社会哲学」をマルクス主義の文脈に位置づける。この点に関して言えば、ホルクハイマーは、「序言」においても、マルクスの思想との関連において「社会研究」を位置づけ、あらためて「社会学」との関係を説明している。筆者は、この項において、「社会学」、マルクス主義、研究プロジェクト相互の関係に注目し、ホルクハイマーが、自らの思想を具体化する研究組織の制度的実現に見ていたことを論じる。

「講演」同様、「序言」においても、ホルクハイマーは、「社会研究」を「社会学」と差異化している。なぜなら、「社会研究」は、たしかに、「社会学」同様、社会の問題を目的としているものの、「社会研究」の研究対象は、非社会学的な領域にも見られるからであるとホルクハイマーは述べる(GS3-2：37)。

すなわち、ホルクハイマーは、「社会学」が、先の項に見たような実証主義と形而上学の問題も含め、一つの専門領域として確立されたものだとし、歴史の浅い社会研究所における「社会研究」と、それに比べれば制度的に確立された「社会学」とを区別しようとしている。したがって、彼は、内容的に「社会学」という専門学科の特性を明らかにせず、形式的に差異化しているように思われる。結局、大学制度の専門分化から自由な社会研究所の位置の擁護という主張に解釈しうる。

しかし、以上のように述べるホルクハイマーも、「社会学」が個別科学の一つを志向すると同時に、多数の教義に揺れていた学問だと見ていたことをうかがわせる。したがって、「社会研究」同様、「社会学」が学際的研究の可能性を含むことを、ホルクハイマーは理解していたようである。とはいえ、個別科学としての一般的承認を求めた「社会学」は、様々な隣接諸科学から、越境者、あるいは簒奪者と非難されながらも、多くの利害関心を含んで制度的確立を求めることとなった。これについては後に議論する。

ホルクハイマーは、「講演」や「序言」の公的な表現において、個別科

学としての「社会学」の確立の1930年代時点における危弱さに注意するとともに、「ドイツ社会学会」からも距離を置いた。それは次のような言明からもうかがえる。

> 『社会研究誌』の諸研究が社会学と類似するところがある時、それら論稿には、やはり狭義の社会学的問題も提出されている。しかしながら、現代社会学理論に対する賛同を表明するか反対を表明するかは、―とりわけ第1号においては―、他の専門成果に対しては最大に敬意を払うために、明確な（sachlich）議論を回避する（GS3-2：37）。

すなわち、ホルクハイマーは、「社会研究」が「社会学」よりも広義の課題だと表明しているのである。彼は、「社会学」を批判し、それと競うのではなく、「社会学」を一部として取り込もうとしているのである。ホルクハイマーは、戦略的に、制度としての「社会学」とは距離をとり、内容としての「社会学」とは接近していたと言いうる。

しかし、ホルクハイマーは、「社会学」以外にも数ある個別科学のなかでも、社会心理学を、当時の「社会研究」にとってとりわけ尊重すべき個別科学だと述べている。経済法則に還元するマルクス主義の教条主義を視野に入れ、ホルクハイマーは、人間のばらばらな意志を取り結ぶ法則性を、心理学の問題だと考えた。ただし、ホルクハイマーは、「社会的心理」というものを、固定した人間本質と考えるのではなく、絶えず歴史的に変化するものだと考えた。

彼は、「社会研究」の成果が、絶えず「歴史の経過」に対して理論的に照らし合わされることを重視していた。したがって、「多くは、一旦、可謬的に示されるが、これらに来るべき修正を見込むならば、様々な学問を補助手段として、現代社会と社会的矛盾の問題にそれらを適用するという試みを退けることはない。そして、修正への期待は、社会生活の機能と変化にとって重要な諸事象を、現代達成した認識に対応する方法で把握する試みも退けることなどない」（GS3-2：37f）。ホルクハイマーは、「講演」において「社会哲学」について示した「認識の修正」の重視と、そのための学際的協働の意義を繰り返して主張する。

ホルクハイマーによる「社会研究」は、このように誤謬の発見と修正の可能性を含みこんだ研究であり、それは歴史的変化にともない生じると同時に、そのような歴史的変化そのものを認識し、法則的に捉える可能性を示そうとしていた。彼が、研究の組織化と認識の歴史性に注意を払いながらも、歴史法則の認識を相対的に放棄するものでもなかったことは、「講演」において述べられている。そしてそのことは、事実認識に留まる社会学との差異でもあった。

　ホルクハイマーは、「社会研究」が歴史から自由であるとか、認識の独立自存であるということを否定することによって、自らの拠って立つ理論的基準を、それが変化に開かれながらも、継続的に固守すべきところもあると考えている。したがって、「社会研究」とは、関係する個別科学の成果や、それら科学との関係、その歴史的反省によって変化しうる。しかし、この理論的基準は、それが実現される実際の研究制度を戦略的に必要としていた。それがフランクフルトの「社会研究所」であった。したがって、筆者は、ホルクハイマーの「社会研究」の思想が研究の制度化を重視したものだと考える。

　ここで筆者は、「序言」においては具体的に述べられていないホルクハイマーの経験的研究プロジェクトを、「講演」の結末から明らかにし、その背景にある社会研究所のマルクス主義的文脈を確認しておきたい。

　「講演」の最後において、ホルクハイマーは、先代所長グリュンベルクの功績を称え、「社会哲学」の構想が、経験的調査研究の実施の点において、グリュンベルクと継続性があることを示す。そして、ホルクハイマーは、グリュンベルク体制における「所長独裁」を継続することも示している。「社会論における哲学的構成と経験的なもの（Empirie）の相互性についての十分計画された研究の独裁を、我が同僚達と共に共同で、最も密接な枠組みで設立する」（GS3-1 : 31）。

　また、ホルクハイマーは述べる。「哲学の補助として事実研究をするのではなく、哲学と経験的なものにとって同様に重要なこの可能性という点で、私は、我が師ハンス・コルネリウスが考えていたような哲学者として、この研究所を導く使命につく」（GS3-1 : 31）。ホルクハイマーがコルネリウスから受けた最大の影響である「経験的なもの」は、ヘーゲル哲学の受容

を経て、「社会論」（Gesellschaftslehre）のなかで展開されたのである。

　ここでグリュンベルクの思想的立場について若干確認しておく。彼は、初代の社会研究所所長就任講演において、研究所のマルクス主義的研究が政党政治的なものではなく、科学的だと宣言した。「絶え間なく刷新する根本的変動にある現実的な社会的できごとや社会的生活は、その［マルクス主義的研究の］考察対象であり、それに応じて経過する法則こそが、その研究対象であるこの根本的変動過程の究極的に理解できる原因である」（Grünberg 1924：10f）。その際、グリュンベルクは、この社会的できごとや社会的生活における経済的利害関心の衝突から法則性を見出すと述べた。すなわち、経済下部構造による社会的生活の反映論と、経済的利害関心における階級闘争の根本性を信じるという意味では、彼は典型的な史的唯物論者であった。

　また、草創期の社会研究所機関紙『グリュンベルク・アルヒーフ』には左右さまざまな思想の人間が寄稿していた。にも拘わらず、彼らは、結びついていた。彼らは、資本主義から社会主義への進歩を決定的に確信していたわけではない。また、仮に進歩観を持っていたとしても、それは一つではなく多様なものであった。しかし、彼らは、自分たちが着実に、「なんらかの社会主義」の実現に邁進しているということで結びついていたのである。したがって、グリュンベルクとその周囲の人間は、史的唯物論者ではあっても、ソ連を中心とするマルクス主義正統派の教条主義者ではなかった。グリュンベルクは、この世界観の多様性に基づいている研究者相互の関係こそが、科学的研究の原動力となると考えていたのである。もっとも、グリュンベルクの寛容は、研究者相互がたどり着くべき客観的事象が存在する、という信念に基づいていた（Wiggershaus 1988：38）。

　このような思想にもとづいて、グリュンベルク体制において経済学的データが重視されたのに対して、ホルクハイマー体制においては、グリュンベルクが受容していなかった社会心理学的調査が志向されていた。「序言」において、ホルクハイマーは、「社会研究」の重視する個別科学が、とりわけ社会心理学であると述べているが、言うなれば、グリュンベルクの客観主義的な経済法則論に対して、ホルクハイマーは主観的に経済社会を生きる人々の心理的次元も問題化しようとしていた。したがって、ホル

クハイマーは、すでにグリュンベルク体制において確立されていた社会の経済生活に加え―グリュンベルクは、哲学的研究に意識的に否定的なところがあった―、個人の心理的発展、そしてそれら経済と心理とを媒介するような狭義の文化領域、法、倫理、世論、スポーツ、娯楽、生活様式などとの関係を論じることが、先ずもっての社会研究所の課題だと述べている (GS3-1：31f)。

ただし、ホルクハイマーは、心理、あるいは精神や上部構造と言われるものが経済生活を規定しているとか、経済生活、あるいは土台とか下部構造と言われるものが精神を規定しているのだという論争に対しても、ここで留保している。ホルクハイマーの体制の新しさは、グリュンベルクの体制に対して、上部構造と下部構造の研究の対立として誤解されかねない。しかし、これら研究観点の対立は、ホルクハイマーによれば、決して「ヘーゲル　対　マルクス」を現しているというわけではない。そのような対立に基づく者は、ヘーゲル哲学とマルクス理論とを理解しているとは言いがたい。上部構造決定論者も下部構造決定論者も、精神と経済との「反映論」という意味では共犯して、ヘーゲルとマルクスの遺産を矮小化しているというのがホルクハイマーの主張である。ホルクハイマーは、むしろ心理と経済に対応関係を前提とする理論的見地よりも、それら知見の相互の関係が「全体」を形作るために、やはり独断ではなく、相互が対話的に結ばれる「研究体制の組織化」に結論を求めた。

より具体的に、ホルクハイマーは、労働者の「心理構造」を究明するために、労働者に関する質問紙法による調査研究を実施するように提案している。彼は、既存の資料に加えて、直接的な質問紙調査の実施を宣言し、質問紙の意味を次のように定義している。「第一に質問紙は、研究に刺激を与え、現実の生活との一定の連関を維持し、第二に、それは加えて、他のところで達成された研究の認識を試し、これによる錯覚を避ける」(GS3-1：34)。ホルクハイマーは、社会研究所の先代所長カール・グリュンベルクが収集した膨大な労働運動史の資料が存在するにも拘わらず、質問紙調査によって、「本にはない当面の資料」が経験的に得られると述べているのであり、ここに彼の述べる経験的なものと哲学との関係、誤謬と修正の関係が見られる。その具体化である『権威と家族』については、次節

において言及する。

第 3 節　ホルクハイマーと社会研究所の「経験的研究」
——『権威と家族』(1936) ——

　ホルクハイマーの「社会研究」の思想は、彼の社会研究所の運営と結びついてはじめて、『権威と家族』という学際的研究プロジェクトの実現に至った。「『研究所』がドイツから亡命するまえに行っていた研究—［…］共同研究『権威と家族』のことですが—は、それまでの公的な教育制度に比べて新しさをもっていました。つまり、大学ではまだ行えなかったような研究を行う能力ということです」(Jay 1973 : xxv = 1975 : I)。これは、ホルクハイマーがマーチン・ジェイの『弁証法的想像力』(1973) に寄せた序言において述べている言葉である。

　すでに述べたように、社会研究所が行った研究の斬新さは、フロイト心理学の受容に基づくものであった。ホルクハイマーは、1926 年、すなわち、教授資格論文を終えた後、哲学について思いついたことを記した日記、ならびに 1934 年に出版されるアフォリズム集『薄明』の下書きとなるノートにおいて、フロイト心理学に対する見解を明らかにしている。これらにおいて、ホルクハイマーのフロイト受容の一貫した意義が見られる。1926 年 11 月 26 日の『哲学日記』において、ホルクハイマーは次のように述べる。「疑いなくフロイトは正しい。フロイトは、全文明を抑圧の事実と結びつけたからである」(GS11-9 : 256f)。しかし、ホルクハイマーによれば、フロイト学派には欠点があった。その欠点とは、すなわち、「社会的なるもの (das Soziale) は、従来のフロイトとその学派［が見ていた］よりも大きな役割を演じている」ことに、彼らフロイト学派が気づいていないというところにあった (GS11-9 : 256f)。

　そして、フロイト学派は、リビドーという自然そのものを理解できると考えていた。しかし、マルクス主義の正統を称するソビエトの公式見解として、1923 年以降、フロイト心理学受容は異端とされ、1930 年代までには、左翼でこれを口にする者などいなくなっていた。ホルクハイマーは、彼自身のフロイト心理学の受容とともに、社会研究所の学際的研究プロ

ジェクトにおいてエーリヒ・フロムの議論を尊重するようになった。

　第1項においては、前節において述べたように、「社会学」から差異化されたホルクハイマーの「社会研究」という構想の実践を、「ドイツ社会学会」の成立過程や構造から問う。また、本章第1節において議論した概念でいうならば、「ドイツ社会学会」は、「社会研究所」という「内部」に対する「外部」に当たる。筆者は、この用語を本節において再び用いて説明する。第2項において、社会研究プロジェクトである『権威と家族』にとっての経験的研究の「外部」、すなわち経験的研究についてのそれまでの経過、および『権威と家族』のプロトタイプとなったフロムの経験的研究を紹介する。最後に筆者は、第3項において、『権威と家族』の内容と、研究所のその後の動向とを確認しておく。

第1項　ドイツ社会学会と社会研究所

　ここでは、フランクフルト社会研究所の、「社会研究」にとって「社会学」がいかなる意味をもち、それがいかなる立場にあったかを確認する。ここで筆者は社会学理論の諸学説をつぶさに紹介してはいないが、重要なのは、ドイツ社会学の大まかな性質と、その性質を形成した歴史的展開であると考える。本章第1節において取り上げたように、「社会研究所」の結びつきという「内部」にとって、この「社会学」という「外部」はいかなるものであったのか。とりわけ、社会研究所メンバーがフランクフルト大学において社会学者たちと討議の機会をもち、ゲオルゲ・クライスの側から社会学グループと見なされていたというエピソードから考えるならば、たとえホルクハイマーが「社会研究」と「社会学」とを差異化しようとも、「社会学」とは、社会研究所メンバーにとって、「外部」からのまなざしの一つであったと言えるであろう。

　しかし実際には、当時、自由な雰囲気のなかで、フランクフルト大学において、社会研究所員やさまざまな学者たちによって盛んに「社会学」が議論されたものの、ドイツ社会学の世界においては、マンハイムの社会学がフランクフルト大学の社会学を代表するものだと見られていた。社会研究所の「外部」としてフランクフルトの社会学とドイツ社会学会があった。ところで、筆者は、ドイツの社会学史家ディルク・ケスラーと話す機会を

得た際、彼は、初期のドイツ社会学会にとって、筆者が関心を持つ社会研究所がマージナルなものだと述べた。なるほど、社会研究所がドイツ社会学の「マージナル＝周辺」にあってこそ果たしえた研究実践の自由さこそが、本書において筆者の注目するところである。

　社会研究所は、ドイツ社会学会と対立するよりも、良好な関係を求めた。たとえば、研究所発刊の『社会研究誌』（Zeitschrift für Sozialforschung）の編集長レオ・レーヴェンタールは、1930年代のドイツ社会学会において支配的位置にあったレオポルト・フォン・ヴィーゼによる『ケルン社会学紀要』（Kölner Vierteljahrshefte für Soziologie）と、『社会研究誌』とが競うものでないことを、フォン・ヴィーゼのいるケルン大学に行って説明してきていた（Jay 1973：26f ＝ 1975：31）。このエピソードは、ケルン大学を通して、「ドイツ社会学会」そのものに対する社会研究所からの「距離感」を表している。すなわち、社会研究所は、研究に社会学の成果を取り入れつつも、社会学の世界の勢力図をすり抜ける立場を試みたのではないだろうか。以下では、その勢力図と、ドイツ社会学会の問題点に対する社会研究所の姿勢について考えてみる。

　すでにフランスやアメリカにおいて国際的な社会学会が設立され、さらには日本においても社会学制度が整備されるなかで、ドイツの社会学研究制度の確立は遅れていた。そのようななか、ドイツ語圏では、ヴィーン社会学会の方がドイツ社会学会よりも先に確立されていた。したがって、米沢和彦は、ヴィーン社会学会設立の立役者ルドルフ・ゴルトシャイトが、ドイツ社会学会設立の提唱者であると述べている（米沢 1991：12 以下）。しかしながら、ドイツ社会学会設立の立役者は、マックス・ヴェーバーの方であるという理解が多い。

　ヴェーバーが社会学会設立の立役者であるという見解の根拠は、彼の学会に対する目だった貢献がある。それは、彼による学会設立のための「勧誘状」である。そこでは、「価値自由」の原則が表明されていた。すなわち、社会学による政治的に実践的な目的探求の排除であり、純粋な科学としての社会学の確立という目標の表明があった。先に述べたゴルトシャイトは、社会政策学会において、ヴェーバーと反対の立場にあった。すなわち、ゴルトシャイトは、いわゆる「価値自由」（Wertfreiheit）を重視するもの

ではなく、科学的な政策への介入に積極的であった。結局、初期のドイツ社会学会は、ヴェーバーの勧誘状にあったその「価値自由」についてもめることとなった。その後、1912年のベルリン大学における第2回ドイツ社会学会大会に至るまでも「価値判断論争」は続き、これ以来、ジンメルもヴェーバーも学会自体から去ってしまった。そして、学会の規約にまでした「価値自由」の原則は、ほとんどの人間が守ろうとしなかった。また、ヴェーバーは、「勧誘状」において、学会による経験的調査研究の組織化もうったえかけていたが、これも不充分なままに終わった[19]。

　ヴェーバーが去り、「価値自由」の実現されなかった社会学会は、社会の政策科学の側面を残したまま、「社会学」というアイデンティティーの確立に勤しんだ。実際的問題として、社会学制度の確立は、社会学の先駆者たちの大学社会での就職先を求める運動でもあった。それと関連するが、ヴェーバーが学会を去った要因の一つに、フェルディナント・テンニエスとの確執もあった。若くして就職先を得たエリートであるヴェーバーに対し、ドイツ社会学の創始者を自負する老大家テンニエスが嫉妬していた。しかし、テンニエスの個人的問題はともかく、当時の「社会学」にとっての問題は、思想内容同様、大学社会における実質的な制度としてのアイデンティティーを確立することにあった。実際、ヴェーバーが去った後のドイツ社会学会執行部は、諸大学に「社会学」学部設置を請願していく。したがって、大学制度に食い込むための「社会学」運動は、外国での先例、とりわけヴィーン社会学会の成功を例に挙げており、その意味において、経験者ゴルトシャイトがヴェーバーより尊重されたという経緯も考えられる。

　ドイツ社会学会執行部であるルドルフ・ゴルトシャイト、フェルディナント・テンニエス、そしてヴェルナー・ゾンバルトたちが1914年に諸大学に出した「請願書」には、戦略的に、法学部の一部として「社会学」を出発させるという提案もあった。あるいは、執行部は、他学科との関係から「社会学科」のアイデンティティーを説明している。彼らが隣接諸科学として重視したのは、国民経済学、統計学、歴史学であった。もっとも、スザンヌ・シャドによれば、当時の「統計学」とは、国家が国民を数量的に管理する方法を念頭に置いた学問として発達したものであり、その意味

では、社会学とは、国家の目の届かない国民の精神生活としての「社会」にアプローチする新しい学問として提案されていた[20]。

また、他の学問領域との関連については、第2回ドイツ社会学会大会においても争点となった「人種」や「民族」の概念と関連する優生学の見地から、学会内において「社会生物学」という新しい試みも提案されるようになった。方法的な個人主義との関連において、生物学、心理学、医学、とりわけ精神医学、これら諸領域の議論は、草創期の社会学に組み込まれていた。なるほど、1909年のヴェーバーの勧誘状においても、「社会学」がこれら関連学科と密接にコミュニケーションをとるべきだという発想がうかがえる。あるいは、「勧誘状」においては、文化とテクノロジーとの相互の関係を考える際、個人の心理の変化ばかりでなく、個人が接触する物質文明の具現化である機械工学の諸問題と関連し、工学のような分野とも接触の機会をもつべきだと考えられていた。初期の「社会学」は、制度の確立と関連し、他学科において先行して確立された業績との関係から自らの位置を主張し、場合によっては、他の学科との関係を媒介しようと努めていた（米沢1991：107以下）。

しかし、「社会学」は、媒介者であるというよりは、他の学問の境界からそれらそれぞれの独自な成果を掠め取り、折衷的に自らを確立しようとしているのではないかという批判も、他の専門学者たちから寄せられた。とりわけ、統計学のゲオルク・フォン・マイヤーの批判は強力であった。しかし、シャドによれば、具体的な対立の原因は、社会学が社会理論の抽象化の際に、統計学を補助学科と見なしたことに対して、すでに統計学こそが確立された学問であるという統計学者たちの自負が一つにあった。また、新興の社会学者たちによって、公的な統計調査の仕事が奪われるのではないかという統計学者からの懸念があった（シャド 1987：33以下）。社会学者たちも、「経験的社会学」と言う際に、統計学的な数量的データのみならず、個別面接調査から得られる資料を、いかにして理論的レベルで語るかに、自分たちのアイデンティティーの確立を見た。シャドは、ドイツ社会学の歴史を、経験的調査の下位化、あるいは調査を他の領域の専門として分離する傾向から歴史的に捉えている。すなわち、それは、理論優位の傾向である。

社会学における理論的研究の優位傾向と言う際、その社会学理論の勢力関係について考えてみなければならない。第一次世界大戦までのドイツ社会学理論において優勢な学説はなにか。それは、テンニエスの学説以前にも、ロレンツ・フォン・シュタインの議論などにもルーツが求められうるが、やはり、社会学会草創期においては、マックス・ヴェーバーとゲオルク・ジンメルによる理論の影響が大きかった。両者とも退会してしまうが、彼らの理論は社会学教育の教科書となり、学会でも頻繁に取り上げられた。ヴェーバーが経済学、法学、心理学、歴史学などから論争的に獲得した「社会学」の独自性の定義は、彼の学会との関係にも拘らず、「社会学」のアイデンティティー確立にとっての基盤となっていった。そして、フランスのエミール・デュルケームの「社会学主義」とも通じるジンメルの形式社会学も、社会学者たちのアイデンティティー確立へとつながっていった。

　ところで、マックス・ヴェーバーの「価値」や「合理性」や「文化」への言及は、弟アルフレート・ヴェーバーによる「文化科学」としての社会学によっても普及した。しかし、文化社会学は、もっと単純な形でドイツの置かれていた状況と呼応して優勢となってくる。彼の学説内容がいかなるものであったかはともかく、この学説における「文化」というキーワードによって、ドイツを「文化」の国とし、英仏を「文明」の国と見る傾向が生じたことは確かである。テンニエスのゲマインシャフトとゲゼルシャフト概念同様、「文化」と「文明」は、機械産業の発展と、多様で相対的な「文化」の破壊者としての合理化、あるいは産業化を英仏の「文明」と見なし、ドイツを「文化」の擁護者と見なした。それは、植民地政策と帝国主義の英仏に対する後進国の論理でもあった。学会の趨勢が英仏との表象の戦争に巻き込まれていたことは確かであった。

　第一次世界大戦によって中断した後、ドイツ革命後のヴァイマール体制の1922年、第3回のドイツ社会学会大会は、イェナ大学において「革命」をテーマとして開催された。この頃には、ジンメルの「形式社会学」の影響も大きく、「経験的研究」から分離された純粋な個別科学としての社会学の確立を自認するケルン大学のレオポルト・フォン・ヴィーゼによる社会学が中心的になってくる。それは、社会関係を理論的にモデル化する

「関係学」(Beziehungslehre) と呼ばれた。第3回大会において、フォン・ヴィーゼは、「革命」を彼による「社会学」によって一つの社会現象として分析した際、これに反論したのは、マルクス主義的社会学者たちであった。マックス・アドラーと、この年にフランクフルト大学の社会研究所を始動させたカール・グリュンベルクがそれに当たる。彼らは、革命を相対的現象として取り扱うのではなく、普遍的な社会法則の面から主張しようとしていた。

グリュンベルクは、社会研究所所長就任講演において、「所長独裁」を宣言し、フォン・ヴィーゼがいた1919年設立のケルン社会科学研究所の「学寮式体制」と区別した。グリュンベルクは、ケルンの研究所における「社会学」と、自らの研究所のマルクス主義的な社会の研究とを区別するためにも、研究体制そのものに差異をつけようとしていた。ケルンの研究所は、「対立する世界観のそれぞれの地平から誠実にそれぞれの人格が［…］ともに作用する」比例代表制を模したものであり、社会政策部門に前ヴュルテンベルク州務大臣フーゴ・リンデマン、社会学部門代表にレオポルト・フォン・ヴィーゼとマックス・シェーラーが所内を部門ごとに分け、対話的に指導していた (Wiggershaus 1988：36)。対話的運営とは言うものの、その研究所の研究目的は、革命後の社会秩序の回復に向けられており、革命の前進やダイナミズムには向けられていなかった。ホルクハイマーは、この点ではグリュンベルクの研究所体制の正統な後継者である。ホルクハイマーは、「哲学修業期」の終わりに、現象学から生じたシェーラーの知識社会学が、社会の秩序回復のイデオロギーとなっているという批判に至った。ホルクハイマーは、このことから、マルクス主義に向かうようになった。

しかし、興味深いことに、ホルクハイマーは、彼が社会研究所の所長となり、『社会研究誌』を創刊するとき、フォン・ヴィーゼと彼の雑誌『ケルン社会学紀要』に対抗しないように配慮した。『ケルン社会学紀要』では、実質的に、社会学と社会政策学の議論が交代で発表されていた。この雑誌は、「価値自由」の問題に対しても、社会学者と社会政策学者を対立させるのではなく、「相対的」にとりまとめた。この雑誌は、社会学会の機関誌として学会の通信網を組織し、同時に、フォン・ヴィーゼの学説を

政争的に学会の中心的学説にした。ドイツ社会学会の一学会員であったホルクハイマーは、ケルンの雑誌との関係に配慮し、それによってドイツ社会学会と良好な関係を維持するように期待していた。加えて、先にも述べたが、ナチスに追放されようとする頃、ホルクハイマーは、グリュンベルク体制における政治的色彩への警戒を露にした。これらのことから、ホルクハイマーの「社会研究」が、政治的レッテルに対して敏感にたちまわろうとしていたことが理解できる。

たしかに、グリュンベルクからホルクハイマー、そして、フランツ・オッペンハイマーからカール・マンハイムに世代交代したフランクフルト大学の社会学は、「イデオロギー論」に基づく「知識社会学」によって、なおも「マルクス主義的社会学」だと考えられ、学会の対立構造の一つに位置づけられていた (Käsler 1984：114-124)[21]。ナチスからの追放を受けるまで、マンハイムの知識社会学は、ケルン大学の「関係学派」に匹敵する依拠すべき新興勢力であった。この勢力の確立の理由には、ヴェーバーの死や、文化社会学の理論的継承も含まれると考えられる。文化社会学は、先にも述べたような「文化」の相対主義によって、社会進化論的なマルクス主義に対して「文明」の表象を押しつけていくことになった。しかし、シェーラーの知識社会学が「イデオロギー」（シェーラーの場合は知識の形態である）や「階級」という普遍的社会理論を目指すマルクス主義的用語をドイツ文化の文脈に翻訳したことから、マンハイムも、マルクス主義における「イデオロギー」概念を、「階級」や社会的存在の相対的関係を論ずるために用いた。

ホルクハイマーによるマンハイム社会学への批判は、社会研究所の位置づけにとって重要であった。ホルハイマーも他の社会研究所のメンバーも、マンハイムがマルクスのイデオロギー概念を静観的な科学にしたと考えた（秋元 1999：341 以下；Wittfogel 1931；Meja, Stehr ［hrsg.］, 1982：611f))。それも「社会学」と称されるものであり、ホルクハイマーの「社会研究」と区別されねばならなかった。しかしながら、社会研究所は、マンハイムの知識社会学や、関係学派に欠如していた「社会学」の課題の一部、すなわち、ヴェーバーの考えた他の個別科学との連携や、経験的調査研究に積極的に取り組むことになった。ドイツ社会学に欠如していたのは、学問が

理論的に考察する対象との直接的な接触であった。

第2項　フロムの労働者研究

　以上において述べたような「経験的調査研究」とは、『権威と家族』プロジェクトに結実していく。これに対して、まずエーリヒ・フロムによるプロトタイプとなる研究がある。この第2項において、筆者は、ドイツにおける経験的調査研究の若干の歴史とこのフロムのプロトタイプ研究を紹介する。

　当時、社会民主党、ドイツ共産党、ソビエト、保守主義、さらに民族主義など、様々な運動が、精神分析を政治的に批判、あるいはむしろ応用しようとしていたなかにあって、心理学における精神分析とは、あくまで臨床的実践であることを主張していたのがフロムの心理学上の師カール・ランダウアーたちであった。ランダウアーたちの精神分析は、そもそも政治的関心よりも、医療技術としての関心が強かった。すでに、1920年には、ベルリンの精神分析研究所が設立されていた。その10周年パンフレットの序文においてフロイトが示した研究所の役割は、貧しい人々にも、富んだ人々同様に精神的障害を治療する機会を与えるというものであった。

　しかし、ジークフリート・ベルンフェルトは、精神分析のなかにマルクス主義的な政治的関心を示していた。マルクス主義でいう上部構造は、フロイトにおける父へのエディプス・コンプレックス同様、乗り越えられるべきイデオロギーであるとベルンフェルトは主張した（Jay 1973：87f ＝ 1975：124）[22]。そして、フロムをはじめとして、社会研究所メンバーの一部においても、個人と社会との弁証法的媒介としてフロイト精神分析の概念が用いられるようになっていった。

　先にも取り上げたように、1931年、ホルクハイマーは、社会研究所所長就任講演において労働者階級の心理的変化を検証する経験的研究プロジェクトを予告した。それは、学際的な研究プロジェクトであった。このプロジェクトが『権威と家族』（1936）となるが、その前作として『第三帝国前夜のドイツの労働者とホワイトカラー——その社会心理学的研究—』（1929）がある。

　近年、この1929年の研究に解説を加えたヴォルフガング・ボンスは、

社会研究所の労働者に関する経験的研究の前史をマックス・ヴェーバーにまで遡らせている。ボンスによれば、ヴェーバーが最初に参加した社会政策学会の農場労働者の調査においては、労働者の知性に信頼がおかれず、雇用者に証言をとるという方法がとられていた。この調査方法は、社会政策学会における経済学的な統計、すなわち労働者の収支などについて客観的に触れる際はともかくとしても、雇用者や労働者自身の主観性の解明にとっては不充分な方法であった。

ヴェーバーは、ドイツ社会学会創設に関わる前の年となった1908年の社会政策学会共同の研究『大企業内における労働者の選択と適応（職業選択と職業運）に関する調査』において、被対象者の出生地や父のキャリアについての質問を入れるようにした。彼は、大企業が労働者の生活様式に与える影響と、労働者たちそれぞれの出自の大企業への影響という相互の関係を解明しようとしていた。ヴェーバーは、賃金表や人事資料という企業側のデータとともに、労働者へのアンケートも綿密に練り上げた。しかし、ボンスは、ヴェーバーの研究が労働者自身の願望や希望や自己評価という心理的性質の描写に失敗していたと述べている。統計的な資料と分析の方が肥大なために、心理の叙述が断片的に映じたからである。この方法的欠陥は、ヴェーバーの調査理論を継承したアドルフ・レーフェンシュタインの労働者研究の限界ともなっていた。

レーフェンシュタインは、自らもプロレタリアート的生活をおくった経験があることから、昔の同階級の仲間たちとの接触を利用し、内在的調査を進めた。彼の調査は社会民主党の反発を受けたために、調査の質問表の回収率も不充分であった。ここでは詳しい調査内容に触れないが、要するに、レーフェンシュタインの研究は、労働者たちの心理的類型の分類に集中したものの、その「精神的・肉体的メカニズム」に関する決定的回答を得られなかった。そのようにレーフェンシュタイン自身も自覚していたのである。しかし、ボンスによれば、労働者たちに内在的に、その心理類型を分析する記述そのものは、やはり価値があった。このような研究スタイルは、その後、社会研究所の調査研究が出現するまでに絶えてしまった。ドイツにおける労働者の実態調査研究の欠如は、世界大戦による研究環境の変化ばかりでなく、ドイツ社会学会の経験的研究との疎遠さに起因して

いた。

　しかし、ヴェーバー的な社会学的研究とは別に、むしろ社会政策学会において進められていたような数量的資料を用いた研究は、労働運動という関心のため、とりわけ賃金交渉の場に利用するために、ある程度盛んに行われるようになった。このようなマルクス主義的関心から、労働者の実態に迫る経験的研究において、社会研究所の研究と同時期に高い評価を得ていたものがすでにいくつかあった。エミール・レーデラーの『危機の前にある資本主義におけるプロレタリアートと階級内社会階層の社会的階層化の変動』(1929)と、ジークフリート・クラカウアーの『ホワイトカラー─ドイツの今─』(1930)である[23]。それら研究のきっかけとして考えられるのは、ホワイトカラーの増加とブルーカラーの減少という事態であった。1925年にはドイツの労働者の半数以上がホワイトカラーになり、ブルーカラーの多かった鉱工業でさえも、機械化などの原因から減少したと言われていた。

　レーデラーによると、社会階級の貧富の差は克服されつつあり、初期資本主義の敗者としてのプロレタリアートは、官僚主義的ステイタスと経済社会のシステムに組み込まれる福祉的状況によって骨抜きにされ、この経済システムに自発的に服従するようになった。レーデラーよりさらに進んで、クラカウアーは、映画や演劇などの娯楽までもが大衆用に管理されていると考えた。彼は、その映画や演劇の内容が資本主義の抑圧を社会的成功のチャンスというイデオロギーにすり替えているという仮説を経験的研究によって検証した。クラカウアーは、資本主義の抑圧をごまかしている娯楽の虚偽性を意識しようとせず、むしろ肯定している人々にホワイトカラーという新しい労働者像が当てはまるとした（Wiggershaus 1988：132f）。

　そしてこれらとともにフロムの研究が並ぶ。労働者を心理的に分析する社会研究所の経験的研究は、フロムの指導の下、約3,300通の質問紙を労働者たちに配布した。彼の調査の協力者には、先に挙げたレーフェンシュタインも含まれ、さらにはヒルデ・ヴァイス、エルンスト・シャハテルたちがいた。彼らは、先に述べたようなヴェーバーと社会政策学会による経験的調査の問題点に精通しており、とりわけ、調査者の被調査者に対する権威的態度への注意を促した。したがって、フロムたちは、形式的にアン

ケート用紙がばら撒かれるような方式ではなく、質問が面接者によって逐語的に書きとられ、精神分析医が患者の連想に耳を傾けるようなスタイルで質問を行うことを希望した。

しかし、彼らの希望は満足させられなかった。この調査は、資金的困難からアンケート式となり、無作為抽出法ではなく、人づてに調査票が配られた。それは271問の自由回答方式で、面接ではなく、「解釈による無意識の把握」を求めてのことであった。その調査票は、政治的定位、一般的世界観、趣味、個人固有の性格、家族や権威に対する立場、余暇の使い方についてなどを問うものであった（Dubiel 1978：25）。回収率は約33％で1,100通あった。無回答項目も多かった。これら回収調査票は、亡命時の混乱によって多くが失われ、実際には584通しか手元に残らず、分析の続行に意味があるかどうかも研究所関係者内にささやかれた。

この結果、性格類型「権威主義・マゾヒズム的」、すなわち、政治的保守主義が約10％、「革命的・性器的」[24]、すなわち、社会主義が約15％ほどであったのに対して、大多数が政治的態度をはっきりとさせないアンビバレントな性格類型であった。しかし、回答上、左翼政党党員あるいは支持者は、投票、右翼、司法、国家権力などの問いに対して紋切り型の答えを出しているのに対して、女性問題、人工中絶、体罰、政治的指導性、友情、金銭、娯楽、趣味、服装などについて権威主義的傾向を示すことも多く、ここに無意識の分析の意味が明らかとなってきた。つまり、労働者層の政治的意識の顕在的内容と潜在的内容との相違である。

ヘルムート・デュビエルによると、この研究成果は、社会研究所メンバーによるドイツ共産党（KPD）とドイツ社会民主党（SPD）に対する現状把握の甘さをあらためさせ、それら政党もまた、労働者にとっての単なる「権威」であることを確認するものでもあった（Dubiel 1978：25-28）。たとえば、ドイツ共産党における失業問題への回答は、失業に関する正確な現状認識とずれていても、ドグマとして意味をもつようになっていた。また、結果的に、フロムは、アンケートが被調査者に思いもよらなかった答えを誘導し、数字の上で複雑な「人格」を調査者の合理性で片付けることに失望した[25]。

しかし、そのような調査結果から、フロムは、調査の顕在的内容の単な

る投票的性格に頼ってきた政治勢力についての従来のデータと、それに基づくファシストたちに対する楽観視を否定し、ナチスが政権を獲得しうると研究報告において結論づけていた。この研究が先見の明あって、たしかにドイツの労働者は、なんの抵抗もなくナチスを受け入れることになる。この書は、1939年ころまでは公表される予定であったが、しかし、フロムがそれまでに研究所を去り、その必要がなくなった。また、フロムは、この研究関係書類をもち去ってしまっていた[26]。

第3項　経験的研究『権威と家族』（1936）

　フロムによる研究は、労働者たちによる革命政党の「権威」への盲信を検証した。フロムの労働者研究を進展させた『権威と家族』は、労働者をサラリーマンとして統合した国家と経済社会との新しい関係性を、心理的な「権威」と、その心理を育む「家族」から考えるものであった。かつてのブルジョワ市民「家族」の自律性は、初期資本主義社会のなかで、「社会」の領域が「国家」と対立する際の構造を支え、経済的であると同時に合理的に自律性のある個人の可能性を形作った。ホルクハイマーの主導した『権威と家族』研究によれば、そのような「家族」は、無条件に強制される国家の「権威」に反抗する個人の「理性」を育む所であった。しかし、初期ブルジョワ社会の自律性における「理性」も、国家と経済によって直接に個人が支配される時代においてはイデオロギーに過ぎなかった。以下では、この『権威と家族』研究について紹介する。

　そもそも、この社会研究プロジェクト『権威と家族』（1936）は、ポロックがホルクハイマーやフロムに相談もなく請け負ってきた委託研究であり、その際、ポロックの念頭には、家族の構造変動の国際的研究という形が浮かんでいた[27]。この研究は、研究所にとって、経験的研究に対する自分たちの能力と、その可能性を試す機会となった。『権威と家族』は、経済学についての項目をとりやめ、当初の予定の一般的部分（ホルクハイマー）、社会心理学的部分（フロム）、観念史的部分（マルクーゼ）という構成から第1編を成している。第2編と第3編は補足として計画された。補足は、経験的研究に依拠しつつ、それに懐疑も向け、その結果に満足しないような理論的論文から成っていた。

ホルクハイマーの担当する歴史的論証によると、産業革命以前のブルジョワ市民の「自律性、家族愛、自己陶冶」は、経済の権威に支えられる父が具現していた。この具現は、自らの周囲の社会にではなく、自分自身を責任の所在としている家庭教育をこどもに施した。ブルジョワ市民家族は、経済社会をサディスティックな性質として想定することによって、マゾヒスティックな禁欲を家庭教育において再生産した。また、『権威と家族』の序文において、ホルクハイマーは、「権威的」という言葉を二様に区別している。それらは、autoritär と autoritativ である。「autoritär は、本書において、権威を是認する（権威の対象の側から）意味で用いられ、一方 autoritativ は、権威を求める態度（権威の主体の側から）として示されている」（GS3-8：332）。言い換えるならば、前者は、権威ある「対象」を形容している「権威的」であり、後者は、主体的に、あるいは自発的に権威を求めるという意味での「権威的」だと考えられる。そして、ホルクハイマーがこのように区別した理由は、autoritär な家父長制家族が産業革命以降崩壊し、autoritativ な関係としてなおも産業革命以降の「経済」に「権威」が見出されていたからであった。

　ホルクハイマーによれば、自律的個人という初期ブルジョワ市民社会の理念を父親が具現していた autoritär の領域は、金や行政命令など不定形に「権威」を求める autoritativ に変質していく[28]。それは、さらに権威を求める心理そのものを問題としていた。この研究の後にも、論文「現代における権威と家族」（1960）において、ホルクハイマーは意見を変えていない。「家族がおのれのもっている権威を、独自の形態で家族構成員に及ぼすことを停止するや否や、家族はたちどころに大なる権威がそのまま執行される場所となってしまうのである」（GS5-2：384 ＝ 1970：145）。この引用は、ハーバーマスの「生活世界の植民地化」を想起させる。実際、ハーバーマスの『公共圏の構造転換』において、ブルジョワ市民家族の私的領域は、対話的な公共圏の形成の基礎として重視されており、それはホルクハイマーとこの社会研究所の研究の成果を踏襲している（Habermas 1990：107ff ＝ 1994：64 以下）。そして、もちろん、初期ブルジョワ市民家族の機能はホルクハイマーの時代においても、ハーバーマスの時代においても、晩期資本主義社会のなかではノスタルジーにすぎない。彼らは、現代

社会の批判のために現代社会が失ったものを描く。ホルクハイマーは述べる。

> ブルジョワ市民的思考は、伝統の権威に対する戦いとして始まり、その権威に、あらゆる個人の内にある理性を、法と真理の正当な源泉として対置する。そしてそれは、単なる権威のそのもの、つまり、人間に正義、幸福、自由を、という歴史的標語が除去された後の理性概念も同じなのだが、特定の内容を欠く権威の熱烈な賛美に終わる（GS3-9：362 ＝ 1994：28）。

そのような現代家族の大なる権威の執行について、フロムの議論は、さらに現代家族の実態を心理学的に検証する。『権威と家族』におけるフロムの担当論文は、フロイトが超歴史的事実として見ていた家族における人格形成を、権威的態度の歴史的現象形態として議論し、権威の形式と階級構造との間の関連類型に発展させようというものであった。政治的には階級構造を保守すべきブルジョワ家族では、こどもが非労働力であるにも拘わらず、親は無償の愛情を与える。労働者や農民の階級となると、非労働力としてのこどもにマゾヒスティックな絶対的服従を、その肉体的知的格差のサディスティックな暴力を顕示することによって強いる。特に男子の成長は、老いる父との主力労働力としての交代過程であり、その成長した男子は、またも自らのこどもに、無条件に「権威」への服従を強いるという意味で、階級構造における被支配階級こそが家族内支配のこのサド―マゾ的性格構造の再生産を厳守する。労働者階級の家族のサド―マゾ的性格は、経済における労働力として家族を支えるという意味において成り立つ。この議論によって、ブルジョワ市民の家族がサド―マゾ的性格構造の再生産から解放されているというのではない。この autoritativ に反抗的な autoritär な力、すなわち、不条理で暴力的な「権威」ではなく、社会の経済や政治に自律的に参与していく能力を育むブルジョワ市民の理念としての「人間性」の「権威」は、階級的不平等によって成り立っていたのである（Fromm 1936：80ff ＝ 1977：13 以下）。

この実際の経験的検証は、フロムが指揮した第 2 編から始まる。以上の

ような経済システムに左右される父の機能の変化が「権威」の問題としてうかがわれる契機は、父の失業の際に顕著になると仮定される。フロムは、この調査についてはプリテストするに留まることとなった。

　また、フロムは、権威ある立場の社会的影響力を問題とし、とりわけ、皮膚科、性病科、婦人科、神経科の医師たち360人に5問の質問表を送った。それは性道徳に関する質問であった。支配階級に反抗心を含んだ被支配階級でさえも、「医師」は日頃から自らの健康のために必要不可欠な支配階級である。被支配階級は、「医師」からどのような権威的性格の影響を受けるのかについて論及することが質問の目的であった[29]。研究全体としては、書の題名どおり「権威」と「家族」それぞれの項目を中心とした個別研究もある。ちなみに第3編においては、社会政策や法学、経済学などの16の個別研究が「権威と家族」の主題で展開され、これが国際的にこの問題設定に関する8部の文献目録で補足されている。もちろん執筆者たちは、研究所との親密さにかかわりなく寄稿している。また、これらが独立した研究というよりは、むしろ第1編の綜合的論文に参照されるデータとして、特に引用を示されることもない資料となっている。しかし、それらは紙片の都合上どれも要約である。ポロックが論じるはずであった経済に関する言説もここにおさめられている[30]。

　「権威と家族」というテーマは、個人の心理状態を育む「家族」と「権威」との関係を見るべき研究であった。この研究の後のホルクハイマーと社会研究所はどのように変質していくのであろうか。これを確認してこの章を結びたい。

　ホルクハイマーは、「権威」の肯定的側面と否定的側面とを区別した。先にも述べたように、前者は、西欧のブルジョワ市民家族の自律性であり、後者は、資本主義システムの不透明性の拡大である。資本主義社会を国家が保護し、資本主義社会も国家に忠誠を誓い、家族が、消費と娯楽とを介してその忠誠を育むとき、個人の自律性の教育は、経済と心理の原則に変質し、国家と経済が手を組んだ全体的社会に機能的に貢献するようになった。フロムが人間関係の悪化から社会研究所を離反した後、ホルクハイマーたちは、初期ブルジョワ社会の自律性における「理性」と、この「理性」が社会心理的コントロールに屈服する消費文化とをあらためて問うこ

ととなった。

　『権威と家族』と同年に発表されたホルクハイマーの論文「エゴイズムと自由を求める運動」(1936)によれば、道徳的であることを要請される理性的階級、そして同時に所有者階級でもあるブルジョワ市民は、権威的で形式的な歴史的標語となってしまっていた。ホルクハイマーによれば、ブルジョワ市民は、有産者として、もたざる階級よりもますます得られるはずの「快楽」を、ブルジョワ市民として強いられる理性性（すなわち快楽に流されない自己管理の合理性）によって、ますます自らに対して禁じる。このブルジョワ市民的規範の相克から、彼らブルジョワ市民が非合理主義的ニヒリズムに陥る、というのがホルクハイマーの見解であった。ホルクハイマーの議論は、ブルジョワ市民的な理性に反抗する社会運動の問題を展開し、ここで、自らの自律を他人に任せるような、カリスマ的個人の権威の受容、つまりアドルフ・ヒトラーの登場も論じている（GS4-1 = 1994）。

　ホルクハイマーは、社会研究所メンバーの出身階級を鑑みて、このブルジョワ的心理機構が自分たち自身の問題でもあるということを強く自覚していた。これは、当時のホルクハイマーの「唯物論」によって基礎づけられる。ホルクハイマーは、「ブルジョワ的欲動の断念」に批判的でありつつも、ファシズムの出現にも警戒していたのである。しかし、心理機構、特にサドーマゾ的な家族の社会化としての「文化」を問題とした研究の後、ホルクハイマーの研究傾向は、理性批判に至る。すなわち、ブルジョワ市民社会は、心理、快楽、肉体的欲望を禁じる「文化」、あるいは、道徳、科学、そしてそれらに対応する諸判断において形式化した「理性」にいかにして抑圧されるのか、という批判である。そして、「理性」を美という観点から反省し、批判するはずの芸術のポテンシャルまでもが大衆的娯楽の全般化によって骨抜きにされることも問題としたのが、ホルクハイマーとアドルノとの共著『啓蒙の弁証法』(1947)であった。初期ブルジョワ市民社会に光を見ていたホルクハイマーは、これ以来、啓蒙の進行に比例して人類が野蛮を行使していくという皮肉な問題を主題とするようになる（G5-1 = 1990）。

　最後に彼の経験的研究の行方にふれておくならば、この『啓蒙の弁証法』

の冒頭において、ホルクハイマーは、アドルノとともに、経験的研究や様々な個別科学との協働に対して、以前より懐疑的になったと述べている。しかし、その後の社会研究所は、経験的研究を完全に放棄したわけではなく、新たな経験的研究に関与していく。「社会学」についても、ホルクハイマーは、様々な議論に関与している。『啓蒙の弁証法』以降のホルクハイマーの思想については、今後あらためて詳細に検討することとしたい。

[註]
1) ホルクハイマー全集の編者グンツェリン・シュミット・ネルの脚注によると、ポロックが筆記し、ホルクハイマーとの考えをまとめるこの議論のスタイルは、二人による1911年の「友情の契り」という生涯の友情の誓い以降に何度も営まれている。それらは、彼ら二人の関係ばかりでなく、社会研究所の運営やその仲間の態度決定に重要な資料となる（GS15-6：380f）。ホルクハイマーとポロックとの友情は、当初、強大な父の権力からの解放を意図していた。マックス・ホルクハイマー・アルヒーフ（MHA）にさえ保管されていない文書「友情の契り」は、次のように始まる。「われわれは、われわれの友情を最高の善として認める。友情の概念において、死が二人を別つまでの友情の持続が規定される。われわれの行いは、友人関係を表すべきであり、あらゆるわれわれの原則が第一にこれを考慮すべきである」（Gumnior 1973：13-16）。
2) ホルクハイマー—ポロックは、「対話」、あるいは「討論」について、原則的に次のような条件が必要だと考えていた。
・意見の衝突を第三者に委ねない。
・責任の押し付け合いをしない。
・議論に真摯で誠実な態度で臨む。
・意見の相対化ではなく、「内部」の自己同一化にとって意義のあるという意味で論争的である。
・互いの意見の尊重や議論を楽しむ態度をもつ。
・相手より大きな権限をもって上位であるような意識や態度をとらない。
・「外部」との関係において「内部」が困惑する場合は、「外部」の失敗とする。
さらに、ホルクハイマー—ポロックは、自分たちの議論の形式的な実現可能性について定めている。
・議論が日常的に徹底的に行われる。
・互いの合意は緊急事態でなければ維持されるべき。
・心情的な自己同一化と違い、形式的採決の際には相対的な立場も維持される。
・合意形成においては、感情的にならず、反対を想定し、「同等な権力」と「拒否権」を尊重せよ。

・日常生活にも自分たちで形成した価値を適用する。
・「事実」というものに注意する、つまり、「事実」に基づいているから自分が正しいという超越した位置の主張をしていないか気をつける。

3) エーリヒ・フロムの次のような言明は、まさにそのまま、この「内部」と「外部」の原則の心理学的表現と言いうる。「自我は、内部世界と外部世界を克服しなければならない精神の法廷である。自我の活動性は、外部世界の克服と内部世界（つまりエロスに由来する欲動）の克服の二方向に行われる」（フロム 1977：28）。

4) この原則についての覚書に基づいて、ホルクハイマー—ポロックは、自分たち自身の現状について考えている。

彼らは、「1934年のジュネーブ、1935年のヨーロッパにおいて人を孤独にするような、そして専制者的で文芸保護者的な態度」があったと反省している。この言明は、ホルクハイマー—ポロックの二人が、社会研究所構成員全体の意志に先行して社会研究所の移動をジュネーブで執り行なったことがある一方、他方で亡命に関してはむしろ研究所員のそれぞれにヨーロッパで苦労をかけさせていたことについて反省していたと考えてよいであろう。すなわち、「外部」の条件に左右され、所長の独断や、「内部」への配慮が欠如した事例である。この覚書が書かれたころには、アメリカ亡命が一段落ついているが、彼らの反省において、「内部」とは、必ずしも「社会研究所」の正式な構成員ばかりでなく、これから研究所にとって重要だと考えられる人物も含まれていた。

たとえば、後に重要な所員となる人物でイギリスに孤立したアドルノや、正規に所員にはならなかったものの、研究所に期待されていた人物であったにも拘わらずパリに孤立するヴァルター・ベンヤミンのような例である。また、ホルクハイマー—ポロックの規定には、「ヨーロッパでの第三者との連帯の失敗」とある。これはジュネーブやパリでの研究所の移動に関わっていた人間関係のことであろう。次に、具体的に「カール・アウグスト・ヴィットフォーゲルやポール・ラザースフェルドとの連帯の失敗」とある。また、「研究所員志願者たちとの連帯の失敗」とあるが、これには先のアドルノやベンヤミンが当てはまる。さらには、「フェリックス・ヴァイルの実の姉妹アニタ、フェリックスやその夫との関係における失敗」とある。おそらく、これは研究所の財政に関わる金銭関係が絡んでいる。その上、「自分たちの実家に対する敬意の不足、亡命に際する卑屈な所業、自分たちの価値への関心についての論文や会話における欠如」とある。

以上のうち、配慮に欠けた「内部」の一例として、アドルノを見てみよう。ホルクハイマーからアドルノへの1935年1月2日の書簡によると、ホルクハイマーは、研究所のロンドン支部がきわめて形式的なもので、あてにはできないとアドルノに諭している。アドルノがイギリスで孤立していることによって、研究所の処遇に彼が不満を感じていることに対して、研究所がむしろアドルノのような人間を欲しているとホルクハイマーは綴っている。そして、もはやドイツとドイツの大学での就職に幻想を抱いてはならないと説得している。

もちろん、イギリスでの就職については、マンハイムやコルシュのような例がある。しかし、ホルクハイマーは、アドルノにニュー・ヨークで自分たちと一緒に研究をおこなうようにと英語で書簡を締めくくる。おそらく、ホルクハイマーがアドルノをアメリカで待つことを強調しているのであろう（GS15-5：290f）。実際、後にアドルノがホルクハイマーにとって重要な人物となるのは周知のことである。しかし、この時、アドルノは、イギリスで孤立し、当地での就職に関して苦悶していたことがうかがえる。

5) 第二次世界大戦後は、西独の首都をボンにするかフランクフルトにするかでもめるほどであった。

6) 「ユダヤ人」という血統主義的印象も受けやすい呼称は、あくまで便宜的に用いる。本書では、「ユダヤ人」を、実際には宗教や伝統、風習にしたがって、彼ら本人のアイデンティティーから自称するというより、国家や民間の、すなわち他者からの規定として、一括してまとめられる呼称だと考える。

7) シヴェルブシュは、彼らは挨拶くらいしたに違いないと述べている。他方、マンハイムの弟子ノルベルト・エリアスは、その交流はないも同然だったとだけ述べるに留まっている（Wiggershaus 1988：129）。しかし、ホルクハイマー全集においては、ホルクハイマーとマンハイム、エリアスなどとの書簡のやり取り、社会研究所員とマンハイムが同席する学内の研究会などが記録されている。

8) 学位論文はハンス・コルネリウスに提出したアドルノであったが、彼の教授資格論文はティリッヒに提出されていた。

9) そこでは、マンハイム、哲学のクルト・リーツラー、精神医学のクルト・ゴルトシュタイン、プロテスタント神学のカール・メニッケらも参加し、歯に衣着せぬ議論で友情を深めた、と後にアドルノは回想している。あるいは、これ以外にも、宝石商モーリッツ・オッペンハイムの息子であり、数学者であり、一時期Ｉ・Ｇ・ファルベン・コンツェルンに勤務したパウル・オッペンハイムと妻ガブリエーレのシャウマインカイ55番地の屋敷では、土曜の12時半から16時まで、電話で招待を受けた20人程の人たちによる午餐会があり、上等の食事が供されていた。その上、大学理事でもあったリーツラーの家では、やはり豪勢な食事とともに、大学政治についての一部の語らいがあった。しかし、最後に挙げておくとすれば、大学の側のカフェ・ラウマーのように、気楽な「討議」の場が存在したことも見過ごされてはならない。

10) この大学には、社会研究所の人間以外にも、先ほど述べたパウル・ティリッヒ、経済学のアドルフ・レーヴェ、教育学のカール・メニッケ（プロスタント神学者）、法社会学のフーゴ・ジンツハイマー、国法学と社会学のヘルマン・ヘラー（1932年以降）、財政学のヴィルヘルム・ゲルロフ、ユダヤ教哲学のマルチン・ブーバー、文学史のマックス・コメレル（ゲオルゲ・クライス出身者）、歴史学のエルンスト・カントロヴィッチ（同：フリートリヒ二世の伝記で32歳には一躍有名になったが、シュテファン・ゲオルゲの指導で大王賛美の色が濃い）、古典文献学のヴィルヘルム・フリートリヒ・オットーとカール・ライ

ンハルト、ゲシュタルト心理学のマックス・ヴェルトハイマー、社会心理学の
ヘンドリク・ド・マンがいた。
11) 当時の学生とはカール・コルンのことであり、ヴィッガースハウスは以下を参照している (Korn 1979)。また、Schivelbusch 1982：16f = 1990：16 以下参照。
12) 社会研究所の正式な第一代所長となったのがカール・グリュンベルクであった。彼は、1927年には病床のまま研究所を去り、1930年に大学を去る。研究所員たちは皆リーダーシップがあっても若すぎた。そこで、次期所長が成長するのに十分な期間を、引退前の高年齢の人物に就いてもらうこととなった。グリュンベルクは、当時初めての講壇マルクス主義者として社会的に承認された老大家であり、後に「オーストリア・マルクス主義の父」とも呼ばれる。彼は、まちがいなく「マルクス主義」研究において研究所の出発に欠かせない権威や正統性を備えていた。

　グリュンベルクは、1861年、ルーマニアのフォシャニのユダヤ人一家に生まれた。このことから、彼は東欧の農民解放史で名を馳せた。グリュンベルクは、1881年から1885年までヴィーンで法学を学び、このころロレンツ・フォン・シュタインとアントン・メンガーの下で学んだ (Wiggershaus 1988: 33)。1892年に、グリュンベルクは、当時まだユダヤ系大学人の大学への就職が困難であったことから、カトリックに改宗し、1894年、同大学の政治経済学の私講師となっている。1899年の終わりに社会政策学会新世代の一人であったオイゲン・フォン・フィリッポヴィッチの推薦で助教授に任命され、1909年に同大学の法学、政治学の教授に着任する。翌年には、『グリュンベルク・アルヒーフ』とも言われる雑誌『社会主義史および労働運動史のためのアルヒーフ』を設立した (Wiggershaus 1988: 33)。グリュンベルクは、同僚の歴史家ルド・モーリッツ・ハルトマンのように、社会民主党入党によって私講師の地位を追われた例に注意して、1919年以前には政党政治に参加していなかった。それでも彼は、社会主義者として、大学の講座を1912年（51歳）までもっていなかった。それでも、周囲からの反対にも拘わらずグリュンベルクがやっとのことで得た講座は、彼の専門の政治経済学ではなく、経済史の講座であった。しかし、グリュンベルクは、1919年に、社会民主主義者の文部大臣オットー・グレッケルに起用され、国民経済政策学科の講座をもち、国家学研究所へと移籍した。やがて、グレッケルの提案によって、グリュンベルクは、ヴィーンに「パリ『社会博物館』をモデルとする研究所」を設立し、カール・カウツキーを所長に招いている。しかし、オーストリア社会民主党は力が弱く、グリュンベルクの研究と研究体制の実現を満足させなかった。そうこうしているうちに、オーストリアではなく、ドイツのフランクフルトから、社会研究所所長という話がもちあがったのであった。

　社会研究所創設者であったフェリックス・ヴァイルは、社会政策学者クルト・アルベルト・ゲルラハを初代所長にしようとしていた。しかし、ゲルラハが設立前に急逝したため、所長探しに困窮していた。ヴァイルは、ルカーチやカール・コルシュも候補として考えたが、彼らのマルクス主義への深いコミッ

トメントに躊躇した。また、ヴァイルの師の講壇社会主義者ロベルト・ヴィルブラントの場合は、ヴァイルにとって望ましいマルクス主義思想家であったものの、ヴァイマール共和国政府に参画し、彼自身のマルクス主義の理解を放棄していた。フランツ・オッペンハイマーやヨハネス・プレンゲも候補として考えられた。オッペンハイマーはそもそも医師で、その後、経済学を学び、1919年にはフランクフルト大学で経済学と社会学の正教授となった。ちなみに、彼の講座はドイツ初の社会学講座であった。これに対し、プレンゲは、1913年以来ミュンスター大学の国家学の正教授であり、当地で1920年に「国家学教育研究所」を設立した。しかし、ヴァイルは、最終的にグリュンベルクを選んだ。なぜなら、グリュンベルクは、マルクス主義などの政治運動からも、政府らも距離を置いた立場として好ましかったのである（Wiggershaus 1988：34f）。その上、グリュンベルクは、社会研究所を、「マンダリン」の養成所としての大学からも距離を置いた純粋な教育機関にすると強調した。その上、彼は、ケルン社会科学研究所のような「学寮式指導体制」を避け、「いわゆる所長独裁」の必要性を説いた。

13) 「保守」とは、その時代状況に規定されて「守るべき」何かのことである。この場合は、ドイツの封建的伝統よりも太古の、ゲルマン民族をめざすという神話的意味への回帰を含んだ「保守」である。したがって、「保守的」という形容と「革命」という名詞の相反する性格が奇妙にも融合したのである。

14) その賃金は、月1,500マルク、つまり1,875スイスフラン、9,000グルデン、375 US ドルに相当し、亡命における順路、スイス、オランダ、アメリカそれぞれにおいて支払われた（Wiggershaus 1988：126）。

　この頃は急速な円安が進んでおり、1932年の年末には、日本円1ドル約5円となっていった。したがって、当時の円で換算すれば、1875円ほどと言ってよいだろう。現代の価値としては、150万円ほどではないだろうか。

15) ヴィッガースハウスは、公刊されている全集ではなくマックス・ホルクハイマー・アルヒーフを参照している。

16) しかし、シヴェルブシュの歴史的研究（これはフランクフルト大学、あるいは社会研究所のみならず、当時のフランクフルトを中心とした知識人の歴史的研究）によると、社会研究協会と大学との財政的関係そのものは、公的な関係の解消の後も、ある程度は続いていた。研究所閉鎖の混乱によって、大学側に社会研究協会が支払うべきホルクハイマーたちの俸給の未払いについて、大学の会計課とポロックとのやりとりの文書が残っていた。ここから、シヴェルブシュは、ポロックや社会研究所がナチスの介入を一過性のものとして楽観視していたのではないかと分析している（Schivelbusch 1982：95 = 1990：156）。

　また、ヴィッガースハウスによると、ホルクハイマーは、ジュネーブから学長ゲルロフや哲学部学部長エアハルト・ロマッチュに連絡をとって研究所再開の姿勢を崩さなかった（Wiggershaus 1988：150）。

　しかし、シヴェルブシュは、その後、社会研究協会が大学に送金していなかったことから、社会研究協会ならびに社会研究所側の状況判断が一変したの

だと見ている。シヴェルブシュは、大学と社会研究協会にまつわる金銭のトラブル、あるいは裁判所の判決の経過をこと細かく描いている。彼の書を参照すれば、本書において、それを再び同様に叙述する必要はあるまい。本書においては、その叙述から、必要な情報を要約的に紹介しておくに留まる。先ず、大学側は、社会研究協会の傀儡理事を立てるという姑息なやり方によって、協会の資金を狙っていた。その結果、ナチスの時代が始まったドイツにおいても、法に基づくやりとりが幾分か正当に行われたにも拘わらず、結局、社会研究所は、亡命に伴って、国外にもち出すべき資産の多くを大学側に引き渡してしまった。しかし、社会研究協会の支払う恩給が無事に継続された晩年のグリュンベルクは、1940年に、ユダヤ人としては異例に、ドイツにおいて穏やかな死を迎えることができた。

17) ロンドンでは『ソシオロジカル・レビュー』誌のグループ、パリでは、ドイツのパウル・ホーニヒスハイムを仲介にして、デュルケム学派のセレスタン・ブーグレやモーリス・アルヴァクスが導いたという。ちなみに、マルセル・モースは非協力的であったという。

18) また、シェーラーと同列に、アドルフ・ライナハやニコライ・ハルトマンの哲学も社会の形而上学とされている。ちなみに、ホルクハイマーは、この講演以前、彼らの論ずるような社会哲学を「社会学」と称していたことがある。要するに、ホルクハイマーは、「社会哲学」を、ヘーゲル哲学以降、「見込みのない個々の存在を、意味に満ちた全体性の内部、あるいは、―およそヴェルナー・ゾンバルトの述べるように―そのような全体性の『黄金の大地』（Goldgrund）にひきもどすという哲学的宗教的努力の一部分として現われる」ものだと否定的に考えていた（GS3-1：26）。

19) ヴェーバーは、純粋に科学的な社会学の制度化という目標のために具体的な事項の実現を呼びかけていた。すなわち、定期的な学会大会と刊行物を提出していくという事項である。これに加えて、ヴェーバーは、学会が手がけるべき社会調査研究活動を示した。それは、後にも、新聞のアンケート調査として、ヴェーバーに提案され続けた。ヴェーバーは、学会の下位組織として、「統計部会」の設置も提案していた。実際、歴史学的な研究者として理解されがちなヴェーバーは、実証研究を尊重するばかりでなく、それどころか自らも実証研究に関わっていた。また、彼は、それ以前にも、社会政策学会実施の実証調査に関与していた。ドイツ社会学会の性質は、価値判断自由の問題よりも、経験的調査のドイツ社会学会における欠如と、理論的研究傾向の優勢に現れることとなった。そして、「価値判断」の問題がヴェーバー退会の「内的理由」と考えられるならば、退会に至る「外的理由」も存在する。それは、すなわち、ヴェーバー自身が学会による経験的調査プロジェクトとして打ち出していた新聞調査の失敗にあったとされる。ヴェーバーは、現代社会における新聞の役割に興味をもっていた。しかし、彼は、個人的に新聞会社の訴訟事に巻き込まれたため、この経験的研究プロジェクトを失敗させ、学会からも去ることになったのである。この新聞訴訟については、米沢1991：67以下。

20) 政策科学として、国家学、国法学、政治経済学と統計学、これら四つが国家に貢献していた（シャド 1987：25 以下）。
21) また、1928 年の第 6 回ドイツ社会学会大会において、マンハイムは、フォン・ヴィーゼと並んで「競争」についてのシンポジウムの基調報告を行ったが、このことが社会学者マンハイムを有名にしたとも言われている。このとき、マンハイムはマルクス主義者かどうかということが討論において問われた。というのも、「存在被拘束性」という概念提起は、認識論的、かつマルクス主義的議論と見なされていたのである。その彼が 1929 年にフランツ・オッペンハイマーの後任として社会学正教授となったことで、ますます注目度を高めた。さらに、1931 年のアルフレート・フィーアカントの編集による『社会学中事典』において、「知識社会学」論文を寄稿したことから、フランクフルト大学のマンハイムによる知識社会学は注目された（秋元・澤井 1992：79 以下）。
22) このあたりの事情は、ボンス 1991 のなかの「（a）唯物論的理論構築の新次元としての社会心理学」が詳しい。
23) レーデラーの議論は雑誌『ノイエ・ルントシャウ』に掲載された（Lederer 1929）。クラカウアーの議論はそもそも 1930 年のものであるが、1971 年の公刊本で確認することができる（Kracauer 1971）。
24) 「性器的」であることが「革命的」であるとは、フロムが社会の発展をフロイト心理学における性的発展段階と対応させていることに由来する。フロムは、ブルジョワ市民には肛門期を対応させ、プロレタリアートには性器期を対応させていた。前者は、父性的権威の崇拝や規律への願望が反逆精神と複雑に絡み合っている。子どもが社会と遭遇する規律化の始まりである排便のしつけを想像すればよい。後者は、子どもから大人へと発達した段階となるはずであった。しかし、プロレタリアートが革命と社会の成熟を担うという想定からのこの言葉は、社会主義支持層における権威主義という矛盾した調査結果によってあいまいなものになってしまった（ボンス 1991: 36）。
25) ボンス 1991 における第 2 節「一九二九年のドイツ労働者－批判的意図による社会調査」のなかの「（c）研究の実行と評価」参照。また、バーストン 1996 の第 5 章「社会的性格の研究」における「権威主義的性格と経験主義的調査」の節も参照。
26) マルクーゼによれば、当時、フロムの調査結果が社会主義者の中のファシズムへの傾向を描くことで、社会主義支持者がファシズム支持に乗り換える方がよいという論理のすり替えを喚起しかねないと社会研究所が懸念したのが公表をやめた理由である（ボンス 1991: 55）。しかし、ボンスは、この理由を、ファシズム同様の表現の制限として捉え、結果は歴史に任せるべきだったのではないかと批判し、フロム研究のダニエル・バーストンは、この研究結果がむしろナチスへの抵抗を促したかもしれないと述べている（バーストン 1996: 173）。

また、ポロックは、この研究における調査表の喪失など、研究上の欠損箇所があったため公刊しなかったと述べるのに対して、フロムは、そもそも研究所内の人間関係の決裂が起因するところが先行していたと述べた。人間関係の問

題とは、アドルノの出現のことである。当時、ヒトラーの政権奪取はもうすでに予言するまでもなくわかりきっていたということと、この調査自体のマルクス主義的な色合いの強さをホルクハイマーが嫌ったという理由も挙げられている。同じ研究に関してではないが、アドルノは、フロムが楽観主義的で、彼がフロイトの左からの読み方を放棄したことについて批判していた。これに対してフロムは、分析医としての経済的余裕から、彼らと付き合っていく必然性がなかったがゆえに離反したとも言われている（Wiggershaus 1988：299. Jay 1973：101-112 = 1975：141-154）。

しかし、バーストンは、当時のフロムの調査技法とデータ内容の不十分さに対し、社会研究所がより洗練された研究を志向したという最も正当な理由も間違いではないと主張している。ホルクハイマーやアドルノの心理学の見識が不十分であったという批判がある一方、後の『権威主義的パーソナリティー』や反ユダヤ主義研究におけるホルクハイマーやアドルノの活躍、そしてそれらを意識したフロムの後の調査研究法の改良が証拠である（バーストン 1996: 175f）。

27）ただし、ホルクハイマーは、研究所のメンバーがこれを科学的研究として形にできるかどうか懸念した。しかし、ホルクハイマーが一般理論的で社会学的部分、フロムが心理学的部分、ポロックが経済学的部分、マルクーゼが文献学的な観念史の研究という予定で、仮説の形式から研究が始まった（Wiggershaus 1988：172f）。

28）また母親は父の権威と並行して愛情や美や善についてこどもに身をもって教育する。これはホルクハイマー自身のブルジョワ市民家族の原体験として、本人も認めている（GS7-4：443）。

29）Arbeiter-und Angestelltenerhebung, in：*Studien über Autorität und Familie*, 1936, S.239ff.

30）Dritte Abteilung：Einzelstudien, in: *Studien über Autorität und Familie*, 1936, S.471ff. 16の個別研究とは以下のものである。K.A.ヴィットフォーゲル「家族権威の発展の経済史的基礎資料」、E.マンハイム「権威的家族史論」、A.シュテルンハイム「現代家族における経済要因の実効性に関する資料」、H.ヴァイス「景気と家族の関係に関する資料」、G.ザロモン「フランス家族史論評」、W.シュトレレヴィッチ「1919年ドイツ国民会議の家族政策論争から考える」、E.シャハテル「現代の法と家族における権威」、H.マンキーヴィッチ「フランス離婚法の展開」、「フランスにおける非合法的婚姻生活者の法的人格」、Z.ロナイ「フランスとベルギーの社会政策における家族」、H.アブラハムゾーン、「ドイツの社会政策における家族」、P.ホーニヒスハイム「青年の反社会性と家族との間の関係資料」、K.ゴルトシュタイン「権威問題に際する社会学に対する生物学の意味についての論評」、F.ユンクマン「自由ブルジョワ青年運動における権威と性道徳」、M.ヤホダーラツァルスフェルト「オーストリアの家族、学校、青年運動における権威と教育」、C.ヴォルマン「世界大戦後のドイツ大衆文学における権威と家族」である。8編の文献目録は、H.マルクーゼ「1933

年までのドイツ社会学における権威と家族」、A. モイゼル「1933 年以来のドイツの社会理解における家族」、P. ホーニヒスハイム「フランス精神史における権威と家族」、J. ラムニー「イギリス社会学における権威と家族」、A. キャルホーン「現代アメリカ社会学における権威と家族」、A. ルイニ「イタリア社会学における権威と家族」、H. マイヤー「無政府主義論における権威と家族」、R. マイリ「新しい教育学文献における権威問題」である。

第4章　ホルクハイマーの社会研究と初期ドイツ社会学

むすびにかえて——反省と課題——

　本書には、反省すべき点や、まだまだ残された課題が多い。これを指摘して本書のむすびにかえたい。

1. ホルクハイマー思想史内在的課題
　今回は、本書の位置づけによる「哲学修業期」と後の経験的研究との関わりとを主眼としていたために、経験的研究を導入した学際的研究プロジェクトの始まりのみを議論の対象としていた。筆者は、再び『権威と家族』の詳細な検討はもちろん、後の社会研究所による『偏見の研究』シリーズの経験的研究の検討を今後の課題としたい。その上、本書の研究範囲以降、ホルクハイマーの思想とアドルノの思想との関係は緊密になっていく。アドルノ、そしてフロムや、本書においてはほとんど取り扱われていないヘルベルト・マルクーゼのような人物と、ホルクハイマーとの思想的比較検討、人間関係なども今後の課題の一つとなる。また、第二次世界大戦後のホルクハイマーと社会研究所が西ドイツの社会学と社会学会にとってどのような関わりをもったか、ということもさらなる課題となってくる。その上で、筆者は、現代ドイツの社会学と日本の社会学との関係、そして現代社会との関係に取り組みたい。

2. 学際的研究の再考
　ホルクハイマーが要求していた「学際的な研究プロジェクト」は、個別科学それぞれが自らの学問の歴史的社会的全体性に対する部分的性格を反省するように促していた。それと同時に、この個別科学それぞれに全体性からの反省を促す哲学者ホルクハイマーは、個別科学相互の関係に対して積極的に関与していかねばならなかった。ここで疑問なのは、ホルクハイマーならびに個別科学者が相互の学問の専門性を共有すべきであったのか、それともそれぞれが専門家として互いの領域に干渉せずに協力すべき

であったのか、あるいは、ホルクハイマーが個別科学者相互の関係をそれぞれに論じ、全体的に把握するのみで、個別科学者それぞれが研究の全貌を知る必要はなかったのか、ということである。ヴォルフガンク・ボンスとノルベルト・シントラーは、大変図式的に学際的研究のプロセスを捉える。その図式によれば、最初に「学問と危機への反省」があり、唯物論的学問と専門主義的学問——ボンスたちはブルジョワ的学問としている——との対決、そして「社会哲学」と「社会研究」に基づく歴史的プロセスの理論から、あらためて学問の唯物論的性格と専門主義的性格の反省へとつながる。しかし、この図式化は、筆者からすれば、「学際的唯物論」の研究過程を単純化しているように思われる（Bonß 1982: 53）。

　もっとも、筆者が疑問に思うのは、『権威と家族』以来の社会研究所の経験的研究成果に分業的性格が見られたことが、彼らの思想の不充分さであったのではないか、という点である。学際的唯物論という視点においては、個別科学の専門性を突き詰めた上で派生する問題が他の学問との協働によって解消されうる場合に自らの視野狭窄を反省する契機があることから、ただ個別科学相互が協働するのみならず、専門学者は、他の学問領域にも精通するようになっていくはずである。もちろん、社会調査や、精神分析など、高い専門性を要求される領域に対して、哲学は、依然として「肉体」に対する「精神」の地位という二元論を保持していた。われわれが現在、学際的唯物論を継承する際、専門諸学科の協働がいかなる過程で営まれるかは、この精神と肉体との相互浸透をどの程度のものと考えているかによるのである。様々な領域に精通することの困難さから言って、筆者が述べていることは厳しすぎる要求なのかもしれない。しかし、ホルクハイマーと社会研究所の営んだ研究のクオリティーに満足してはならないであろう。

3.「理論」の社会学

　ホルクハイマーと社会研究所は、プロレタリアートという対象に対して、一方で、研究者が「理論」を強調して具体的対象を度外視する危険に警戒していたと同時に、他方で研究者が「理論」によって、対象自身よりも対象について知っている、すなわち対象の意識せざる部分を暴露すると

いう可能性も提示した。理論家と「理論」、そして、「理論」の社会的制約に加えて、「理論」が対象とする人々や制度に対する「理論」との関係について、筆者は今後も考えていかねばならないであろう。

経験的研究との関連で言うならば、現代の社会学は、ホルクハイマーの批判していた当時の社会科学のように、いつまでも古典的な経験主義に基づいていると考えてはならないであろう。現在、社会学において実証主義や経験的研究という言葉は、かつてほど平板なものではない。経験的研究データのみならず、哲学的議論に対しても、自らの議論のあり方を社会的に反省し、それが社会の全体性から浮動していないような社会学的研究成果を、現在は見ることができる。

たとえば、現象学的社会学は、日常言語の使用法の分析から見出される権力関係を浮き彫りにする研究も含んでいる。そのような研究は、本書においてしばしば名前の挙げられるフランクフルト学派第二世代と言われるユルゲン・ハーバーマスと関連するところも多大にある。彼がコミュニケーション的理性やディスクルス倫理学を提示したことで、言語論は、「社会」を分析する新しい鍵となってきた。彼の「理性」、あるいは「倫理」に関する「理論」は、主観的意識の独我論を批判し、間主観的な言語論を社会理論に一般化させた。しかし、そもそも、なぜわれわれは、ハーバーマスの「理論」に関心をもつのだろうか。そして、言語に基づいた理論においても、権力関係の暴露に至らず、むしろ既存の社会関係を再び正当化する議論や、ミクロな問題に専門的に取り組んで、「理論」のもつ社会的意味から目を背ける議論があるのはなぜだろうか。日常言語が個人の多様な関心に細分化し、エスノメソドロジーの言語分析は、多様な生活形式を提示してくれる。われわれは、その学問成果を、ときには娯楽のように楽しみ、研究者の側も研究対象や研究手法と自らの「研究関心」とが社会的に結びついていることに「無関心」なことがある。研究の動機と、そのスタイルと、対象の設定とは、様々な組み合わせがありうる。たとえば、ホルクハイマー、あるいはアドルノの思想をもち出して、ハーバーマスの理論を批判する人々もいる。ハーバーマスの言語論は道徳の説教だと言う人々がおり、彼らは、たしかに、本書が見てきたようなホルクハイマーによる「理論」の分析がもつ破壊力を踏襲している。「理性論」、あるいは「倫

理学」の存在によって、われわれは即時に理性的で倫理的になるわけではなく、「理性論」も「理論」だからである。ハーバーマスは、われわれの日常言語に理性的で道徳的な人と人との約束の可能性が秘められていると主張する。しかし、彼の主張する言語のポテンシャルは、われわれの「意志」が背中を押さねばならない。その意味では、ハーバーマスの批判者は正しい。ホルクハイマーは、「理性」、あるいは「道徳」が「社会的なもの」にすぎないと述べるだろう。しかし、ホルクハイマーの思想は、ハーバーマスの思想を破壊することのみに専心するものではない。むしろ、ホルクハイマーの思想において、ハーバーマスの思想は補完されうる。なぜなら、ホルクハイマーの「唯物論」は、強者ではなく弱者を弁護し、贅沢としての快楽ではなく、社会的不公正による不快を回避した状態としての「快」を目指し、変化に寄せる関心、すなわち、社会的不正の廃棄への関心に基づいている。それが理性という観念論的概念の唯物論的内容である。ハーバーマスの「理性論」も、このようなホルクハイマーによる「快」という目的への理性の唯物論的内実としての認識関心を共有している。ホルクハイマーの思想から考えて、ハーバーマスの思想は、決して棄却されるべきものではない。筆者は、このような理論家にフランスのミシェル・フーコーが含まれうると考える。あるいは、今は亡きフランスの社会学者ピエール・ブルデューもホルクハイマー的な唯物論者に含まれうると考える。筆者の既存の研究に彼の「場」の理論への言及がある（楠 1999, 2000, 2002）。筆者は、今回のホルクハイマー研究と、ブルデューに関する自らの研究との関係についても、社会的歴史的反省を含んだ理論の確立のために考えていきたい。

4.「経験」という課題

　最後に、「経験」という哲学的大問題そのものについて反省しておきたい。この「経験」という問題について、筆者の議論はまだ不充分なところがあった。これを確認しておく。①ホルクハイマーの現象学批判は果たして十分なものであったかどうか。「発生的現象学」や「生活世界」概念を打ち出した後期フッサールについて、ホルクハイマーが好意的な理解を示していたという説もある。しかし、後期フッサールとホルクハイマーとの

関係はいまだ不明瞭であり、筆者も今回はこの関係について取り扱うことができなかった。この現象学に内在する問題と比べて、より現代的で限定的な問題と、より古典的で広範囲な問題も今後の課題として考えられる。すなわち、前者の問題は、②ホルクハイマーに続く「批判理論」の担い手とされているユルゲン・ハーバーマスが、フッサールの「生活世界」論に依拠し、「言語」について取り扱ったことと、ホルクハイマーの思想との関係について考察できなかったという問題である。そして、後者の問題は、③「経験」について論じるという本書が、ホルクハイマーの思想の範囲内という限定はあったものの、カント哲学、あるいはヘーゲル哲学をはじめとした広大な哲学的伝統の極めてわずかな部分にしか触れられなかったという問題である。以上の三点の問題は、筆者の今後の課題である。

ホルクハイマー・バイオグラフィー

マックス・ホルクハイマー年譜 （括弧内に年齢を表示する）	社会研究所などのホルクハイマーとの 関連事項、および当時の事件の年譜
	1854年　俗流唯物論が「哲学の不要」を主張する「唯物論論争」が生じる。 1859年　国家官吏懲戒法を私講師にまで拡大するアロンス法が成立し、私講師の思想信条に国家が干渉する。 1861年　社会研究所所長カール・グリュンベルクがルーマニアのフォシャニのユダヤ系の家に生まれる。 1866年　フリートリヒ・アルベルト・ランゲによる唯物論への批判書『唯物論の歴史』公刊。「カントへ帰れ」という新カント派出現の基礎を成した。 1882-1907年　アルトホフ体制。実業教育を推進し、大学の古い伝統を打破する。しかし、その結果、むしろ古い大学人であるマンダリンの危機感を煽ることになる。 1885-1911年　エルンスト・マッハによる『感覚の分析』公刊。マッハ哲学は、現象学やゲシュタルト心理学に大きな影響を与え、また、ロシアの革命家たちの一部に共感を与え、レーニンに批判される。 　このころから、ドイツの大学生の総数が従来の2倍に跳ね上がり、総数における工科大学の学生数の比率が上がった。 1889年　社会研究所設立者フェリックス・ヴァイルがブエノス・アイレスにおいて生まれる。アドルノやレーヴェンタールにも影響を与えるジークフリート・クラカウアーもこの年にフランクフルトに生まれる。ヴァイルもクラカウアーもどちらもユダヤ系である。 1890年　宰相オットー・フォン・ビスマルク失脚。ヴィルヘルム2世帝政期始まる。社会政策学会新世代が出現し始める。 　クリスチャン・フォン・エーレンフェルスの「＜ゲシュタルト質＞について」が発表される。 1892年　グリュンベルクは、大学社会において生き残るためにカトリックに改宗。
1895年　2月14日、シュトゥットガルト近郊ツッフェンハウゼンにおいて、大変	1894年　ホルクハイマーの生涯の親友フリートリヒ・ポロックがフライブルクに

裕福なユダヤ系織物製造業者モーリッツ（モーゼス）・ホルクハイマーの１人息子として生まれる。	生まれる。 1896年　ハンブルクで造船労働者のストライキが起こり、フェルディナント・テンニエスが社会学的な経験的研究において先駆的作品を成す。 　このころから第一次世界大戦まで、ドイツ青年運動が出現してくる。 1899年　社会政策学会ブレスラウ大会において新旧の世代交代が生じる。 　アルトホフの文部行政によって工科大学に博士号授与権が与えられる。 1900年　エーリヒ・フロムがフランクフルトにおいて生まれる。彼は、社会研究所の学際的研究プロジェクト『権威と家族』(1936)の心理学部門を担い活躍し、後に研究所を去る。また、社会研究所において『グリュンベルク・アルヒーフ』に続く機関誌『社会研究誌』の編集長となるレオ・レーヴェンタールがやはりフランクフルトにおいて生まれる。このフロムとレーヴェンタールの初期の経歴には重なるところも多い。 　このころ、エドムント・フッサールの『論理学研究』が公刊される。本書においても頻繁に議論されるマックス・シェーラーは、このころフッサールと知り合い、アンリ・ベルグソンの書に感銘を受ける。 　アルトホフの文部行政によって実業学校が公的に認知される。 1901年　ゲッティンゲン大学においてフッサール現象学の中期思想が始まり、後期思想に至る。 1903年　フランクフルトにおいてテオドール・W. アドルノ生まれる。 1908年　レーニンによるマッハ主義批判の書『唯物論と経験批判論』が著される。 1909年　１月30日、ドイツ社会学会の初めての理事会会議が開かれる。そこには学会設立に尽力していたマックス・ヴェーバーの姿はなかった。 1910年　通称『グリュンベルク・アルヒーフ』、正式名称『社会主義史および労働運動史のためのアルヒーフ』を設立。社会研究所がグリュンベルクの体制の間は研究所の機関紙となる。

1911年（16歳）ギムナジウムを6学年目で中退し、当時17歳のフリートリヒ・ポロックと知り合う。2人は生涯の親友関係を結ぶ。	1911年　1月、フランクフルト大学において第1回ドイツ社会学会大会が開催される。
1912-1914年（17歳〜19歳）父の仕事の徒弟として修行、ベルギーのブリュッセル、フランスのパリ、イギリスのマンチェスターとロンドンへと外遊する。	1912年　ベルリン大学において第2回ドイツ社会学会大会開催。マックス・ヴェーバーはドイツ社会学会を去る。彼の主張した価値判断自由も経験的研究の重視もこの学会において実現しなかった。 　フランクフルト大学においてマックス・ヴェルトハイマーによって、ゲシュタルト心理学の起源とされるストロボスコープの実験が行われた。
	1913年　キール世界経済および海上交通研究所設立。ホルクハイマーが教授資格論文口頭論証において参照するフッサールの『イデーン』が刊行される。
1914-1917年（19歳〜22歳）父の会社の若社長となり、この間に多くの小説を書く。	1914年　第一次世界大戦が勃発。フランクフルト大学設立。
1916年（21歳）父の秘書であった29歳のローザ・クリスティーネ・リークヘア（メドン）と知り合う。 　兵役に召集される。	1916年　クルト・ヒラーによる『目的―行動的精神への呼びかけ―』という綱領書によって、18人の「進歩的知識人」が集まる。彼は、あらゆる政治的党派を超えた世界的な「知的エリート」の連帯を訴えかけた。
	1917年　ロシア革命。ホルクハイマーの父がバイエルン王国商工業顧問官の称号を授与される。
1918年（23歳）負傷兵としてサナトリウムにおいて療養中。ミュンヒェン・レーテに参加し、革命的芸術サークル「シュヴァービンガー・ホエーメ」とも接触。サークル内のエルンスト・トラーと間違われて逮捕されることもあった。	1918年　十一月革命生じる。ドイツは第一次世界大戦に敗戦。フェリックス・ヴァイルの師で、社会政策学会新世代のロベルト・ヴィルブラントは、戦争帰還兵の労働の場を確保し、彼らを社会復帰させるために、私企業へと国家が介入する「社会化」のための「社会化委員会」に参加する。 　ホルクハイマーが革命に陶酔するのと対照的に、父は、ツッフェンハウゼン名誉市民となる。
1919年（24歳）ミュンヒェンにおいてポロックとともにアビトゥーアを取得し、ミュンヒェン大学からフランクフルト大学、そして、フライブルク大学（フッ	1919年　ドイツ初の社会学講座としてフランクフルト大学社会学会正教授にフランツ・オッペンハイマーが就任。後に彼は、社会研究所所長候補にもなる。

サールやハイデガーの授業を受ける）でも学び、またフランクフルト大学に戻ってくる。現象学的なホルクハイマーの時期が始まる。すなわち、本書においては、これより1930年の社会研究所所長就任までを「哲学修業期」と位置づけている。	これから1921年まで、コンラート・ヘーニッシュ文部大臣とカール・ハインリヒ・ベッカー次官の大学改革。ケルン大学には社会科学研究所が新設される。 **1920年** ベルリン精神分析研究所設立。フロムとレーヴェンタールは「ユダヤ自由学舎」に参加。レーニンの『唯物論と経験批判論』第2版公刊。
1921/22年頃（26/27歳） 未刊草稿のため正確な年代はわからないが、学位論文および教授資格論文の下書き「認識の源泉としての直接的所与」が残される。「唯物論」に対するショーペンハウアー哲学に基づく批判的見解をノートに残している。	**1921年** ハンブルクにヴァールブルク研究所が設立される。 **1921-1924年** アドルノがフランクフルト大学で哲学、心理学、音楽を学ぶ。
1922年（27歳） ハンス・コルネリウスのフッサールに関するゼミでアドルノと知り合う。また、フェリックス・ヴァイルとも知り合う。フランクフルト大学において、ハンス・コルネリウス指導の下、学位論文『目的論的判断力の二律背反について』を提出する。このあと、1925年、30歳になるまでコルネリウスの助手を勤める。	**1922年** アドルノが学位論文『フッサール現象学における物的なものとノエマ的なものの超越』をハンス・コルネリウスの下で提出。この論文は、コルネリウスのみならずホルクハイマーの影響も受けている。 社会研究所初代所長の予定であった社会政策学者クルト・アルベルト・ゲルラハが36歳で糖尿病の発作によってこの世を去る。ヴァイルは「マルクス主義研究週間」を開く。 **1923年** 2月3日、カール・グリュンベルクを初代所長として社会研究所が開設される。「マルクス主義研究週間」でも論題にされた『歴史と階級意識』をルカーチが公刊。 **1924年** 6月22日午前11時、建物の竣工が行われる。7月、開所式が催され、グリュンベルクがヴィーンから到着する。 このころフロムとレーヴェンタールは、「Thorapeutik（ユダヤ教のThora［律法］とTherapeutik 治療学をかけている）診療所」に参加する。
1925年（30歳） やはりコルネリウスのもとで教授資格論文『理論哲学と実践哲学の結節環としての『カントの判断力批判』』を提出する。また、口頭論証のために、「フッサールによる本質直観の認	

識論的基礎づけ」(1925) という原稿を残している。フッサール現象学よりも、マックス・シェーラーへの批判を明確化する。教授資格論文以降、未刊草稿「カントとヘーゲル」などから考えても、「唯物論的ホルクハイマー」の時期が始まっている。

1925-1930年（30歳〜35歳） フランクフルト大学の私講師を勤める。

1926年（31歳） 39歳になったメドンと結婚（後にユダヤ教に改宗）する。ルドルフ・オイケンについての新聞社説を書く。

1926-1930年 ハインリヒ・ベッカーが文部大臣として大学改革を行う。

1927年 カール・グリュンベルクが卒中で倒れる。彼は、3年後、70歳で所長を退職する。ポロックはダヴィッド・リャザーノフによってロシア革命10周年のソ連に招待される。ポロックはソ連に失望し、ホルクハイマーもソ連に失望する。

1928年（33歳） 私講師時代の講義の総括『科学からの哲学の解放』を残すが公刊せず。これによって大学哲学の研究に限りをつけたとも言われる。また、このころ、レーニンのマッハ主義批判について言及した未刊草稿も残している。

1928年 社会主義作家たちによる「プロレタリアート革命作家同盟」発足。
　ポロックの教授資格論文「1917年から1927年までのソ連の計画経済の試み」。

1929年 社会研究所のなかにドイツで二番目に精神分析研究所が開設される。フロムを中心に『権威と家族』の前身となる経験的研究『第三帝国前夜のドイツの労働者とホワイトカラー－その社会心理学的研究－』が完成するが、未公刊となる。

1930年（35歳） フランクフルト大学における社会哲学の正教授に就任し、同時に、社会研究所二代目所長に就任する。マンハイムのイデオロギー概念を批判し、自分の大学の社会学との差異の一端を明かにしている。

1930年 社会研究所内の精神分析研究所所員エーリヒ・フロムが社会研究所の精神分析部門の指導者となる。ジークフリート・クラカウアーによる労働者の実態調査研究『ホワイトカラードイツの今－』公刊。『権威と家族』の先行研究となる。

1931年（36歳） 社会研究所所長就任講演「社会哲学の現状と社会研究所の課題」。

1931年 アドルノが1933年のナチスによる教授資格剥奪まで、フランクフルト大学の私講師となる。

1932年（37歳） 病気で体調を崩しつつも箇条書きで『社会研究誌』に「科学と危機についての所見」を発表。グリュンベルク退職記念論文集において「ヘーゲルと形而上学の問題」を発表。

1932年 「ホルクハイマーの大学正教授の地位がなくなったとしても、研究所が彼の生活をそれと同様に維持するだけの賃金を支払う」という条件を成立。ヘルベルト・マルクーゼが社会研究所に加入する。

1933年（38歳）ポロックと共有していた屋敷（フランクフルト近郊、タウヌス山麓のクロンベルクにあった）がSA（突撃隊）に占拠され、ジュネーブへ逃亡する。この時、教授資格も剥奪される。 「唯物論と形而上学」、そして「唯物論と道徳」のように、明確に「唯物論」という立場を打ち出す論文が『社会研究誌』に発表される。	1932-1939年　レオ・レーヴェンタールを編集長として、社会研究所の雑誌『社会研究誌』が発刊される。 1933年　アドルフ・ヒトラーの内閣が成立する。7月14日、ベルリンのプリンツ・アルブレヒト・シュトラーセのゲシュタポから伝書が届けられ、正式に社会研究所員は政治犯となった。この年の5月26日からの共産主義者財産接収法－ドイツ帝国法令集第1巻293頁－第1項と第3項に基づき、国家に敵対する尽力を支援したフランクフルト・アム・マイン社会研究所を差し押さえの上、プロイセン州に接収された。研究所は、スイスのジュネーブへ移転し、パリとロンドンに研究所の分室ができる。このころ、ホルクハイマーの父も屋敷からの退却を命じられるが拒否し、ドイツ人としての権利を主張する。
1934年（39歳）スイスにおいて『薄明』を公刊する。この年、アメリカへ移住。 論文「現代哲学における合理主義論争」を『社会研究誌』において発表。	1934年　社会研究所がニュー・ヨークへ移り、コロンビア大学と緩やかに結びつく。このころ、ヒトラーが総統になる。
1935年（40歳）フリートリヒ・ポロックとともに社会研究所の亡命を振りかえり、研究所の体制を考えるために覚書（ホルクハイマーは口述で、実際に記述したのはポロックである）「新しい原則を定式化するための資料」（Materialien zur Neuformulierung von Grundsätzen）を残す。 論文「真理問題について」を『社会研究誌』に発表。	1935年　ヴァルター・ベンヤミンがパリにおける研究所の共働者となる。 1936年　学際的研究『権威と家族』がパリのフェリックス・アルカン社から公刊される。 1938年　アドルノをニューヨークへ招き社会研究所の専任研究員として迎え入れる。 フライブルクにおいてフッサールが79歳で亡くなる。
1937年（42歳）社会研究所の研究姿勢についての綱領的論文「伝統理論と批判理論」。	1939年　フロムが研究所から離反する。第二次世界大戦勃発する。ホルクハイマーの両親がやっと決心し、スイスに逃れる。

（本書の研究範囲はここまで。以下は、本書の取り扱わなかったその後のホルクハイマーの生涯と社会研究所の歴史）

1940年（45歳）アメリカの市民権を取得し、カリフォルニアへ移住する。論文「哲学の社会的機能」を、ニューヨークで公刊している『社会研究誌』に発表。	1940年　ベンヤミンがフランスからアメリカへ亡命する途中、フランス・スペイン間の国境を越えようとして、ゲシュタポの追及を恐れて服毒自殺する。この時、対照的に、79歳のグリュンベルクは、ドイツ国内で安らかに息をひきとっていた。
1941年（46歳）ロサンジェルスのパシフィック・パリセーズに住むことになる。近所にはトーマス・マンも住んでいた。同地において、ポロックやアドルノと合流、1944年までアドルノとともに『啓蒙の弁証法』を執筆する。	アメリカでもドイツ語で刊行していた『社会研究誌』が英語による『哲学社会科学研究』として1942年まで継続される。
1942年（47歳）ベンヤミン追悼論文「権威主義的国家」、「理性と自己保存」など。	1942年　オットー・キルヒハイマー、フランツ・ノイマン、ヘルベルト・マルクーゼが米国国務省に雇われる。
1944年（49歳）『理性の腐食』の基礎となる5回の講演をコロンビア大学において行う。『啓蒙の弁証法』（この時は『哲学的断想』と題されている）が研究所の出版物として公刊される。	
1944-1947年（49歳〜52歳）アメリカ・ユダヤ人協会科学部長となる。1944年の10月から、反ユダヤ主義や社会的偏見の研究プロジェクトのためにしばしばニューヨークに長期滞在する。	
1945年（50歳）1月20日、父がスイスにおいて逝去する。	1945年　第二次世界大戦が終結。
1946年（51歳）3月1日、母がスイスにおいて逝去する。	1946年　6月、研究所がコロンビア大学を出る。
1947年（52歳）『理性の腐食』が刊行される。『啓蒙の弁証法』がアムステルダムのクヴェリド出版から刊行される。	
1948年（53歳）4月から8月までヨーロッパを旅行する。7月、パリでUNESCOの2週間に渡る会議に出席し、講演「ファシズムの教訓」を行う。フランクフルト大学の客員教授となる。	
1949年（54歳）7月、再びフランクフルト大学の正教授に就任する。ただし、今度は社会哲学ではなく、哲学と社会学の正教授となる。	
1949-1950年（54歳〜55歳）サミュエル・H.フラワーマンとともにシリーズ『偏見の研究』を編集する。同シリーズにはアドルノの『権威主義的パーソナリティー』が収められている。	
1950年（55歳）8月6日、社会研究所所長に再び就任。	1950年　8月6日、ホルクハイマーを所長

1951年（56歳） 2月、フランクフルト市のユダヤ人団体に加入する。11月20日、フランクフルト大学学長に選ばれる。その後、1953年までこの地位に留まった。ドイツ大学史上初のユダヤ人学長であった。 **1952年（57歳）** 7月、アメリカ市民権が生涯に渡り保証される。 **1953年（58歳）** 7月、ハンブルクにある文化的自由のための反共会議が主催した国際会議において、「科学と自由」というスピーチで参加する。この年、学長を辞め、フランクフルト市からゲーテ牌を授かる。 **1954-1959年（59歳～64歳）** シカゴ大学客員教授となる。 **1955年（60歳）** 記念論文集『ゾツィオロギカ』が社会研究所から発刊される。 **1956年（61歳）** 5月、ホルクハイマーとアドルノに対する反ユダヤ主義的発言が教授会のなかから生じ、ホルクハイマーは早期定年退職を大学に請う。 **1959年（64歳）** フランクフルト大学を定年退職し、ポロックとともにスイスのモンタニョーラに移住する。 **1960年（65歳）** フランクフルト市の名誉市民となる。 **1967年（72歳）** フランクフルト市の議事堂において催された独米友好週間に参加。その際、ヴェトナム戦争反戦学生たちに「ホルクハイマー出て来い」と叫ばれる。 **1968年（73歳）** 過去の論文が集められた『批判理論―ある証言―』が公刊される。 **1969年（74歳）** 愛妻メドンが逝去する。82歳であった。 **1970年（75歳）** 生涯の親友ポロックが逝去する。76歳であった。 **1971年（76歳）** ハンブルク市のレッシング賞を受賞する。 **1973年（78歳）** 7月7日、ニュルンベルクの病院において心不全によって逝去する。スイスのベルンにあるイスラエル墓地において、愛妻、親友、両親とともに永眠する。	とし、アドルノを全権委員としてフランクフルトに社会研究所を再開する。 **1951年** 11月14日、社会研究所の新しい建物の竣工式が開かれる。ホルクハイマーが学長職に追われる間、アドルノが社会研究所の主用な任務を引き受ける。 **1958年** アドルノが社会研究所所長職をホルクハイマーから引き継ぐ。彼は、翌年、正式な所長となる。 **1968年** ハーバーマスの『認識と関心』が公刊される。 **1969年** ホルクハイマーの最高の共同研究者アドルノが逝去する。66歳であった。 **1985年** ホルクハイマー生誕90周年シンポジウム。

関図I　ホルクハイマーと社会研究所

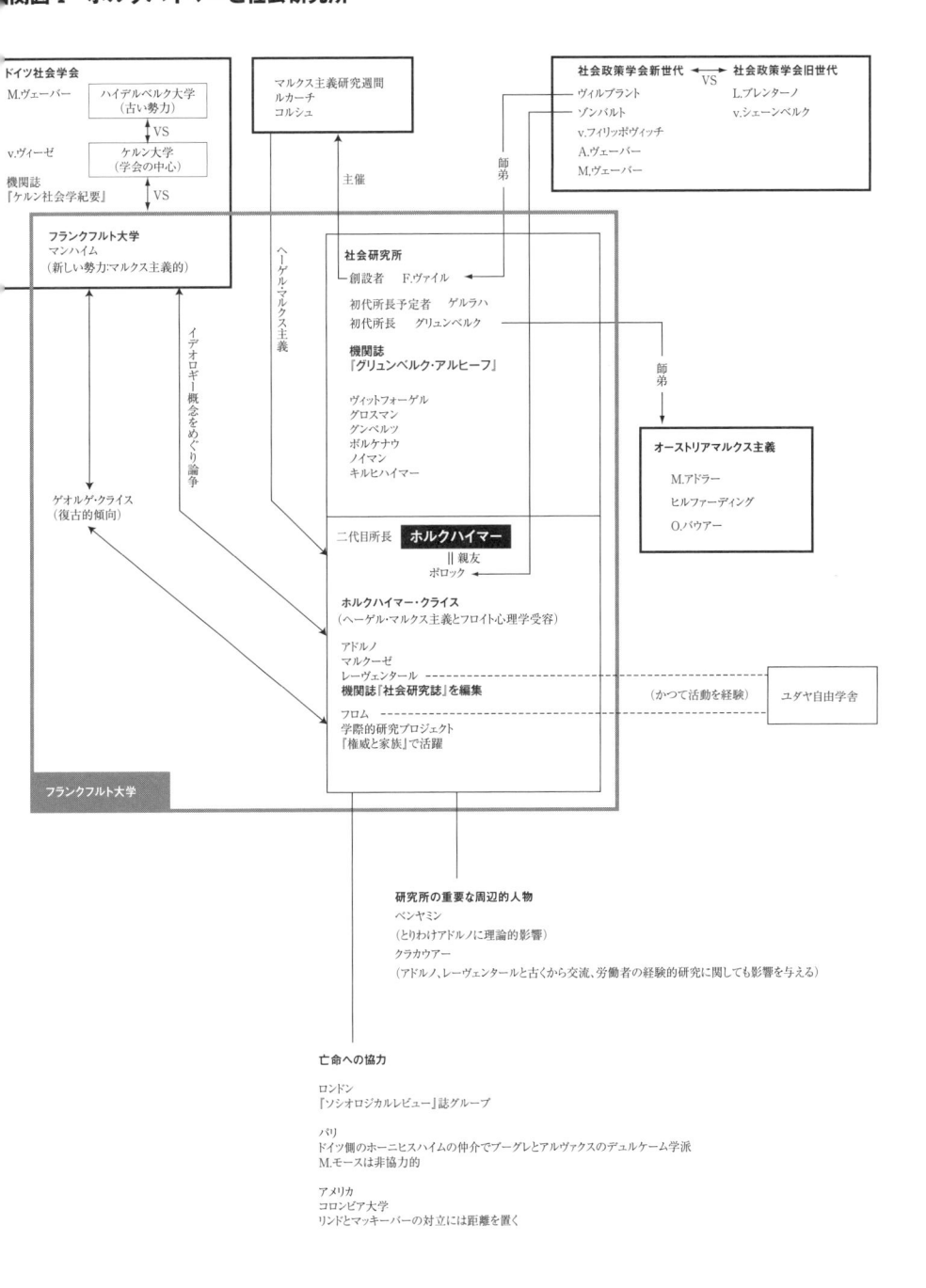

ドイツ社会学会
M.ヴェーバー
ハイデルベルク大学（古い勢力）
VS
v.ヴィーゼ
ケルン大学（学会の中心）
VS
機関誌『ケルン社会学紀要』

マルクス主義研究週間
ルカーチ
コルシュ
　主催

社会政策学会新世代 ←VS→ **社会政策学会旧世代**
ヴィルブラント　　　　　　L.ブレンターノ
ゾンバルト　　　　　　　　v.シェーンベルク
v.フィリッポヴィッチ
A.ヴェーバー
M.ヴェーバー
　師弟

フランクフルト大学
マンハイム
（新しい勢力：マルクス主義的）

　ヘーゲル・マルクス主義
　イデオロギー概念をめぐり論争

社会研究所
- 創設者　F.ヴァイル
- 初代所長予定者　ゲルラハ
- 初代所長　グリュンベルク
- 機関誌『グリュンベルク・アルヒーフ』

ヴィットフォーゲル
グロスマン
グンベルツ
ボルケナウ
ノイマン
キルヒハイマー

二代目所長　**ホルクハイマー**
　∥親友
　ポロック

ホルクハイマー・クライス
（ヘーゲル・マルクス主義とフロイト心理学受容）

アドルノ
マルクーゼ
レーヴェンタール　------（かつて活動を経験）------ **ユダヤ自由学舎**
機関誌『社会研究誌』を編集
フロム
学際的研究プロジェクト
『権威と家族』で活躍

　師弟→ **オーストリアマルクス主義**
　　M.アドラー
　　ヒルファーディング
　　O.バウアー

ゲオルゲ・クライス
（復古的傾向）

フランクフルト大学

研究所の重要な周辺的人物
ベンヤミン
（とりわけアドルノに理論的影響）
クラカウアー
（アドルノ、レーヴェンタールと古くから交流、労働者の経験的研究に関しても影響を与える）

亡命への協力

ロンドン
『ソシオロジカルレビュー』誌グループ

パリ
ドイツ側のホーニヒスハイムの仲介でブーグレとアルヴァクスのデュルケーム学派
M.モースは非協力的

アメリカ
コロンビア大学
リンドとマッキーバーの対立には距離を置く

相関図 II　ホルクハイマーの思想形成

影響　——→
批判　⇒

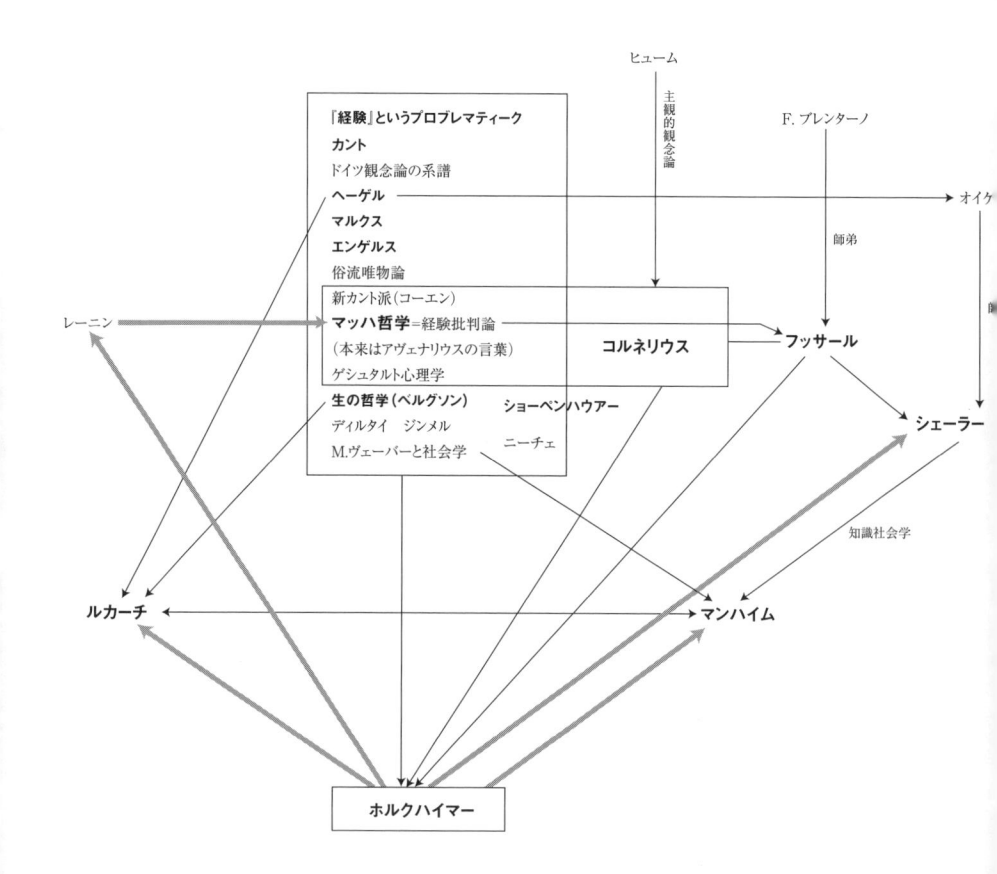

ヒューム
主観的観念論

F. ブレンターノ

『経験』というプロブレマティーク
カント
ドイツ観念論の系譜
ヘーゲル　　　　　　　　　　　　　　　　　　　　　→ オイケ
マルクス
エンゲルス
俗流唯物論　　　　　　　　　　　　　　　　　　師弟
新カント派（コーエン）
マッハ哲学＝経験批判論　　　　　コルネリウス　→ フッサール
（本来はアヴェナリウスの言葉）
ゲシュタルト心理学
生の哲学（ベルグソン）　ショーペンハウアー
ディルタイ　ジンメル　　　　　　　　　　　　　　　　シェーラー
M.ヴェーバーと社会学　ニーチェ

レーニン

知識社会学

ルカーチ　←　　　　　　　　　　　　　　マンハイム

ホルクハイマー

参照文献目録 （著者アルファベット順）

＊同著者の文献は年代順に古いものから現在に近いものの順に並べてある。

Gesammelte Schriften ／ Max Horkheimer

GS1: "Aus der Pubertät: Novellen und Tagebuchblätter" 1914-1918.
    GS1-1, *Sehnsucht.*
    GS1-1a, *Friede.*
    GS1-2, *Leonhard Steirer.*

GS2: Philosophische Frühschriften, 1922-1932.
    GS2-1, Zur Antinomie der teleologischen Urteilskraft.
    GS2-2, Über Kants >>Kritik der Urteilskraft<< als Bindeglied zwischen theoretischer und praktischer Philosophie.
    GS2-3, Hans Cornelius: Zu seinem 60.Geburtstag.
    GS2-4, Rudolf Eucken: Ein Epigone des Idealismus.
    GS2-5, Hans Driesch: Zum 60. Geburtstag.
    GS2-6, Nicolai Hartmann.
    GS2-7, Ein neuer Ideologiebegriff?
    GS2-8, Hegel und das Problem der Metaphysik.

GS3: Schriften 1931-1936.
    GS3-1, Die gegenwärtige Lage der Sozialphilosophie und die Aufgaben eines Instituts für Sozialforschung.
    GS3-2, Vorwort [zu Heft 1／2 des I.Jahrgangs der *Zeitschrift für Sozialforschung*].
    GS3-3 ＝ 1998, Bemerkungen über Wissenschaft und Krise; 邦訳「科学と危機についての所見」『批判的理論の論理学：非完結的弁証法の探求』角忍・森田数実訳 恒星社厚生閣
    GS3-4, Geschichte und Psychologie.
    GS3-5, Materialismus und Metaphysik.
    GS3-6 ＝ 1974, Zum Rationalismusstreit in der gegenwärtigen Philosophie; 邦訳「現代哲学における合理主義論争」『哲学の社会的機能』久野収訳　晶文社所収．
    GS3-7 ＝ 1998, Zum Problem der Wahrheit; 邦訳「真理問題について」『批判的理論の論理学：非完結的弁証法の探求』角忍・森田数実訳　恒星社厚生閣．
    GS3-8, Vorwort [zu den Studien über *Autorität und Familie*]．
    GS3-9 ＝ 1994, Autorität und Familie; 邦訳「権威と家族」『批判的社会理論：市民社会の人間学』森田数実編訳 恒星社厚生閣．

GS4: Schriften 1936-1941.

GS4-1 = 1994, Egoismus und Freiheitsbewegung; 邦訳「エゴイズムと自由を求める運動」『批判的社会理論：市民社会の人間学』森田数実編訳　恒星社厚生閣.

GS4-2, Der neueste Angriff auf die Metaphysik.

GS4-3 = 1974, Die gesellschaftliche Funktion der Philosophie; 邦訳「哲学の社会的機能」『哲学の社会的機能』久野収訳　晶文社所収.

GS4-4 = 1994, Montagne und die Funktion der Skepsis; 邦訳「モンテーニュと懐疑の機能」『批判的社会理論：市民社会の人間学』森田数実編訳　恒星社厚生閣.

G5: *"Dialektik der Aufklärung"* und Schriften 1940-1950.

G5-1 = 1990, *"Dialektik der Aufklärung: Philosophische Fragmente"*; 邦訳『啓蒙の弁証法―哲学的断想―』徳永恂訳　岩波書店.

GS5-2 = 1970, Autorität und Familie in der Gegenwart; 邦訳「現代における権威と家族」『道具的理性批判2』清水多吉編訳　イザラ書房所収.

G6: *"Zur Kritik der instrumentellen Vernunft"*, und *"Notizen 1949-1969"*.

G6-1 = 1987, Vorwort *"Zur Kritik der instrumentellen Vernunft"*; 邦訳『理性の腐蝕』山口祐弘訳　せりか書房.

GS7: Vorträge und Aufzeichnungen, 1949-1973 : 1. Philosophisches, 2. Würdigungen, 3. Gespräche.

G7-0 = 1975, Ideologie und Handeln; 邦訳「イデオロギーと行動」『権威主義的国家』清水多吉編・訳　紀伊國屋書店.

G7-1, Einsicht in die Gegenwart: Friedlich Pollock zum 70.Geburtstag.

G7-2, Die verwaltete Welt kennt keine Liebe. [Gespräch mit Janko Musulin].

G7-3 = 1974, Radikalismus [Gespräch mit Hans Jürgen Schultz]; 邦訳「ラジカリズムについて」『哲学の社会的機能』久野収訳　晶文社所収.

G7-4, Das Schlimme erwarten und doch das Gute versuchen [Gespräch mit Gerhart Rein].

GS8: Vorträge und Aufzeichnungen, 1949-1973 : 4. Soziologisches, 5. Universität und Studium.

GS8-1, Nachwort [zu *Porträts deutsch-jüdischer Geistesgeschichte*].

GS10: Vorlesung über die Geschichte der deutschen idealistischen Philosophie ; Einführung in die Philosophie der Gegenwart (Vorlesung und Publikationstext).

GS10-1, *Vorlesung über die Geschichte der deutschen idealistischen Philosophie.*

GS10-2, *Einführung in die Philosophie der Gegenwart.*

GS10-3, *Zu Emanzipation der Philosophie von der Wissenschaft.*

GS11: Nachgelassene Schriften 1914-1931.
　GS11-1, Beantwortung der Frage: Was heißt vom Standpunkt des transzendentalen Idealismus aus die Behauptung, daß die materielle Entwicklung der Entwicklung des Bewußtseins vorhergegangen ist?
　GS11-2, [Das Unmittelbar Gegebene als Urgrund der Erkenntnis].
　GS11-3, [Husserls erkenntnistheoretische Fundierung der Wesensschau].
　GS11-4, Kant und Hegel.
　GS11-5, Probleme der modernen Erkenntnistheorie.
　GS11-6, [Phänomenologische Wertphilosophie und Kants praktische Philosophie: Ethik als Harmonisierung der Gegenwart oder Gestaltung der Zukunft].
　GS11-7, Über das Recht soziologischer Interpretation.
　GS11-8, [Über Lenins *Materialismus und Empiriokritizismus*].
　GS11-9, [Philosophisches Tagebuch].
　GS11-10, [Notizen zur *Dämmerung*].

GS12: Nachgelassene Schriften 1931-1949.
　GS12-1, [*Notizen 1935*].

GS15: Briefwechsel 1913-1936.
　GS15-1, Max Horkheimer an Rosa Riekkher und Friedrich Pollock, 21.Mai 1918.
　GS15-2, Max Horkheimer an Rosa Riekher, 21.Juni 1918.
　GS15-3, Max Horkheimer an Rosa Riekher, 25.Oktober 1921.
　GS15-4, Max Horkheimer an Rosa Riekher, nachts 15./16. März 1921.
　GS15-5, Max Horkheimer an Theodor W.Adorno, 2.Januar, 1935.
　GS15-6, Materialien zur Neuformulierung von Grundsätzen.
　GS15-7, Max Horkheimer an Karl August Wittfogel, 21.August, 1935.

秋元律郎 1976『ドイツ社会学思想の形成と展開：市民社会論研究』早稲田大学出版部.
秋元律郎・澤井敦 1992『マンハイム研究：危機の理論と知識社会学』早稲田大学出版部.
Albrecht, Clemens [et al.] 2000, *Die intellektuelle Gründung der Bundesrepublik: eine Wirkungsgeschichte der Frankfurter Schule*. Frankfurt am Main, New York.
Asbach, Olaf, 1997, *Von der Erkenntniskritik zur Kritischen Theorie der Gesellschaft: Eine Untersuchung zur Vor- und Entstehungsgeschichte der Kritischen Theorie Max Horkheimers (1920-1927)*. Opladen.
Avenarius, Richard, 1907, *Kritik der reinen Erfahrung*. Leipzig.
ベッヒャー ヨハネス R・ 1968『ベッヒャー詩集』神埼巖訳　飯塚書店.
Bergson, Henri, 1964, *Matiere et Memoire: essai sur la relation du corps a l'esprit*.

Paris, 1968; 独訳 *Materie und Gedächtnis und andere Schriften*, Frankfurt am Main.
Bonß, Wolfgang und Honneth, Axel (hrg.), 1982, *Sozialforschung als Kritik*, Frankfurt am Main.
ボンス ヴォルフガンク 1991「批評理論と経験主義的社会調査――一つの事例についての考察」E・フロム『ワイマールからヒトラーへ』佐野哲郎・佐野五郎訳　紀伊國屋書店所収.
Bourdieu, Pierre, 1988 = 2000, *l'ontologie politique de martin heidegger*, Paris; 邦訳『ハイデガーの政治的存在論』桑田禮彰訳　藤原書店.
Brocke, Bernhard vom, 1980, Hochschul- und Wissenschaftspolitik in Preußen und im Deutschen Kaiserreich 1882-1907: das "System Althoff". in: P. Baumgart (hrg.) *Bildungspolitik in Preßen zur Zeit des Kaiserreichs*. Stuttgart.
Bronner, Stephen Eric, 1994, *Of Critical Theory and its Theorists*, Oxford, Cambridge, Massachusetts.
Buckmiller, Michael, 1988, Die, Marxistische Arbeitswoche' 1923 und die Gründung des, Institut für Sozialforschung', in: W. van Reijen, G. Schmid Noerr (hrg.), *Grand Hotel Abgrund: Eine Photographie der Frankfurter Schule*, Hamburg.
バーストン ダニエル 1996『フロムの遺産』佐野哲郎・佐野五郎訳 紀伊國屋書店.
Cohen, Hermann, 1918, *Kants Theorie der Erfahrung*, 3.Aufl., Berlin.
Cornelius, Hans, 1900, Über >>Gestaltqualitäten<<, in: *Zeitschrift für Psychologie und Physiologie der Sinnesorgane*, Bd.22.
Cornelius, 1903, *Einleitung in die Philosophie*, Leipzig.
Cornelius, 1916, *Transcendentale Systematik*, München.
Dahms, Hans Joachim, 1994, Hans Reichenbachs Beziehungen zur Frankfurter Schule-nebst Bemerkungen zum Wahren, Schönen und Guten, in: L. Danneberg, Kamlah, L. Schäfer (hrg.), *Hans Reichenbach und die Berliner Gruppe*, Wiesbaden.
Demirovic, Alex, 1999, *Der nonkomformistische Intellektuelle: Die Entwicklung der Kritische Theorie zur Frankfurter Schule*, Frankfurt am Main.
Dubiel, Helmut, 1978, *Wissenschaftsorganisation und politische Erfahrung: Studien zur Frühen kritischen Theorie*. Frankfurt am Main.
Dubiel 1992, *Kritische Theorie der Gesellschaft: eine einführende Rekonstruktion von den Anfängen im Horkheimer-Kreis bis Harbermas*. 2., erw. Aufl. Weinheim.
Engels, Friedlich, 1962, *Ludwig Feuerbach und der Ausgang der klassischen deutschen Philosophie*, in: *Marx/Engels, Werke*, Bd.21, Berlin.
Engels 1966, *Ludwig Feuerbach und der Ausgang der klassischen deutschen Philosophie*, in: *Marx/Engels, Ausgawählte Schriften in zwei Bänden*, Bd.2, Berlin.
Erdmann, Johann Eduard, 1896, *Grundriß der Geschichte der Philosophie* Bd.2, Berlin 4.Aufl., (1.Aufl., 1866).
Feuerbach, Ludwig, 1904, *Grundsätze der Philosophie der Zukunft*, §50, in:

Sämtliche Werke, Bd.3, Stuttgart.

Feuerbach, 1911, *Sämtliche Werke*, Bd.10, Stuttgart.

Fromm, Erich, 1936 = 1977, Autorität und Über-Ich, in: Studien über *Autorität und Familie* Paris; 邦訳「権威と家族」『権威と家族』安田一郎訳　青土社所収．

Fromm, Erich, 1980 = 1991, *Arbeiter und Angestellte am Vorabend des Dritten Reiches: eine sozial psychologische Untersuchung* ; bearbeitet und herausgegeben von Wolfgang Bonß. Stuttgart; 邦訳『ワイマールからヒトラーへ』佐野哲郎・佐野五郎訳　紀伊國屋書店．

Gay, Peter, 1968 = 1970, *Weimar Culture. The Outsider as Insider*, New York: 邦訳『ワイマール文化』到津十三男訳　みすず書房．

Grünberg, Carl, 1924, Festrede, gehalten zur Einweihung des Instituts für Sozialforschung an der Universität Frankfurt am Main am 22. Juni 1924. *Frankfurter Universitätsreden* XX. Frankfurt am Main.

Gumnior, Helmut und Ringguth, Rudolf, 1973, *Max Horkheimer : mit Selbstzeugnissen und Bilddokumenten* . Hamburg.

Habermas, Jürgen, 1984, *Philosophisch-politische Profile*, Frankfurt am Main; 邦訳『哲学的・政治的プロフィール』(上) 小牧治・村上隆夫訳　未来社．

Habermas, 1986, Bemerkungen zur Entwicklungsgeschichte des Horkheimerschen Werkes, in Schmidt, Alfred und Altwicker, Norbert (hrg.), *Max Horkheimer heute: Werk und Wirkung*. Frankfurt am Main.

Habermas 1990 = 1994, *Strukturwandel der Öffentlichkeit: Untersuchungen zu einer Kategorie der bürgerlichen Gesellschaft;* mit einem Vorwort zur Neuauflage, Frankfurt am Main; 邦訳『公共性の構造転換——市民社会の一カテゴリーについての探求——』細谷貞雄・山田正行訳　未來社．

Hegel, Georg, Wilhelm, Friedrich, 1920, *Vorlesung über die Philosophie der Weltgeschichte*, (hrsg.) G.Lasson, Bd.1, 2Ausgabe, Leipzig.

ハイデッガー　マルチン他 1999『30年代の危機と哲学』清水多吉・手川誠士郎編訳　平凡社．

ハイネ　ハインィッヒ 1964　『ハイネ—世界文学体系78—』井上正蔵他訳　筑摩書房．

Herf, Jeffrey, 1984 = 1991, *Reactionary Modernism: Technology, culture, and politics in Weimar and Third Reich*. Cambridge; 邦訳『保守革命とモダニズム：ワイマール・第三帝国のテクノロジー・文化・政治』中村幹雄・谷口健治・姫岡とし子訳　岩波書店．

Hesse, Heidrun, 1984, *Vernunft und Selbstbehauptung: Kritische Theorie als Kritik der neuzeitlichen Rationalität,* Frankfurt am Main, 1984.

本多修郎 1981,『現代物理学者の生と哲学』未來社．

Honneth, Axel und Wellmer, Albrecht (hrg.), 1986, *Die Frankfurter Schule und die Folgen: Referate eines Symposiums der Alexander von Humboldt-Stiftung vom 10-15.Dezember 1984 in Ludwigsburg* . Berlin, 1986.

フッサール・エドムント　1968-76　『論理学研究』1—4巻　立松弘孝・松井良和・赤松宏訳　みずほ書房

一條和生 1990『ドイツ社会政策思想と家内労働問題』御茶の水書房.

Jay, Martin, 1973 = 1975, *The Dialectical Imagination: A History of the Frankfurt School and the Institut of Social Research, 1923-1950.* Boston; 邦訳『弁証法的想像力—フランクフルト学派と社会研究所の歴史 1923-1950—』荒川幾男訳　みすず書房.

Käsler, Dirk, 1984, *Die frühe deutsche Soziologie 1909 bis 1934 und ihre Entstehungs-Milieus,* Opladen.

Kant, Immanuel, 1974 = 1961 - 1962, *Kritik der reinen Vernunft* [1,2], Frankfurt am Main; 邦訳『純粋理性批判』篠田英雄訳　岩波書店.

Kant 1974 = 1989, *Kritik der Urteilskraft,* Frankfurt am Main; 邦訳『判断力批判』坂田徳男訳：『実践理性批判』樫山欽四郎訳：『永遠の平和のために』土岐邦夫訳　河出書房新社.

Kant, Immanuel, 1976 = 1983, *Prolegomena zu einer jeden künftigen Metaphysik, die als Wissenschaft wird auftreten können;* herausgegeben von Karl Vorlander. Hamburg; 邦訳『学問として出現し得る将来のあらゆる形而上学のための序説（プロレゴーメナ）』門脇卓爾訳：『実際的見地における人間学』塚崎智訳　河出書房新社.

Katz, David, 1930, *Der Aufbau der Farbwelt,* Leipzig.

木田元 1991『現代の哲学』講談社.

木田 2002『マッハとニーチェ：世紀転換期思想史』新書館.

小牧治 1992『ホルクハイマー』清水書院.

Korn, Karl, 1979, *Lange Lehrzeit: Ein deutsches Leben.* München.

Korthals, Michiel, 1985, Die kritische Gesellschaftstheorie des frühen Horkheimer: Mißverständnisse über das Verhältnis von Horkheimer, Lukács und dem Positivismus, in: *Zeitschrift für Soziologie,* Jg.14, Heft4, August.

Kracauer, Siegfried, 1971, *Die Angestellten. aus dem neuesten Deutschland.* 1. Aufl. Frankfurt am Main.

クラカウアー, ジークフリート 1971『カリガリからヒットラーまで』平井正訳　せりか書房.

楠秀樹 1999「デクラッセとナチズム—ブルデューによるハイデガーの社会学的批判—」P. ブルデュー社会学研究会編『象徴的支配の社会学—ブルデューの認識と実践—』恒星社厚生閣所収.

楠 2000「F. リンガーによるブルデュー『場（champ）』の概念の受容—ジェイによる批判から考える—」『年報社会学論集』十三号　関東社会学会編所収.

楠 2002「ブルデュー、そのコミュニケーションの文化—ハーバマスとデリダにおける『テクスト』と『コンテクスト』の問題を例として—」『情況』情況出版　六月号所収.

Laquer, Walter Z., 1962 = 1985, *Young Germany: A History of the German*

Youth Movement, London: 邦訳『ドイツ青年運動―ワンダーフォーゲルからナチズムへ―』西村稔訳 人文書院.

Lederer, Emil, 1929, Die Umschichtung des Proletariats und die kapitalistischen Zwischenschichten von der Krise, in: *Neue Rundschau,* Berlin, Frankfurt am Main.

Lenin, Vladimir, I., 1927 = 1999, *Materialismus und Empiriokritizismus,* Wien, Berlin; 邦訳『唯物論と経験批判論』森宏一訳 新日本出版社.

Löffler-Erxleben, Barbara, 1999, *Max Horkheimer zwischen Sozialphilosophie und empirischer Sozialforschung,* Frankfurt am Main

Löwenthal, Leo, 1980, *Mitmachen wollte ich nie,* Frankfurt am Main.

Mach, Ernst 1906 = 2001, *Die Analyse der Empfindungen und das Verhältnis des Physischen zum Psychischen.* 5. Aufl. Jena; 邦訳『感覚の分析』須藤吾之助・廣松渉訳 法政大学出版局.

Mach 1920 = 2002, *Erkenntnis und Irrtum: Skizzen zur Psychologie der Forschung.* 3. Aufl. Leipzig; 邦訳『認識の分析』廣松渉編訳 法政大学出版局.

Mannheim, Karl, 1929, *Ideologie und Utopie,* Bonn.

Mayer, Gustav, 1920, *Friedrich Engels: Eine Biographie,* Bd.1, Berlin.

Meja, Volker ／ Stehr, Nico(hrsg.), 1982, *Der Streit um die Wissenssoziologie, 2Bd, Rezeption und Kritik der Wissenssoziologie,* Frankfurt am Main.

Merleau=Ponty, Maurice, 1960, *La structure du comportement.* Paris.

Migdal, Ulrich, 1980, *Die Frühgeschichte des Frankfurter Instituts für Sozialforschung.* Frankfurt am Main.

森田数実 2000『ホルクハイマーの批判的理論』恒星社厚生閣.

Planck, Max, 1910, *Acht Vorlesungen über Theoretische Physik,* Leipzig.

Pollock, Friedrich, 1926, Sombarts >>Widerlegung<< des Marxismus, in: C. Grünberg（hrg.）, *Archiv für die Geschichte des Sozialismus und der Arbeiterbewegung.* Hefte3, Leibzig.

Ringer, Fritz, 1969 = 1991, *The Decline of the German Mandarins: The German Academic Community 1890―1933.* Cambridge, Massachusetts; 邦訳『読書人の没落―世紀末から第三帝国までのドイツ知識人―』西村稔訳 名古屋大学出版会.

Ringer 1992 = 1996, *Fields of Knowledge French academic culture in comparative perspective, 1890-1920,* Cambridge; 邦訳『知の歴史社会学―フランスとドイツにおける教養 1890～1920―』筒井清忠・中島道男・田中紀行・小川伸彦・永谷健・北垣徹訳 名古屋大学出版会.

Rosen, Zvi, 1995, *Max Horkheimer,* München.

シャド スザンヌ P・1987『ドイツ・ワイマール期の社会調査』川合隆男・大淵英雄監訳 慶応通信.

Scheler, Max, 1926, Erkenntnis und Arbeit, in: *Die Wissensformen und die Gesellschaft,* Leipzig.

Schivelbusch, Wolfgang, 1982 = 1990, *Intellektuellendämmerung: Zur Lage der*

Frankfurter Intelligenz in den zwanziger Jahren, Frankfurt am Main; 邦訳『知識人の黄昏』初見基訳 法政大学出版局.

Schmidt, Alfred, 1970 = 1975, *Die "Zeitschrift fur Sozialforsohung": Geschichte und gegenwartige Bedeutung. München,;* 邦訳『フランクフルト学派：「社会研究誌」その歴史と現代的意味』生松敬三訳 青土社.

Schmidt 1974, *Die geistige Physiognomie Max Horkheimers, in: W. Brede（hrg.）, M. Horkheimer, Notizen 1950-1969 und Dämmerung. Notizen in Deutschland,* Frankfurt am Main.

Schmidt 1985, Unter welchen Aspekten Horkheimer Lenins Streitschrift gegen den >>machistischen<< Revisionismus beurteilt, in: GS11.

Schmidt, Alfred und Altwicker, Norbert (hrg.), 1986, *Max Horkheimer heute: Werk und Wirkung.* Frankfurt am Main.

Schmidt 1990, Nachwort des Herausgebers. Horkheimer als Historiker des deutschen Idealismus und der philosophischen Renaissance der zwanziger Jahre, in: Vorlesung über die Geschichte der deutschen idealistischen Philosophie; Einführung in die Philosophie der Gegenwart (Vorlesung und Publikationstext), in: **GS10**.

Schnädelbach, Herbert, 1991, *Philosophie in Deutschland 1831-1933,* Frankfurt am Main.

Schopenhauer, Arthur, 1892, *Die Welt als Wille und Vorstellung,* Bd.1, Leipzig 2Aufl.

清水多吉 1986『1930年代の光と影—フランクフルト学派研究—』河出書房新社.

スピーゲルバーグ ハーバート 2000『現象学運動』（上）立松弘孝監訳 世界書院.

德永恂 1994「初期批判理論と精神分析—1930年前後の社会研究所におけるコンステラチオン」岩波講座現代思想『批判理論』岩波書店所収.

Tompert, Helene, 1969, *Lebensformen und Denkweisen der akademischen Welt Heidelbergs im Wilhelmischen Zeitalter: Vornehmlich im Spiegel zeitgenössischer Selbstzeugnisse.* Lübeck, Marburg.

潮木守一 1992『ドイツの大学—文化史的考察—』講談社.

Wiggershaus, Rolf, 1986, *Die Frankfurter Schule: Geschichte, theoretische Entwicklung, politische Bedeutung.* München.

Wittfogel, Karl, August, 1931, Wissen und Gesellschaft, in: *Unter dem Banner des Marxismus,* 5Jg, Nr 1.

米沢和彦 1991『ドイツ社会学史研究—ドイツ社会学会の設立とヴァイマル期における歴史的展開—』恒星社厚生閣.

あとがき

　本書は、「はじめに」においても述べたように、平成16年に東洋大学大学院社会学研究科より授与された博士（社会学）学位論文「ホルクハイマーの思想形成過程における『経験』（Erfahrung）をめぐる現象学と唯物論との交差について（副題省略）」をもとに執筆したものである。

　「むすびにかえて」において示したように、筆者の今後の研究課題は山積である。しかも、それらそれぞれの課題は、さらに新しい課題を派生させうる。筆者は今後一層、研究に精進したい。

　本書第1章にも示したように、研究は研究者の世界のみから生じるものではなく、家族や友情にも支えられているものである。しかし、いささか感傷的になって、自らのストーリーを振り返りつつ、ご助力いただいた人びとについてすべて語ることはできない。本書は筆者の研究生活の始まりに過ぎず、またあらためて研究を世に問うことで謝意を示して生きたい。研究は「非完結」であり、未完成な筆者である。

　とはいえ、やはり本書は、博士論文審査の指導をお引き受けくださった諸先生のおかげを以って上梓の運びとなっている。

　論文指導の主査をお引き受けいただいた宇都宮京子先生には、骨身を削るように苦心いただいた。また、定年退職なされた旧主査高橋直之先生があらためて副査として審査にご参加くださったことによって、指導は一層強力なものとなった。やはり副査としてご参加いただいた船津衛先生、小林宏一先生、原山哲先生には、きわめて具体的なご指導をいただいた。主査・副査諸先生にここであらためて、心からお礼を申し上げたい。

　学外においては、修士時代より、清水多吉先生の研究会に参加し、ホルクハイマーをはじめとしたフランクフルト学派についてさまざまご教示いただいた。厚くお礼申し上げたい。

　そして、刊行に当たって社会評論社の松田健二社長自らが編集をご担当くださったことは何よりも心強かった。また、社員の皆様にもご尽力いただき、深甚なる謝意を表したい。

本書による研究成果の公刊に関しては、平成20年度東洋大学「井上円了研究助成金」における刊行助成を受けている。このような機会を与えてくださった関係諸氏のご期待にかなう書であることを願ってやまない。

　2008年　9月　　　　　　　　　　　　　　　　　　　　　　楠秀樹

索　引 (かな順)

- 本書は、マックス・ホルクハイマーに関するものであり、ホルクハイマーについては索引外とする。また、「ホルクハイマー—ポロック」の連名の際には、ポロックも索引外とする。
- たとえば、「マルクス主義」や「ヘーゲル哲学」のように、個人名を思想名称とする際、あるいは、『グリュンベルク・アルヒーフ』のように、個人の名前からなる名詞は事項索引とする場合もある。
- 付記「バイオグラフィー」および「むすびにかえて」に登場する人名・事項を索引外とする。

人名索引

あ

アイスナー，クルト (Kurt Eisner) 22

アヴェナリウス，リヒャルト (Richart Avenarius) 38, 46, 52, 99, 100, 108

アスバハ，オラーフ (Olaf Asbach) 12, 13, 33

アディッケス，エーリヒ (Erich Adickes) 140

アデナウアー，コンラート (Konrad Adenauer) 106

アドラー，マックス (Max Adler) 84〜7, 106, 134, 135, 140, 175

アドルノ，テオドール　ヴィーゼングルント (Theodor Wiesengrund Adorno) 5, 9, 10, 12, 13, 29, 94, 152, 185〜8, 193

アブラハムゾーン，フーベルト (Hubert Abrahamsohn) 193

アリストテレス (Aristotle) 44

アルヴァクス，モーリス (Maurice Halbwachs) 191

アルトホフ，フリードリヒ (Friedrich Althoff) 24, 25, 51

アロンス，レオ (Leo Arons) 25

い

イェルザレム，ヴィルヘルム (Wilhelm Jerusalem) 140

イプセン，ヘンリク (Henrik Ibsen) 50

う

ヴァイス，ヒルデ (Hilde Weiß) 179, 193

ヴァイル，フェリックス (Felix Weil) 187, 189, 190

ヴァーグナー，ルドルフ (Rudolf Wagner) 34, 35

ヴィーゼ，レオポルト　フォン (Leopold von Wiese) 106, 163, 170, 174〜6, 192

ヴィタゼク，シュテファン (Stephan Witasek) 47

ヴィッガースハウス，ロルフ (Rolf Wiggershaus) 20, 21, 52, 106, 149, 153, 189, 190

ヴィットフォーゲル，カール　アウグスト (Karl August Wittfogel) 141, 156, 187, 193

ヴィルブラント，ロベルト (Robert Wilbrandt) 190

ヴィンデルバント，ヴィルヘルム (Wilhelm Windelband) 140

ヴェーデキント，フランク (Frank Wedekind) 22

ヴェーバー，アルフレート (Alfred Weber) 174

ヴェーバー，マックス (Max Weber) 14, 152, 153, 171, 172, 173, 175, 176, 178, 179, 191

ヴェルトハイマー，マックス (Max Wertheimer) 45, 47, 48, 189

ヴォルマン，クルト (Curt Wormann) 194

ヴント，ヴィルヘルム　マックス (Wilhelm Max Wundt) 45, 47

え

エピクロス (Epikurus) 132

エリアス，ノルベルト (Norbert Elias) 188

エルトマン，ヨハン　エドゥアルト (Johann Eduard Erdmann) 107

エーレンフェルス，クリスチャン　フォン (Christian von Ehrenfels) 46, 47, 56, 104

エンゲルス，フリートリヒ（Friedrich Engels）38, 58, 89, 99, 102, 107, 109

お
オイケン，ルドルフ（Rudolf Eucken）30, 82, 83
オットー，ヴィルヘルム　フリートリヒ（Wilhelm Friedrich Otto）189
オッペンハイマー，フランツ（Franz Oppenheimer）153, 176, 190, 192
オッペンハイム，パウル（Paul Oppenheim）188

か
カウツキー，カール（Karl Kautsky）189
カッシーラー，エルンスト（Ernst Cassirer）29
カッツ，ダフィット（David Katz）105
カント，イマヌエル（Immanuel Kant）33, 36, 37, 39, 44, 48, 53, 55, 59〜63, 66〜76, 84, 90〜2, 104, 105, 160
カントロヴィッチ，エルンスト（Ernst Kantrowicz）189

き
木田元　46, 47, 54, 105, 108
キャルホーン，アーサー　ウォレス（Arthur Wallace Calhoun）194
キュルペ，オスヴァルト（Oswald Külpe）139

く
グムニオール，ヘルムート（Helmut Gumnior）18
クラウス，カール（Karl Kraus）50
クラカウアー，ジークフリート（Siegfried Kracauer）179, 192
グリュンベルク，カール（Carl Grünberg）29, 93, 106, 153, 156, 164, 166〜8, 175, 176, 189, 191
グレッケル，オットー（Otto Glöckel）189
クロポトキン，ピョートル　アレクセーヴィッチ（Пётр Алексеевич Кропоткин）50

け
ゲイ，ピーター（Peter Gay）52, 149

ゲオルゲ，シュテファン（Stefan George）153, 189
ケスラー，ディルク（Dirk Käsler）14, 29, 170
ケストナー，エーリヒ（Erich Kästner）22
ゲーテ，ヨハン　ヴォルフガンク（Johann Wolfgang Goethe）150, 151
ケーラー，ヴォルフガンク（Wolfgang Köhler）45, 47
ゲルプ，アデマール（Adhemar Gelb）45
ゲルラハ，クルト　アルベルト（Kurt Albert Gerlach）190
ゲルロフ，ヴィルヘルム（Wilhelm Gerloff）155, 188, 190

こ
コーエン，ヘルマン（Hermann Cohen）35, 36, 37, 68
コフカ，クルト（Kurt Koffka）47
コメレル，マックス（Max Kommerell）188
コルシュ，カール（Karl Korsch）12, 188, 190
ゴルトシャイト，ルドルフ（Ridolf, Goldscheid）171, 172
ゴルトシュタイン，クルト（Kurt Goldstein）188, 193
コルトハルス，ミヒール（Michiel Korthals）11, 12, 14, 105
コルネリウス，ハンス（Hans Cornelius）5, 12, 15, 23, 29, 32, 34, 38, 42, 43, 45, 47, 49, 52, 53, 55, 58〜60, 62, 66, 76, 79, 87, 91, 94, 96〜8, 103〜6, 109, 166, 188
コルン，カール（Karl Korn）189
コント，オーギュスト（Auguste Comte）133

さ
ザロモン，ゴットフリート（Gottfried Salomon）193

し
シヴェルブシュ，ヴォルフガンク（Wolfgang Schivelbusch）156, 188, 190, 191
ジェイ，マーチン（Martin Jay）12, 20, 157, 169
ジェイムズ，ウィリアム（William James）133
シェーラー，マックス（Max Scheler）5, 29,

54, 55, 58, 59, 70, 75, 82～8, 95, 105～7, 113, 115, 119, 122, 130, 135, 136, 143, 162, 175, 176, 191
シェリング，フリートリヒ ヴィルヘルム ヨゼフ フォン（Friedrich Wilhelm Joseph von Schelling）89, 90
ジグヴァルト，クリストフ（Christoph Sigwart）78
清水多吉 13, 23
シャド，スザンヌ（Susanne Petra Schad）172, 173
シャハテル，エルンスト（Ernst Schachtel）179, 193
シュタイン，ロレンツ フォン（Lorenz von Stein）174, 189
シュテルンハイム，アンドリース（Andries Sternheim）193
シュトゥンプフ，カール（Carl Stumpf）47
シュトレレヴィッチ，ヴィリー（Willi Strelewicz）193
シュネーデルバハ，ヘルベルト（Herbert Schnädelbach）53
シューマン，フリートリヒ（Friedrich Schumann）45, 56, 105
シュミット，アルフレート（Alfred Schmidt）11
シュミット・ネル，グンツェリン（Gunzelin Schmid Noerr）53, 59, 60, 107, 186
ショーペンハウアー，アルトゥール（Arthur Schopenhauer）11, 50, 53, 83, 88, 96～8, 105, 106, 108
ジンツハイマー，フーゴ（Hugo Sinzheimer）188
ジンメル，ゲオルク（Georg Simmel）29, 104, 163, 172, 174

す
ストリンドベリ，アウグスト（August Strindberg）50
スピーゲルバーグ，ハーバート（Herbert Spiegelberg）53, 56, 105
スピノザ，ブラウチ（Brauch Spinoza）50

そ
ソクラテス（Sokrates）119
ゾラ，エミール（Emile Zola）50
ゾンバルト，ヴェルナー（Werner Sombart）172, 191

て
ディドロ，ドゥニ（Denis Diderot）111
ティリッヒ，パウル（Paul Tillich）152, 157, 188
ディルタイ，ヴィルヘルム（Wilhelm Dilthey）104, 111, 120
デカルト，ルネ（René Descartes）42, 43, 61, 123
テーテンス，ヨハン ニコラウス（Johann Nikolaus Tetens）66
デューイ，ジョン（John Dewey）133
デュビエル，ヘルムート（Helmut Dubiel）7, 10, 12, 14, 180
デュ・ボア＝レーモン，エミール（Emil Du Bois-Reymond）139
デューリング，オイゲン（Eugen Dühring）109
デュルケーム，エミール（Emile Durkheim）174
テンニース，フェルディナント（Ferdinand Tönnies）172, 174

と
トーマ，ルートヴィッヒ（Ludwig Thoma）22
ドストエフスキー，フョドール ミハイロヴィッチ（Фёдор Михайлович Достоевский）22
トラー，エルンスト（Ernst Toller）22, 51
ドリーシュ，ハンス（Hans Driesch）56
トルストイ，レフ ニコラエヴィッチ（Лев Николаевич Толстой）50

な
ナウマン，ハンス（Hans Naumann）153

に
ニーチェ，フリートリヒ（Friedrich Nietzsche）88, 104, 139
ニュートン，アイザック（Isaac Newton）104

は
ハイデガー，マルチン（Martin Heidegger）13, 23
ハイネ，ハインリヒ（Heinrich Heine）17, 49

バークリー，ジョージ（George Berkley）43, 52, 55, 96, 99, 100

バザーロフ，ウラジミール　アレクサンドロヴィッチ（Владимир Александрович Базаров）115

バーストン，ダニエル（Daniel Burston）192, 193

バトラー，ニコラス　マーレイ（Nicholas Murray Butler）157

ハーバーマス，ユルゲン（Jürgen Habermas）9, 10, 12～4, 32, 51, 135, 151, 182

ハルトマン，ニコライ（Nicolai Hartmann）58, 75, 84, 140, 191

ハルトマン，ルド　モーリッツ（Ludo Moritz Hartmann）189

ひ

ヒトラー，アドルフ（Adolf Hitler）17, 150, 156, 185, 193

ヒューム，デヴィッド（David Hume）43, 45, 52, 55, 76, 77, 96

ふ

フィーアカント，アルフレート（Alfred Vierkandt）192

フィヒテ，ヨハン　ゴットリープ（Johann Gottlieb Fichte）90

フィリッポヴィッチ，オイゲン　フォン（Eugen von Philippovich）189

フェヒナー，グスタフ　テオドール（Gustav Theodor Fechner）45, 46

フォイエルバハ，ルートヴィヒ　アンドレアス（Ludwig Andreas Feuerbach）93, 102

フォークト，カール（Karl Vogt）35, 139

ブーグレ，セレスタン（Célestin Bouglé）191

フッサール，エドムント（Edmund Husserl）13, 23, 38, 39, 45, 47, 53, 54, 56, 58～60, 62, 63, 65, 69, 75～82, 87, 94, 104, 105, 130

ブーバー，マルチン（Martin Buber）188

プフェムフェルト，フランツ（Franz Pfemfeld）50

フライヤー，ハンス（Hans Freyer）141

プランク，マックス（Max Planck）54, 69, 70

プレハーノフ，ゲオルギー　ヴァレンティノヴィッチ（Георгий Валентинович Плеханов）108

プレンゲ，ヨハネス（Johannes Plenge）190

ブレンターノ，フランツ（Franz Brentano）47, 54

フロイト，ジグムント（Sigmund Freud）17, 113, 151, 169, 177, 183, 193

ブロッケ，ベルンハルト　フォム（Bernhart vom Brocke）28

フロム，エーリヒ（Erich, Fromm）147, 151, 170, 177, 180, 181, 183, 185, 187, 192, 193

へ

ベッカー，カール　ハインリヒ（Carl Heinrich Becker）27, 28

ヘーゲル，ゲオルク　ヴィルヘルム　フリートリヒ（Georg Wilhelm Friedrich Hegel）74, 75, 88～93, 105, 107, 109, 121, 123, 128～30, 136, 159～61, 168

ベッヒャー，ウルリヒ（Ulrich Becher）139

ベッヒャー，ヨハネス　ロベルト（Johannes Robert Becher）22

ヘーニッシュ，コンラート（Konrad Haenisch）27, 28

ベヌッシ，ヴィットリオ（Vittorio Benussi）47

ヘラー，ヘルマン（Hermann Heller）188

ベーリッツ，オットー（Otto Boelitz）27

ベルグソン，アンリ（Henri Bergson）45, 48, 49, 62, 70, 81, 86～8, 104, 105, 107, 113, 133

ヘルムホルツ，ヘルマン（Hermann Ludwig Ferdinand von Helmholz）45, 53

ベルンフェルト，ジークフリート（Siegfried Bernfeld）177

ベンヤミン，ヴァルター（Walter Benjamin）157, 187

ほ

ボクダーノフ，アレクサンドル　アレクサンドロヴィッチ（Александр Александрович Богданов）108

ホーニヒスハイム，パウル（Paul Honigsheim）191, 193, 195

ホルクハイマー，モーゼス［モーリッツ］（Moses［Moritz］Horkheimer／ホルクハイマーの父）16～22

ポロック，フリートリヒ（Friedrich Pollock）16～20, 22, 29, 30, 50, 88, 106, 109, 144, 149, 156, 181, 186, 190, 193
ボンス，ヴォルフガンク（Wolfgang Bonß）178, 192
本多修郎　53

ま
マイノンク，アレクシウス（Alexius Meinong）47, 48, 104
マイヤー，ゲオルク　フォン（Georg von Mayr）173
マイヤー，ハンス（Hans Mayer）194
マイリ，リヒャルト（Richard Meili）194
マッキーバー，ロバート（Robert MacIver）157
マッハ，エルンスト（Ernst Mach）33, 38～42, 46, 52, 54, 55, 96, 98～102, 108, 109, 113
マルクス，カール（Karl Marx）8, 11, 23, 38, 58, 88, 89, 94, 102, 107, 116, 117, 120～22, 129, 130, 133, 134, 142, 164, 168, 176
マルクーゼ，ヘルベルト（Herbert Marcuse）9, 12, 13, 20, 181, 192～4
マン，ヘンドリク　ド（Hendrik de Man）189
マンキーヴィッチ，ハラルト（Harald Mankiewicz）193
マンハイム，エルンスト（Ernst Manheim）193
マンハイム，カール（Karl Mannheim）5, 103, 111, 116～26, 140, 141, 143, 149, 152, 153, 156, 170, 176, 188, 192

み
ミル，ジョン　スチュアート（John Stuart Mill）78
ミューザーム，エーリヒ（Erich Mühsam）22
ミュラー，ゲオルク　エリアス（Georg Elias Müller）105

め
メニッケ，カール（Carl Mennicke）188
メルトン，ヴィルヘルム（Wilhelm Merton）151
メルロ＝ポンティ，モーリス（Maurice Merleau=Ponty）88

メンガー，アントン（Anton Menger）189

も
モイゼル，アルフレート（Alfred Meusel）194
モース，マルセル（Marcel Mauss）191
森田数実　10, 11

や
ヤスパース，カール（Karl Jaspers）140
ヤホダ＝ラツァルスフェルト，マリー（Marie Jahoda-Lazarsfeld）194

ゆ
ユンガー，エルンスト（Ernst Jünger）87, 107
ユンクマン，フリッツ（Fritz Jungmann）193

ら
ライナハ，アドルフ（Adolf Reinach）75, 82, 105, 191
ラインハルト，カール（Reinhardt Karl）189
ラウヒハイマー，バベッテ（Babette Lauchheimer／ホルクハイマーの母）17, 18
ラカー，ウォルター（Walter Laquer）51
ラザースフェルド，ポール（Paul Lazarsfeld）158, 187
ラムニー，ジェイ（Jay Rumney）194
ランゲ，フリートリヒ　アルベルト（Friedrich Albert Lange）35
ランダウアー，カール（Karl Landauer）177

り
リークヘア，ローザ／メドン（Rosa Riekher／Maidon／ホルクハイマーの妻）16, 18, 20, 21, 50, 108
リーツラー，クルト（Kurt Riezler）153, 188
リープクネヒト，カール（Karl Liebknecht）23
リップス，テオドール（Theodor Lipps）78
リール，アロイス（Alois Riehl）104
リンガー，フリッツ（Fritz Ringer）26～8,

34, 51〜3
リンクグート，ルドルフ（Rudolf Ringguth）18
リンデマン，フーゴ（Hugo Lindemann）106, 175
リンド，ロバート（Robert Lynd）44, 157

る

ルー，ヴィルヘルム（Wilhelm Roux）56
ルイーニ，アドルフォ（Adolfo Luini）194
ルカーチ，ジェルジ（Lukács György [Georg Lukács]）9, 11, 12, 89, 116, 118, 120, 140, 190
ルクセンブルク，ローザ（Rosa Luxemburg）23, 88
ルナチャルスキー，アナトリー ワシリエヴィッチ（Анатолий Васильевич Луначарский）108

れ

レーヴェ，アドルフ（Adolf Löwe）156, 188
レーヴェンタール，レオ（Leo Löwenthal）151, 152, 171
レーデラー，エミール（Emil Lederer）179, 192
レーニン，ウラジミール イリイチ（Владимир Ильич Ленин）38, 41, 43, 51, 52, 54, 58, 59, 66, 83, 96, 98〜103, 106, 108, 109, 113, 141
レーフェンシュタイン，アドルフ（Adolf Levenstein）178, 179

ろ

ローゼン，ツヴィ（Zvi Rosen）50
ロック，ジョン（John Locke）43
ロナイ，ゾルタン（Zoltán Rónai）193
ロマッチュ，エアハルト（Erhart Lommatzsch）190

事項索引

あ
アルトホフ体制 28, 52

い
意識 36, 37, 42〜44, 48, 49, 55, 60〜64, 73, 77〜9, 91, 93, 96, 97, 99, 102〜4, 108, 110, 130, 140, 141, 145, 160, 162
イデオロギー 32, 51, 103, 108, 110, 113, 115〜8, 120, 122〜6, 135, 140, 141, 149, 175〜7, 179, 181
イマージュ 62
因果性 44, 61, 63, 68, 90, 97, 98, 137, 138, 140

う
ヴァールブルク研究所 52, 149
ヴィーン学団 12, 14

え
叡知的世界 68, 127
エイドス 80
エディプス・コンプレックス 177
エントロピー 69

お
応用社会調査研究所 158
オーストリア・マルクス主義 85, 106, 140, 189

か
快／不快 114, 115, 185
懐疑 43, 45, 55, 96, 119, 122, 126〜9, 131, 139, 186
階級（闘争） 85, 87, 89, 101, 115〜7, 120, 121, 123, 124, 137, 138, 147, 148, 167, 176〜9, 183〜5
概念 40〜42, 48, 55, 61, 62〜6, 73, 77, 78, 92, 93, 95, 96, 103〜9, 113, 116〜8, 120, 122, 128〜30, 133, 136, 138, 141, 142, 159, 186
科学 31, 32, 34〜9, 42, 43, 54, 55, 60, 61, 65, 75, 77, 83, 85, 88, 93〜5, 99, 107, 111, 119, 120, 122, 124, 125, 133, 135〜8, 156, 161, 163, 166, 167, 171, 185, 191〜3
学際的（研究，研究プロジェクト） 8, 13, 32, 95, 107, 125, 135, 159, 163, 164, 169, 177
学際的唯物論 107, 135, 163
革命 89, 101〜3, 108, 111, 116, 160, 174, 181, 190, 192
学問／学 30〜2, 34, 35, 37, 49, 53, 62, 63, 75, 76, 80, 81, 84, 86, 87, 89, 95, 101, 106, 116, 117, 119, 125, 130〜3, 138, 139, 141, 149, 152, 159, 160, 162, 164, 173, 177
家族（家庭） 17, 29, 138, 158, 163, 180〜5, 193
価値 75, 83〜5, 107, 130, 132, 137, 138, 141, 145, 163, 174, 187
価値自由 119, 162, 171, 175, 191
カトリック 84, 85, 106, 189
可能態 67, 75, 105
下部構造／上部構造 167, 168, 177
家父長制 124, 182
感覚 39, 40, 46, 53, 55, 66, 67, 73, 76〜8, 100〜3, 109
感覚要素 39〜41, 79, 100〜3
関係学 163, 176
間主観 82, 99
感情 112, 140, 187
感性 37, 48, 53, 72, 73, 77, 90〜2, 97, 103
カント哲学 8, 11, 30, 39, 43〜5, 47, 53, 60, 67, 70, 71, 74, 88〜92, 96, 103, 105, 112, 113, 126, 128, 130, 160
観念 43, 71, 81, 129, 136, 181, 193
観念学／現実学 139
観念連合説 43
観念論 30, 34, 88, 96, 98, 99, 102, 105, 108, 110〜5, 120〜2, 129, 130, 136, 139, 141, 159, 160, 161

き
記憶（体験） 63〜5, 82, 109
機械論（メカニズム） 28, 31, 32, 35, 44, 49, 56, 60〜3, 67〜72, 77, 86, 87, 92, 123, 127, 134, 135
危機 13, 15, 24〜6, 28, 30〜3, 35, 55, 60, 84, 86, 124, 130, 134, 141, 161
記述 49, 62, 63, 81, 87, 105
客観 38, 41, 43, 44, 53, 61, 77〜9, 96〜100, 103, 106, 108, 109, 123, 129, 129, 146, 161,

167, 178
キール世界経済および海上交通研究所　52, 150
近代（化）9, 26, 34, 127

く
苦悩　84, 112, 121
『グリュンベルク・アルヒーフ』（『社会主義史および労働運動史のためのアルヒーフ』）167, 189
グリュンベルク体制　106, 166～8
クレンツヒェン　152

け
経験　7, 8, 10, 13, 15, 16, 24, 33～5, 37～40, 42～4, 61～3, 65, 67, 71, 73, 77～82, 85, 90, 91, 93～6, 103, 105, 117, 118, 128, 130, 131, 133, 134, 136, 149, 160～3, 166, 168, 170, 171, 173, 174, 176～9, 181, 184, 191, 192
経験批判論　33, 38, 39, 43, 52, 99, 108
経済（学）115, 116, 121, 127, 150, 153, 165, 167, 168, 174, 178, 181～4, 188, 189, 193
形式社会学　163, 174
形式倫理学　84
形而上学　30, 34, 39, 40, 67, 82, 87, 91～3, 95, 99, 106, 107, 111～3, 116, 118, 120, 127, 129, 130, 133, 135, 140, 161, 162, 164, 191
芸術　23, 185
形相　68, 90
啓蒙　94, 111, 185
ゲオルゲ・クライス　153, 154, 170, 188
ゲシュタルト　45, 46, 48, 49, 54, 60, 62, 67, 68, 72, 73, 77, 78, 104, 123
　　　　　　―質　46～8, 56, 64～6, 73, 105
　　　　　　―心理学　34, 43, 45～9, 56, 59, 62, 81, 91, 102, 189
　　　　　　―法則　68, 123
決定論　123, 168
ゲッティンゲン学団　105
ゲマインシャフト／ゲゼルシャフト　145, 146, 174
ケルン学派　13
ケルン社会科学研究所　52, 106, 149, 190
『ケルン社会学紀要』　171, 175, 176
ケルン大学　149, 171, 174, 176
権威　18, 24, 27, 87, 115, 127, 147, 151, 153, 154, 158, 180～5, 189, 192, 193

原子（構造，論）48, 99, 142,
現実　74, 94, 99, 101, 102, 105, 107, 109, 111, 115, 118～21, 124, 134, 136, 137, 145, 147, 160～2, 167
現実原則　17, 21
現象学　5, 8, 10, 33, 38, 47, 53, 54, 56, 58～60, 62, 63, 65, 70～2, 75, 76, 79～82, 84, 88, 91, 94, 96, 103～5, 110, 114, 115, 123, 130, 175
　　　―運動　105
　　　―的還元　63, 79, 105
　　　―的物理学　54
ゲルマニスティーク　153, 154
建築術　70, 71, 73
限定的否定　128
権力　129, 134, 152, 154, 186, 187

こ
行為　111, 115, 120, 121, 127, 131, 145, 160
構造　123, 126, 132, 137, 138, 141, 147, 170
構想力　72, 73
幸福／不幸　113～5, 183
合理主義　87, 92, 98, 185
国際社会研究所　157
国際労働事務局　155
個（人）84, 107, 108, 128, 129, 153, 160, 161, 168, 173, 177, 180～5
悟性　40, 47, 48, 66, 67, 72～4, 77, 82, 90～2
国家　160～3, 181, 184, 188, 189, 192
国家社会主義学生同盟　155
古典経済学　142
個別科学　33, 34, 42～44, 46, 54, 58, 61, 86, 87, 94, 95, 99, 102, 104, 106, 107, 125, 127, 135, 139, 159, 162～6, 174, 176, 186
個別なもの・一般的なもの・特殊なもの　78～80, 82
娯楽　168, 179, 184, 185
コルネリウス哲学（現象学）12, 23, 33, 34, 38, 40～42, 44, 45, 48, 55, 58, 59, 61, 62, 70, 75, 81, 83, 96, 98, 100, 105
コロンビア大学　157, 158
根源の臆見　105
根本概念　44, 61, 95, 135

さ
再認識　61, 65, 66
サディズム／マゾヒズム（サド-マゾ的性格構造）180, 182, 183, 185

産業化／工業化　24, 26, 83, 89, 92, 104, 105, 127, 150, 161, 174, 182

し
思惟経済　40, 41, 54
自我　43, 49, 93, 100, 108, 187
時間　88, 96, 97, 101, 109
志向性　79
自己同一性（アイデンティティー）　146, 147, 154, 157, 172, 174, 186, 188
事実　161〜3, 187
事象　39, 55, 63, 140
自然科学　30, 33〜9, 42, 46, 54, 60, 62, 68, 70, 74, 77, 86, 91, 94, 95, 103, 106, 126, 135, 140, 142, 162, 163
自然研究　34, 35, 53, 54
自然的態度／自然主義的態度　79, 105,
持続　49, 62, 166
時代　111, 113, 121, 124, 130, 136〜8, 141, 143, 161
実証　12, 26, 33, 43, 83, 85, 86, 95, 105, 106, 120, 133〜6, 161, 162, 164, 191
実践知・教養知・救済知　85〜7
実践　84, 86, 99, 101, 103, 104, 106〜13, 120, 126, 127, 129〜39, 143, 143, 144, 148, 170, 171, 177
史的唯物的現象学　90, 98
史的唯物論　123, 167
支配　111, 112, 115, 119, 122, 127, 171, 184
自発的服従　179
指標　74
資本主義　87, 107, 114, 124, 167, 179, 181, 183, 184
社会　8, 10, 22, 31, 34, 55, 59, 84〜6, 94, 95, 101〜3, 106〜8, 110, 112〜6, 118〜27, 129, 130, 132, 133, 135〜8, 141, 143, 145, 147〜9, 152, 160〜9, 173, 177, 181〜4, 191, 192
社会化　163, 185
社会学　5, 6, 8, 13, 14, 30, 32, 84, 85, 87, 94, 106, 110, 116, 117, 119〜21, 126, 141, 143, 144, 152〜4, 157〜9, 161〜5, 170, 172〜6, 179, 186, 190〜3
社会研究　5, 8, 10, 13, 53, 143, 158, 159, 162, 164〜6, 169, 170, 176, 178
『社会研究誌』　113, 157, 158, 165, 171, 175
社会主義　107, 108, 151, 167, 180, 189, 190, 192

―進化　133, 161, 176
―心理学　165, 181, 185, 189
―政策（学）　106, 171, 175, 178, 179, 184, 189, 191
―生物学　173
―調査　164, 166, 171, 173, 176, 177, 180, 181, 191, 193
―哲学　5, 8, 17, 58, 152, 155, 158〜64, 166, 191
―理論　32, 58, 71, 94, 110, 113, 116, 117, 134, 143, 158, 159, 173, 176
自由　152〜4, 160, 161, 170, 183
シュヴァービンガー・ボエーメ　22
十一月革命　22
習慣　85
宗教　101, 102, 120, 160, 188, 191
修正（誤謬の）　82, 99, 103, 105, 128, 130, 131, 134, 149, 162, 163, 165, 166, 168
主観　36〜8, 40, 43, 44, 53, 55, 58, 77〜9, 90〜93, 96〜8, 100, 101, 104, 107, 109, 113, 126〜8, 130, 132, 160, 167, 178
主観的観念論　43, 52, 79, 96, 98, 100, 102
主体　118, 120〜2, 131, 160
趣味判断　72, 73
純粋体験　42, 43, 55
純粋理性　71
止揚　32, 129
象徴的機能　63, 64, 66
衝動　85, 101
自律性　182, 184, 185
人格　44, 65, 84, 85, 90, 91, 180, 183
新カント派　15, 33〜9, 42, 88, 89, 102, 139, 140
信仰（主義）　101〜3, 107, 109, 162
人種　173
神秘主義　101, 133, 153
進歩　84, 99, 133, 134, 136, 139, 141, 161, 167
真理　90, 92, 94, 95, 99, 106, 107, 109, 116, 122, 126〜9, 131〜4, 136, 137, 139, 141, 148, 149, 157
心理　168, 173, 174, 177, 178, 181, 182, 184, 185
心理学　33, 34, 41, 43〜9, 62, 76, 78, 79, 81, 94, 105, 108, 114, 120, 123, 139, 140, 165, 177, 183, 187, 193

す
図形的契機　47, 104

せ

生 49, 62, 63, 83, 88, 90, 91, 95, 97, 106, 118, 135, 160
西欧マルクス主義 88
聖化 112, 133, 143, 161
性格類型 180, 192
生活世界 82, 182
静観的 101, 176
生気 111
生産（手段・様式）130
政治 89, 108, 122, 149, 154, 156, 157, 171, 176, 177, 180, 181, 183, 189
精神 84, 85, 91〜94, 117, 119, 120, 123, 124, 129, 130, 139, 140, 147, 160, 161, 168, 187
　　—医学 173, 188
　　—科学 116, 140
　　—政治的対立 153, 154
　　—分析 177, 180
生成 37, 42, 81, 82, 119
静態 59, 75, 81, 82, 85, 87, 122, 123, 138, 141
制度 145, 156, 162, 164〜6, 171〜3, 191
正当化 112, 114
西南学派（新カント派）140
生の哲学 34, 45, 48, 49, 56, 84, 87, 88, 104, 107, 122, 136
世界意志 123
世代 153
全体 12, 90〜94, 103, 111, 113, 116, 118, 120, 121, 123, 127〜9, 134, 147, 149, 159〜61, 168, 184
　　—主義 158
　　—性 116, 118〜22, 125, 126, 129, 137, 191
　　—的イデオロギー 117, 122
専門分化 32, 95, 161, 162

そ

綜合 37, 66, 67, 71, 73, 147, 148
創造的意志 88, 105
相対主義／絶対主義 84, 99, 117〜9, 122, 126, 127, 129, 131, 138, 141, 149, 175, 176
相対的真理／絶対的真理 126〜8, 131, 141
俗流唯物論 33〜5, 37〜9, 92, 97〜9, 103, 113
素材／質料 37, 40, 48, 53, 67, 71〜3, 76, 77, 79, 90, 92, 94, 96, 103, 111, 163
『ソシオロジカル・レビュー』191
組織原理（原則）／（社会研究所の）指導原則 143, 144, 146, 148, 153

ソ連（ソビエト社会主義共和国連邦）167, 169, 177
存在被拘束性 116, 118, 119, 122, 124, 125, 141, 192
存在論 121, 122

た

大学改革 27
　　—社会 15, 24, 26, 28, 29, 32, 33, 37, 51, 171
　　—政治 144, 188
体系 70〜74, 76, 92, 96, 118, 123, 129, 131, 148, 159, 160
体験 39, 40, 42〜4, 55, 60〜66, 76, 77, 79, 81, 82, 96, 103, 105, 118, 140, 147
第三の階級 87
対話 92, 132, 147, 149, 151, 154, 155, 168, 175, 182, 186
ダーウィン進化論 41

ち

知覚 46, 47, 53, 56, 67
知識 64, 76, 82, 85〜7, 118, 126, 128, 130, 139, 176
　　—社会学 5, 8, 84〜6, 103, 110, 119〜22, 124〜6, 141, 158, 162, 175, 176, 192
　　—人 13, 23, 26, 108, 157, 190
秩序 112, 114, 115, 130, 133, 175
中産階級 123, 124
抽象化 78, 81
超越論的 44, 60, 65, 79, 91, 92, 96, 103, 104, 126
直接的所与 43, 47, 49, 55, 60, 62, 79
直観 48, 49, 53, 59, 61, 62, 75, 77, 80, 81, 127

て

帝国主義 174
テクスト／コンテクスト 138
哲学 33〜9, 42, 44, 45, 53, 54, 58〜60, 67, 70, 71, 74, 75, 79, 87, 89〜92, 94, 98〜102, 104〜8, 110, 112, 113, 115, 116, 119, 120, 122, 123, 128, 132, 135, 136, 139, 143, 152, 159〜63, 166, 168, 169, 188, 191
『哲学社会科学研究』157
哲学修業期 5, 7, 8, 10〜2, 15, 24, 31〜33, 38, 54, 58, 59, 87, 89, 105, 110, 175
デュルケム学派 191

伝統　119, 138, 153, 183, 188, 190

と
ドイツ革命　174
　　　　―共産党　140, 177, 180
　　　　―社会学会　5, 8, 14, 84, 143, 152, 158, 163, 165, 170～4, 176～9, 191, 192
　　　　―社会民主党　177, 178, 180
　　　　―青年運動　51
同一性　129
統一的契機　104
同化　151
討議　149, 151, 152, 154, 186, 188
道具的理性批判　7
統計（学）161, 172, 173, 192
闘争　123, 130, 149, 154
同調　162
道徳　59, 70, 72, 74, 114, 115, 122, 147, 148, 184, 185
東方ユダヤ人　151
独我論　100, 102, 108, 109, 131

な
「内部は[常に]外部に先行する」（「内部」／「外部」）144～9, 152～5, 157, 158, 170, 186, 187
ナチス（国家社会主義ドイツ労働者党）17, 50, 87, 119, 141, 154, 155, 157, 158, 176, 181, 190～2

に
日曜サークル　140
ニヒリズム　119, 185
ニュートン物理学　35, 36, 69, 70, 104
認識　36, 37, 56, 67, 71, 73, 74, 86, 91～3, 96, 99, 101～3, 111, 113, 118, 122, 124～37, 139～41, 145～7, 162, 165, 166, 168
認識論　5, 7, 8, 10, 13, 33, 35, 37, 41, 53, 54, 56, 58, 59, 70, 74, 78, 79, 82, 89, 91, 92, 94, 159, 192

の
ノエシス―ノエマ　65, 69, 85, 87, 123

は
ハイデルベルク大学　152, 153

発生的　81, 82
反映論　168
反省的判断力　7
反ユダヤ主義　151, 152, 193

ひ
非完結的弁証法　125, 126, 129～31, 136, 137, 147, 149
批判理論　5, 7, 9, 10, 12 ヒューム哲学　43, 44, 76
表象　28, 40, 53, 63, 65, 66, 97, 98, 115, 128, 150, 152, 174, 176

ふ
ファシズム　181, 185, 192
フェリックス・アルカン社　157
不可知（論）43, 52, 92, 96, 99, 103
物象化　128
物神化　130
物理学　38, 39, 41, 46, 48, 54, 56, 61, 66, 69, 70, 94, 99, 104, 108, 162
部分的イデオロギー　117
普遍　44, 73, 111, 120, 123, 138, 143, 175, 176
プラグマティズム　86, 87, 106, 133～5
プラトン主義　105
フランクフルト学派　5, 7, 12～4, 106
　　　　―市　13, 150～2, 157, 188
　　　　―社会研究協会　88, 156, 190, 191
　　　　―社会研究所　5, 8～10, 12～4, 18, 20, 29, 30, 32, 52, 88, 106, 143～59, 164, 166～71, 175～7, 179～82, 184～93
　　　　―社会研究所ジュネーブ・パリ・ロンドン支部　155, 157, 187
　　　　―大学　15, 23, 24, 28～30, 45, 48, 117, 143, 149, 151～6, 158, 170, 175, 176, 190～2
ブルジョワ　21, 51, 54, 86, 87, 89, 101, 110, 113, 117, 126, 136, 146～8, 151, 153, 160, 181～5, 192, 193
ブルジョワ公共圏　151, 182
フロイト心理学　112～4, 146, 147, 169, 192
プロレタリアート　12, 21, 87, 101, 110, 116, 120, 129, 136, 178, 179, 192
文化／文明　160, 168, 174, 176, 185

文化社会学　174, 176

へ

ヘーゲル哲学　8, 30, 53, 58, 59, 71, 75, 83, 88～93, 95, 96, 113, 121, 129, 141, 160, 161, 166, 168
ヘーゲル・ルネサンス　89, 90, 92
ベルグソン哲学　34, 48, 62, 91, 105, 127
ベルリン学派　47, 48
ベルリン精神分析研究所　52, 149, 177
弁証法　75, 88, 91～5, 105, 107, 109, 121, 128～31, 136, 137, 141, 147～9, 154, 160, 163, 177
弁証法的唯物論　13, 92, 93, 95, 96, 109

ほ

封建制度　110, 124, 126, 127, 190
亡命　9, 119, 144, 155, 156, 158, 169, 180, 187, 190, 191
法則　84, 104, 105, 113, 125, 137, 138, 167, 175
保守革命　153, 190
ホルスト・ヴェッセル（同盟のナチス党員がつくった党歌『旗を高く掲げよ』）154
ホワイトカラー／ブルーカラー　155, 179
本質直観　75～8, 80～4, 105, 114, 127

ま

マックス・ホルクハイマー・アルヒーフ　18, 102, 186, 190,
マッハ哲学　34, 39, 41～3, 55, 99～103, 108, 109
マルクス主義　11～3, 23, 85～8, 100, 107, 108, 123, 134, 150, 159, 164～9, 175, 176, 177, 179, 189, 190, 192, 193
マールブルク学派　35, 36
マンダリン　51, 154, 190

み

ミュンスター学派　13
ミュンスター国家学教育研究所　190
民族　123, 160, 173, 177, 190

む

無意識　31, 148, 180

め

明証的　42

も

目的論／非機械論　60, 67, 68, 71, 73, 74, 92
目的論的判断力のアンチノミー（二律背反）60, 61, 66 , 68
模写論　102, 103, 123, 129
基づけられた内容／基づける対象　47, 48
物／事物／物質　35, 38, 39, 41, 43, 55, 57, 58, 60, 61, 63, 66, 67, 77, 79, 80, 92, 94, 96, 97, 99～101, 108, 110, 111, 127, 140
物概念　66, 100
物自体　36, 39, 52, 96, 103, 126, 127

ゆ

唯心論　110, 111, 139,
唯物史観　85, 88,
唯物論　5, 7, 8, 11, 13, 21, 34～6, 38, 39, 41, 43, 52～5, 58, 59, 62, 66, 75, 82, 83, 88, 92, 94, 96～100, 106, 108, 110～7, 121, 129～31, 135, 136, 139, 140, 146, 148, 158, 163, 185
　　―的弁証法　121, 126
　　―論争　34, 35, 76
「友情の契り」　18, 50, 186
優生学　173
ユダヤ自由学舎　151
ユダヤ人　17, 19, 24, 28, 29, 50, 84, 150～4, 157, 188, 189, 191

よ

要素／構成要素　39～41, 43, 44, 46, 49, 60, 62, 67, 70, 71, 76, 79, 100, 101, 109, 120
抑圧　113, 115, 146～8, 169, 185
欲動（リビドー）　112, 114, 146～8, 169, 185, 187

り

理性　74, 75, 90, 91, 93, 95, 112, 119, 147, 148, 160, 161, 181, 184, 185
理念　74, 85, 122, 141, 182, 183
理念型　123
理念的因子・実在的因子　85
理論　74, 77, 78, 81, 86, 95, 99, 103, 104, 106, 107, 110, 111, 115, 117, 118, 123, 124, 130, 132, 134～7, 141, 143, 166, 168, 173, 174, 177, 191, 193
倫理　75, 83～5, 87, 101, 112, 140, 168

れ
『レオンハルト・シュタイラー』 22, 50
歴史　85, 92〜5, 98, 100〜3, 106, 107, 110〜3, 116, 119〜24, 127, 129〜39, 141, 143, 147, 149, 160, 161, 165, 166, 170, 172〜4, 177, 182, 183, 185, 191
レーテ共和国　22, 88
連帯　145, 148, 157, 187

ろ
労働者　168, 177〜81, 183
論理　37, 81, 89, 95, 104〜6, 109, 133, 138, 139, 141
論理実証主義　105

楠秀樹（くすのき　ひでき）
1970年生まれ。2004年、東洋大学大学院社会学研究科社会学専攻博士後期課程修了。学位は「博士（社会学）」。現在は東京理科大学、神奈川工科大学、神奈川大学の非常勤講師。代表的著作は以下。
・「デクラッセとナチズム」　ブルデュー社会学研究会編『象徴的支配の社会学』所収（恒星社厚生閣　1999年）
・「フランクフルトからアメリカ亡命にいたる（1930―1933）『社会研究所』の『内部』と『外部』」（『白山社会学研究』第8号　1999年）
・「F．リンガーによるブルデュー『場（champ）』の概念受容―ジェイによる批判から考える―」（『年報社会学論集』第13号　2000年）
・「ブルデュー、そのコミュニケーションの文化―ハーバーマスとデリダにおける『テクスト』と『コンテクスト』の問題を例として―」（『情況』2002年）
・「ホルクハイマーの思想形成過程における『経験』（Erfahrung）をめぐる現象学と唯物論との交差について―1920年代の認識論から1930年代の社会哲学への転換―」（学位論文　2004年）

ホルクハイマーの社会研究と初期ドイツ社会学

2008年10月20日　初版第1刷発行

著　者＊楠　秀樹
装　幀＊桑谷速人
発　行　人＊松田健二
発　行　所＊株式会社社会評論社
　　　　　東京都文京区本郷 2-3-10 お茶の水ビル
　　　　　☎ 03（3814）3861　FAX. 03（3818）2808
　　　　　http://www.shahyo.com
印　刷＊株式会社倉敷印刷
製　本＊株式会社東和製本

ヘーゲル 現代思想の起点

● 滝口清栄・合澤清編

A5判★4200円／

若きヘーゲルの思索が結晶した『精神現象学』刊行から200年。現代思想にとって豊かな知的源泉である同書をめぐる論究集。哲学者・長谷川宏氏推薦。(2008・4)

スラッファの謎を楽しむ

『商品による商品の生産』を読むために
●片桐幸雄

A5判★3400円／

アントニオ・グラムシやルートヴィヒ・ヴィトゲンシュタインとも親交のあった20世紀の経済学の巨人ピエロ・スラッファ。難解で知られるその主著『商品による商品の生産』の謎解きを楽しむ。(2007・9)

論理哲学論考

●ルートヴィヒ・ヴィトゲンシュタイン著／木村洋平訳

A5判★2000円／

極限まで切りつめられ、鋭く研ぎ済まされた内容とことばでつづられたヴィトゲンシュタインの古典的作品『論考』。その「鋼鉄」の文体を、厳格な解釈に基づき、若き学徒が、初めて「詩」として新訳。(2007・1)

K・A・ウィットフォーゲルの東洋的社会論

●石井知章

四六判★2800円／

帝国主義支配の「正当化」論、あるいはオリエンタリズムとして今なお厳しい批判のまなざしにさらされているウィットフォーゲルのテキストに内在しつつ、その思想的・現在的な意義を再審する。(2008・4)

アントニオ・グラムシの思想的境位

生産者社会の夢・市民社会の現実
●黒沢惟昭　　　　　　　　　　　A5判★2800円／

戦争と殺戮、食糧と資源、貧困と格差、医療危機、社会保障の破綻など、人間の生存をめぐる末期的状況をもたらした市場原理主義。21世紀の世界は新たな危機の時代を歩みはじめた。前世紀の危機の時代に生きたA・グラムシの思想と実践を再審し、今日の〈もうひとつの世界〉へ向けて、新しい抵抗ヘゲモニーの創造を模索する論集。(2008・9)

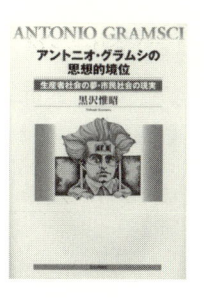

グラムシと現代世界
20世紀を照らす思想の磁場
●片桐薫・黒沢惟昭編　　四六判★2300円／

混迷の現代世界を駆け抜ける思想のプラズマ。未来を照射するグラムシ思想には20世紀の歴史・文化・思想の核心的問題が孕まれている。所収される9編の論考は、日本におけるグラムシ研究の新世紀を切り拓く。(1993・6)

グラムシは世界でどう読まれているか
●グラムシ没後60周年記念国際シンポジウム編　A5判★3700円／

20世紀イタリアが生んだ知的な巨人アントニオ・グラムシ。社会主義崩壊後の今日、国際的に、脚光を浴びている思想家である。伊、米、独、ロシア、韓国、日本等の研究者による研究。(2000・1)

トロツキーとグラムシ
歴史と知の交差点
●片桐薫・湯川順夫編　　A5判★3600円／

スターリンに暗殺されたトロツキー、ファシストに囚われ病死したグラムシ。1930年代の野蛮にたち向かった二つの知性。その思想と行動を20世紀の歴史と政治思想のなかで捉え直す。(1999・12)

[増補版]ローザ・ルクセンブルクの世界
●伊藤成彦　　　　　　　　　A5判★3700円／

ポーランドのユダヤ人家庭に生まれ、第一次世界大戦後のドイツ革命を指導。そのさなか、武装反革命集団に虐殺された女性革命家ローザ・ルクセンブルク。その生涯と思想の全体像を描く。(1998・4)

ローザ・ルクセンブルクと現代世界
●ローザ・ルクセンブルク東京・国際シンポジウム報告集　A5判★3700円／

飢え、抑圧、貧困のない世界、民族が国境で区切られることなく、人々の個性が自由に発揮される世界。パリ・コミューンの娘、ローザがめざした革命と理論の現在的意味を問い直すシンポジウムの記録。(1994・11)

女たちのローザ・ルクセンブルク
フェミニズムと社会主義
●田村雲供・生田あい共編　　A5判★3000円／

フェミニズムの立場からの、初めてのローザ・ルクセンブルク論集。寺崎あき子、富山妙子、水田珠枝、大沢真理、江原由美子、足立真理子、大越愛子ほか執筆。(1994・9)

国家とマルチチュード

廣松哲学と主権の現象学
●渋谷要

四六判★2000円／

「前衛―大衆」図式を超えようとする廣松渉の問題意識とネグリの「マルチチュード」（多数多様性）の親和性。国家の機制を解明し、それを超えていく人間的自由の共同性に向けた論考。（2006・4）

ロシア・マルクス主義と自由

廣松哲学と主権の現象学Ⅱ
●渋谷要

四六判★2000円／

『構成的権力』のネグリに学びつつ、エコロジズムと廣松社会哲学、マルクス経済学、現代物理学の諸成果を論述の手段として、近代資本主義国家を超えようとしたロシア・マルクス主義の破産を思想史的に再審。（2007・8）

アウトノミーのマルクス主義へ

廣松哲学と主権の現象学Ⅲ
●渋谷要

四六判★2000円／

〈緑〉のコミュニズムへ──。前衛主義の破産が告げられた現代においてこそ、マルクスが展望した「政治的規制を端的に廃棄する自律（アウトノミー）」の地平における人間的自由の思想が甦る。（2008・7）

コミュニタリアン・マルクス

資本主義批判の方向転換
●青木孝平

四六判★2500円／

現代資本主義批判の学としての「批判理論」は、いかにして可能か。リベラリズムを批判して登場したコミュニタリアニズムを検討しつつ、その先駆としてのマルクスの像を探る。マルクスを「異化」する試み。（2008・2）

科学とイデオロギー
降旗節雄著作集　第1巻
●降旗節雄
A5判★4200円／

科学とイデオロギーをめぐる方法的諸見解を切開する。人間の歴史的実践の構造を解明し、既成のマルクス主義哲学への根本的批判を展開する。(2001・4)

宇野経済学の論理体系
降旗節雄著作集　第2巻
●降旗節雄
A5判★4200円／

マルクスの『資本論』を純粋資本主義を対象とする経済学原理論として再編成して、独自の経済学方法論を確立した宇野弘蔵。宇野理論の形成過程とその構造を解明し、諸学派からの批判に反論する。(2002・10)

帝国主義論の系譜と論理構造
降旗節雄著作集　第3巻
●降旗節雄
A5判★4200円／

マルクス主義における帝国主義論の達成と失敗。宇野理論の立場から、レーニン帝国主義論の意義と限界を解明し、マルクス主義経済学によるその解釈を徹底的に批判する。(2003・7)

左翼イデオロギー批判
降旗節雄著作集　第4巻
●降旗節雄
A5判★4200円／

60年代における多彩な左翼運動の理論的支柱となったイデオローグたち──。黒田寛一、廣松渉、吉本隆明、上田耕一郎、岩田弘、大内力らの理論構造に対する批判的解明。「科学的社会主義」は成立しうるか。(2004・4)

現代資本主義論の展開
降旗節雄著作集　第5巻
●降旗節雄
A5判★4200円／

ポスト・フォーディズム、ハイテク資本主義から今日のグローバライゼーションへと構造転換する現代資本主義の解明。現代世界への方法的接近。(2005・2)

市場経済と共同体
ポスト資本主義をめぐって
●降旗節雄編
四六判★2300円／

現在の資本主義「世界体制」の最大の弱点はアメリカである。危機と破綻の不安に直面している現代世界の実態をさまざまな角度から分析し、新たな共同体社会の甦生をさぐる。(2006・6)

[最新版] 日本経済の構造と分析
[レクチャー現代資本主義]
●降旗節雄
A5判★2700円／0845-7

日本資本主義発展史、法人資本主義の構造、現代資本主義と自動車産業・農業問題・南北問題、ポスト・フォーディズム、ハイテク資本主義の限界などの視点から分析する日本経済の構造。(2001・9)

21世紀 社会主義化の時代
過渡期としての現代
●榎本正敏編著
A5判★3400円／

工業生産力をこえるより高度なソフト化・サービス化産業の発達とネットワーク協働社会システムの形成。資本主義世界において、新たな社会主義化を準備し創出させる質的な変化が進行している。(2006・2)